연역 논리학

논증의 증명과 반박

연역 논리학
논증의 증명과 반박

초판 1쇄 발행 2025. 4. 17.

지은이 강성원
펴낸이 김병호
펴낸곳 주식회사 바른북스

책임편집 주식회사 바른북스 편집부

등록 2019년 4월 3일 제2019-000040호
주소 서울시 성동구 연무장5길 9-16, 301호 (성수2가, 블루스톤타워)
대표전화 070-7857-9719 | **경영지원** 02-3409-9719 | **팩스** 070-7610-9820

•바른북스는 여러분의 다양한 아이디어와 원고 투고를 설레는 마음으로 기다리고 있습니다.

이메일 barunbooks21@naver.com | **원고투고** barunbooks21@naver.com
홈페이지 www.barunbooks.com | **공식 블로그** blog.naver.com/barunbooks7
공식 포스트 post.naver.com/barunbooks7 | **페이스북** facebook.com/barunbooks7

ⓒ 강성원, 2025
ISBN 979-11-7263-317-2 93170

•파본이나 잘못된 책은 구입하신 곳에서 교환해드립니다.
•이 책은 저작권법에 따라 보호를 받는 저작물이므로 무단전재 및 복제를 금지하며,
 이 책 내용의 전부 및 일부를 이용하려면 반드시 저작권자와 도서출판 바른북스의 서면동의를 받아야 합니다.

머리말

> "…연역 논리학이 탐구하는 것은 논증의 전제들이 결론을 얼마나 잘 지지하는가의 문제가 아니라 전제들이 결론을 **절대적으로** 거짓일 수 없도록 하는지 그리고 그럼으로써 전제들이 결론이 진실임을 보장하는지의 문제이다."[1]
>
> — 레블랑, 위즈덤[2] (*Deductive Logic*, 1993)

논증은 일상 생활, 사회 활동 및 학문 활동을 하면서 사람들이 자신의 주장을 전달하는 가장 기본적인 방식이다. 사람들이 동의하는 전제들에서 출발하여 새로운 결론에 도달할 때, 논증이 타당하기 때문에 받아들여야만 하는지 아니면 논증이 부당하기 때문에 받아들여서는 안되는지를 판단하게 해 주기 때문이다. 타당한 논증을 제시하고, 제시된 논증의 타당성과 부당성을 판별하는 능력은 이런 활동을 수행하는데 필요한 기본적인 소양이다.

논증에는 연역 논증과 비연역 논증이 있다. 연역 논증은 논증의 전제들과 결론 사이에 필연성이 있다. 즉 논증의 전제들이 참이면 타당한 논증의 결론은 거짓일 수 없고 필연적으로 참이다. 비연역 논증은 전제들과 결론 사이에 높거나 낮은 개연성이 있지만 연역 논증이 주는 결론의 확실성을 줄 수는 없다.

이 책은 연역 논증을 위한 논리학을 소개한다. 많은 일상의 논증은 비연역적이며, 비연역 논증도 과학적이고 합리적인 추론의 중요한 부분을 형성한다. 비연역 논증은 이렇게 수학과 논리학 이외의 분야에서는 필수불가결한 부분이지만, 높은 수준의 개연성을 주기 위해서는 연역 논증의 기반 위에서 제시되어야 하고, 논증의 가능한 한 많은 부분이 연역 논증에 의해 뒷받침되어야 한다.

지금까지 연역 논리학을 다루는 여러 책들이 국내외에서 출간되었기 때문에, 연역 논리학을 소개하는 또 하나의 책이 출간되는 데에는 설명이 필요하다. 그 이유는 다음 세 가지이다.

첫째로, 이 책은 논증의 증명과 반박이라는 실용적 목적을 염두에 두고 설계되었다. 이 책의 목적이 논리 체계만을 소개하는 것이 아니기 때문

---

[1] [Leblanc 93]p.4
[2] H. Leblanc, W. A. Wisdom

에, 책의 구성도 이 목적에 맞게 이루어져 있다.

둘째로, 이 책은 연역 논리학을 엄밀하고도 간결하게 소개한다. 논리학을 포괄적으로 다룬 [Kleene 67][Kalish 80][Quine 82][Leblanc 93][Enderton 01][Mendelson 15]와 같은 좋은 책들이 국외에서 출간되었지만 대부분의 책들이 방대하여 처음 논리학을 접하는 독자는 그 내용을 다 파악하기 힘들 뿐만 아니라 핵심적인 내용만을 보려 해도 어느 부분을 좇아가며 보아야 할지 판단하기 쉽지 않다. 이 책과 같이 연역 논리학을 간결하고도 엄밀하게 소개하는 목적을 가진 책으로 [Quine 80]이 있으나, 연역 논리학을 논증의 증명과 반박의 관점으로 소개하고 있지 않다. 우리말로 출간된 연역 논리학 책으로 [여훈근 97]이 있는데 논증의 증명과 반박에 초점이 맞춰져 있지 않아 이 목적으로 공부하려는 독자들이 이용하기 쉽지 않다. 논증의 증명을 다루는 책들의 경우에도, 논증의 증명 기법과 반박 기법을 체계적으로 다루고 있지 못하다. [김희정 08][이병덕 19]은 논증의 증명 기법으로서 자연연역을 다루지만 논증의 반박기법으로서 진리나무를 다루고 있지 않다. 이 두 가지 기법을 모두 다루는 저술로 [손병홍 08]이 있으나, 이 책은 논증의 증명 기법으로서의 자연연역과 논증의 증명과 반박 기법으로서의 진리나무를 엄밀하고도 간결한 전개로 소개하는 특징이 있다.

셋째로, 이 책은 연역 논리학에 관련된 우리말 용어들을 신중하게 선택하여, 과거의 논리학 책들이 저마다 다른 우리말 용어를 사용하여 논리학을 배우는 사람들이 겪어야 했던 혼란을 없애고자 시도했다. 통일된 용어는 학문의 빠른 습득과 전파를 가능하게 하고, 논리의 활발한 사용과 일상화에 크게 기여한다. 이런 특징으로 이 책을 통하여 연역 논리학을 공부한 독자는 더 전문적인 국외의 논리학 서적을 공부할 경우에도 연속성 있게 공부할 수 있다.

그 외의 특징으로 이 책은 명제 논리와 술어 논리의 추론 규칙을 체계적으로 소개하고 이들을 증명하거나 또는 증명하는 방법을 보인다. 이 책에서는 적은 수의 추론 규칙들을 기본적인 추론 규칙들로 두고, 그 외의 추론 규칙들은 기본적인 추론 규칙들로부터 증명하여 얻는 파생 추론 규칙으로 본다. 이렇게 함으로써 증명해야 할 추론 규칙들의 수를 최소화하고, 이 규칙들에 대한 증명 방법을 보여 근본적인 추론 규칙들이 타당한 이유를 독자들이 쉽게 확인할 수 있도록 하였다. 이 과정에 이 책은 S. C. Kleene의 *Mathematical Logic*[3]에 나오는 여러 추론 규칙들과 관련 정리들 및 그 증명들을 인용하고 그 증명들의 전개 구조를 따라 Kleene 의 엄밀하고도 탁월한 증명의 전개를 독자에게 소개한다. 또한 이 책에 나오는 추론 규칙들은 책의 부록 A 에, 이들에 대한 증명들의 전개 구조는 부록 B 에 요약 정리하여 독자가 쉽게 그 내용을 파악할 수 있게 하였다.

이 책은 다음과 같이 일곱 개의 부로 구성된다:

제 I 부 서론
제 II 부 고전 논리학
제 III 부 명제 논리학
제 IV 부 술어 논리학
제 V 부 자연연역
제 VI 부 진리나무
제 VII 부 맺는말

제 I 부에서는 논증의 개념과 논증의 구성 요소로서의 문장, 참, 거짓, 명제의 개념을 설명한다. 제 II 부에서는 현대 연역 논리학이 등장하기 이전의 연역 논리학인 고전 논리학의 모습을 간략히 들여다본다. 제 III 부와 제 IV 부에서는 현대 연역 논리학을 구성하는 두 논리 체계인 명제 논리와 술어 논리를 각각 다룬다. 각 부는 문법, 의미론, 논증의 증명과 반박으로 나뉘어, 문법에서는 논리식의 구성 규칙을 설명하고, 의미론에서는 참과 거짓의 판단에 문법 요소들이 어떤 역할을 하는지를 설명하며, 논증의 증명과 반박에서는 논증의 증명과 반박의 초보적인 방법을 소개한다. 제 V 부와 제 IV 부에서는, 제 III 부와 제 IV 부에서 소개한 초보적인 논증의 증명과 반박 방법들을 넘어선 강력한 추론 도구로서, 자연연역을 사용한 증명 방법과 진리나무 구축을 이용한 논증의 증명과 반박 방법을 각각 소개한다.

끝으로 제 VII 부에서는 연역 논리학의 완전성과 한계를 논의하고, 연역 논리학을 더 깊게 공부하고자 하는 독자와 이를 활용하고자 하는 독자들을 위한 학습 방향을 제시한다.

이 책은 연역 논리학의 기본적인 내용과 연역 논리학이 제공하는 논증의 증명과 반박 방법에 관심 있는 철학도, 인문학도, 사회과학도 및 일반인

---

3 [Kleene 67]

들 그리고 논리학을 공부하고자 하는 중학교 학생들과 고등학교 학생들, 대학교에서 논리학과 이산수학을 공부하는 이학 공학 분야의 대학생들을 위해 쓰인 책이다. 이 책은 현대 연역 논리학의 입문서이지만 제Ⅴ부와 제Ⅵ부의 내용은 초보적인 내용이 아니기 때문에 연역 논리학의 가장 기본적인 내용만을 습득하고자 하는 독자는 제Ⅰ부터 제Ⅳ부까지를 공부하는 것으로 충분하다. '*'로 표시된 절에는 타당한 논리식과 추론 규칙의 증명들이 들어 있다. 이 절들은 연역 논리학의 기본적인 내용만을 공부하고자 하는 독자는 생략해도 나머지 내용을 학습하는 데 영향을 주지 않는다.

감사의 글
이 책은 저자가 KAIST 전산학부에서 강의해온 이산구조 과목의 강의 자료 중 논리학 부분을 확장 발전시켜 만들었다. 저자로부터 이산구조를 수강하며 좋은 질문을 주었던 많은 학생들에게 감사한다. KAIST 전산학부 금성호, 정재훈, 이승준 씨는 이 책의 초고를 읽고 많은 제안을 하여 책의 내용을 개선하는데 큰 도움을 주었다.

일러두기
- 각주: 이 책에서는 본문의 흐름이 쉽고 자연스럽게 진행될 수 있도록 지엽적이거나 부연적인 설명은 각주에 넣었다.
- 참고 문헌의 인용: 참고문헌의 인용은 "홍길동 nn" 형태로 표기한다. 여기서 "홍길동"은 참고 자료의 첫 번째 저자의 이름이고 "nn"은 참고 자료의 출간 연도의 마지막 두 자릿수이다.

목 차

제 I 부 서 론

제 1 장 세계에 대한 우리의 인식 구조와 문장의 구조 ———— 15
제 2 장 문장, 단순 문장, 복합 문장 ———————————— 17
제 3 장 명제, 모순 ——————————————————— 18
   3.1 명제, 타당한 명제, 부당한 명제 ·································· 18
   3.2 모순 ··· 18
   3.3 명제가 아닌 문장 ··· 19
제 4 장 논증, 타당한 논증, 부당한 논증, 추론 규칙 ————— 20
제 5 장 논증의 증명 구조와 반박 구조 ———————————— 23

연습문제 ·· 25

제 II 부 고전 논리학

제 1 장 명제의 벤다이어그램 표현 ————————————— 28
제 2 장 벤다이어그램을 이용한 논증의 증명과 반박 ————— 30
제 3 장 정언적 삼단논법 ———————————————— 32
제 4 장 정언적 삼단논법의 증명과 반박 ——————————— 36

연습문제 ·· 38

제Ⅲ부 명제 논리

제1장 문법 — 41
   1.1 명제 기호 ··· 41
   1.2 연결사, 논리식 변수, 명제 논리의 논리식 ············ 41
   1.3 괄호의 생략 ··· 43
   1.4 명제 논리 논리식의 자연어 번역 ····················· 44
   1.5 자연어 문장의 명제 논리 논리식 표현 ··············· 45

제2장 의미론 — 47
   2.1 진리값과 진리표 ·· 47
   2.2 진리 함수로서의 연결사 ································ 48
   2.3 원자식, 분자식, 타당한 논리식, 모순 논리식 ········ 51
   2.4 충족가능성, 충족불가능성 ····························· 53
   2.5 논리적 동치 ··· 54

제3장 명제 논리에서의 논증의 증명과 반박 — 57
   3.1 진리표를 이용한 논증의 증명과 반박 ················ 57
   3.2 추론 규칙을 이용한 논증의 증명 ····················· 60
      3.2.1 타당한 논리식 형태, 동치 법칙 ·················· 60
      3.2.2 연역의 구조 ······································· 65
      3.2.3 명제 논리에서의 전건긍정 MP1과 파생 추론 규칙들 ······· 67
      3.2.4 논증 증명의 예 ···································· 73
      3.2.5 증명의 전략 ······································· 75

연습문제 ·· 80

제Ⅳ부 술어 논리

제 1 장 문 법 ─────────────────── 90
1.1 주어와 술어 ·· 90
1.2 양화사, 양화 변수, 술어 논리의 논리식 ··············· 92
1.3 양화사의 범주 ··· 95
1.4 자유 변수, 결합 변수, 변수의 재명명 ·················· 96
1.5 항, 논리식의 자유로운 대입 ······························· 98
1.6 술어 논리 논리식의 자연어 번역 ······················· 102
1.7 자연어 문장의 술어 논리의 논리식 표현 ············· 104

제 2 장 의미론 ─────────────────── 106
2.1 술어 논리 논리식의 해석 ···································· 106
2.2 양화사의 순서 ··· 108
2.3 자유 변수의 해석 ·· 109

제 3 장 술어 논리에서의 논증의 증명과 반박 ─────── 113
3.1 추론 규칙을 이용한 논증의 증명 ························ 113
3.1.1 명제 논리 추론 규칙의 술어 논리에서의 타당성 ··· 114
3.1.2 술어 논리에서의 전건긍정 추론 규칙 MP2 ········· 114
3.1.3 양화사를 도입하고 제거하는 추론 규칙들 ········· 115
3.1.4 동치 법칙 ··· 121
3.1.5 논증 증명의 예 ·· 127
3.2 모델 구축에 의한 논증의 반박 ···························· 131
3.2.1 모델의 구축 ··· 131
3.2.2 논증의 반박 ·· 133

연습문제 ·· 136

제 V 부 자연연역

제 1 장 논리의 정형화 ──────────────── 148
  1.1 문법적으로 올바른 논리식 ·························· 148
  1.2 정형적 증명 ······································· 149
제 2 장 명제 논리에서의 논증의 증명 ──────────── 151
  2.1 추론 규칙들 ······································· 151
    2.1.1. ∧-도입 규칙 ································ 152
    2.1.2. ∧-제거 규칙 ································ 152
    2.1.3. ∨-도입 규칙 ································ 152
    2.1.4. →-제거 규칙 ································ 152
    2.1.5. ∨-제거 규칙 ································ 153
    2.1.6. →-도입 규칙 ································ 154
    2.1.7. ¬-도입 규칙 ································ 155
    2.1.8. ¬-제거 규칙 ································ 155
  2.2 추론 규칙의 증명* ································· 155
    2.2.1 →-제거 규칙의 증명* ·························· 155
    2.2.2 →-도입 규칙의 증명* ·························· 156
    2.2.3 나머지 추론 규칙들의 증명* ···················· 158
  2.3 논증의 증명 ······································· 160
제 3 장 술어 논리에서의 논증의 증명 ──────────── 164
  3.1 추론 규칙들 ······································· 164
  3.2 추론 규칙의 증명* ································· 171
    3.2.1 →-제거 규칙의 증명* ·························· 172
    3.2.2 →-도입 규칙의 증명* ·························· 172
    3.2.3 양화사를 도입하고 제거하는 추론 규칙들의 증명* ········ 175
  3.3 논증의 증명 ······································· 176

연습문제 ·· 183

제Ⅵ부 진리나무

제 1 장 명제 논리에서의 논증의 증명과 반박 —————— 188
   1.1 진리나무 구축 규칙 ·· 188
   1.2 진리나무 구축 절차 ·· 190
   1.3 논증의 증명과 반박 ·· 191

제 2 장 술어 논리에서의 논증의 증명과 반박 —————— 195
   2.1 진리나무 구축 규칙 ·· 195
   2.2 진리나무 구축 절차 ·· 197
   2.3 논증의 증명과 반박 ·· 199

연습문제 ··· 205

제Ⅶ부 맺는말

논증의 증명 관점: 술어 논리 추론 체계의 건전성과 완전성 ············ 207
논증의 반박 관점: 명제 논리의 결정성과 술어 논리의 비결정성 ······ 209
연역 논리학의 활용 ·· 210

연습문제 ··· 211

연습문제 풀이 ————————————————————— 213
참고문헌 ——————————————————————— 239
용어 정의 ——————————————————————— 241
우리말 용어의 영어 번역 ———————————————— 245
영어 용어의 우리말 번역 ———————————————— 249
기호 정의 ——————————————————————— 253

부록 A. 타당한 논리식과 추론 규칙들 ──────── 254
부록 B. 추론 규칙 증명의 전개 구조 ──────── 258
찾아보기 ──────────────────────── 260

제 I 부 서 론

"…엄격히 말해서 올바르지 않은 연역 논증이나 귀납 논증 같은 것은 없다; 타당한 연역, 올바른 귀납과 여러 종류의 오류 논증들이 있을 뿐이다. 물론, 타당한 연역처럼 보이는 부당한 논증들도 있다; 이들은 느슨히 "부당한 연역" 또는 "연역적 오류"로 불린다."4

-웨슬리 샐먼5 (*Logic*, 1984)

논증은 참으로 가정하는 전제들로부터 어떤 새로운 결론이 따른다는 주장 혹은 그 주장의 서술이다. 논증에는 *연역 논증*과 *비연역 논증*이 있다. 비연역 논증6은 전제들이 참이어도 결론은 확실성이 아닌 어느 정도의 개연성만을 갖는데 반해, 연역 논증은 전제들이 참이견 결론은 필연적으로 참이다. 따라서 연역 논증은 타당한 논증이라고 말하고, 비연역 논증은 논리적으로 타당하지는 않지만 설득력이 높거나, 설득력이 낮거나, 혹은 설득력이 전혀 없다고 말한다. 그러나 어떤 논증이 연역 논증인지 비연역 논증인지는 어떻게 판별할 수 있는가? 먼저 연역적이거나 비연역적인 것은 논증 자체가 아니고, 논증에 이용된 (보다 더 정확히는, 논증의 해석자가 보는) 추론 또는 추리의 수단이다. 그리고 어떤 자연어로 제시된 논증이 연역 논증이라고 말할 때 우리는 그 논증을 연역 논증으로 번역 또는 해석해 낼 수 있다고 말하는 것이지, 자연어 논증 자체로부터 즉각적으로 그것이 연역 논증인지 아닌지 판별할 수 있다고 말하는 것이 아니다.

원래의 질문으로 돌아가면, 연역 논증과 비연역 논증을 어떻게 판별할

---

4 [Salmon 84]pp.17~18
5 Wesley Salmon (1925~2001)
6 비연역 논증(non-deductive argument)은 귀납 논증(inductive argument)과 추정 논증(abductive argument)으로 나뉘고, 추정 논증에는 가추 논증(abductive argument), 유비 논증(argument from analogy) 등이 있다.

수 있는가? 이 질문을 답해주는 기계적인 절차는 없다. 그렇다면 논증을 "연역 논증"으로 불러야 할지 "비연역 논증"으로 불러야 할지 판단하는 것이 항상 쉽지는 않고, 그런 판단을 어렵게 만드는 개념보다는 용이하게 만드는 개념을 채택하는 것이 현명한 방법일 것이다. 판단을 어렵게 만드는 개념을 채택하면 "연역"이란 말을 쓰면서 올바르게 썼는지 아닌지조차 쉽게 알 수 없다. 따라서 이 책은 적용 여부를 쉽게 판단할 수 있는 "연역"의 개념으로 "올바를 수도 올바르지 않을 수도 있는 연역"의 개념을 채택한다. 사람들은 오류가 있는 컴퓨터 프로그램을 컴퓨터 프로그램이 아니라고 하지 않는다. 그러나 서두의 샐먼의 인용에 따르면 "오류가 있는 연역"은 엄격히 말해서 "연역"이 아니다. 그러나 "연역"의 개념을 이렇게 엄격하게 적용하려면 우리는 어떤 논증을 "연역 논증"이라고 부르기 전에 항상 오류가 없다는 것을 먼저 확인해야 하는데 그것을 말해주는 기계적인 절차는 없다. 따라서 우리는 이 책에서 엄격한 방식은 아니지만 실용적인 편리성을 위하여 "오류가 있는 연역 논증"이나 "비연역 논증"과 같은 표현을 정당한 표현으로 간주하여 사용하기로 한다.

 이 책에서 논리학이라고 말할 때 그것은 연역 논리학을 의미한다. 연역 논리학은 연역 논증으로 제시된 논증이 타당한지 타당하지 않을지를 판별한다. 이 책의 주제는 연역 논증을 위한 논리학으로, 연역 논증의 증명과 반박을 위한 다양한 방법들을 소개한다.

 이 책은 연역 논리학을 소개하기 위해서 먼저 제 I 부에서 다음 내용을 논의한다. 제 1 장에서는 논증을 구성하는 기본적인 구성 단위인 문장이 무엇인지, 제 2 장과 제 3 장에서는 참 혹은 거짓을 판별할 수 있는 문장으로서의 명제의 개념, 제 4 장에서는 논증의 타당성과 부당성의 개념, 그리고 제 5 장에서는 기본적인 논증의 증명 구조 및 논증의 반박의 구조에 대해 논의한다.

제 1 장 세계에 대한 우리의 인식 구조와 문장의 구조

"*내 언어의 한계*는 내 세계의 한계를 뜻한다."[7]

—루드비히 비트겐슈타인[8] (*Tractatus Logico-Philosophicus*, 1922)

일상과 학문에서 우리가 사용하는 문장은 두 개의 요소로 구성된다: 하나는 주어[9]이고 다른 하나는 술어이다. 즉, 우리는 말을 할 때 어떤 주어(혹은 주어들)에 관하여 어떤 서술을 하는 것이다. 예를 들어, "하늘이 아름답다."고 말할 때 우리는 "하늘"에 대하여 무언가 말하는 것이기 때문에, 이 문장의 주어는 "하늘"이고, 우리가 말하는 것 혹은 주장하는 것은 그 주어가 지칭하는 것이 "아름답다."는 것이다. 따라서 "___이 아름답다."라는 구절은 술어이다. 마찬가지로 "7은 홀수이다."라고 말할 때, "7"은 주어이고 "___은 홀수이다."는 술어이다.

위에 나온 비트겐슈타인의 말에 따르면, 이러한 문장의 구조는 우리가 세계를 보고 이해하는 방식을 결정한다. 즉, 우리는 우리를 둘러싼 세계를, 주어를 구성하는 *개체*(entity)들과 술어를 구성하는 개체들의 속성이나 관계로 이루어진 것으로 보는 것이다.

개체는 구체적인 물리 세계의 사물일 수도 있고 관념 세계의 개념일 수도 있다. 우리가 생각하는 세계는 모든 것을 포괄한 우주와 같은 세계일 수도 있고 우리의 특정한 관심으로 한정지어진 세계일 수도 있다.

주어진 논증에 의하여 한정지어진 이 후자의 세계를 *논의 영역*(domain of discourse, domain) 또는 *논의 세계*(world of discourse, universe of discourse, universe)라고 한다.[10][11] 즉, 하나의 논의 영역은 논의의

---

[7] L. Wittgenstein, *Tractatus Logico-Philosophicus*, Routledge & Kegan Paul Ltd., 1922. p.149
[8] Ludwig Wittgenstein (1889–1951)
[9] 개체들의 집합이 하나의 주어가 될 수도 있다.
[10] [Kleene 67]p.135 참조
[11] 물론 논의 영역이 모든 것을 포괄하는 우주가 될 수도 있다.

제 I 부 서론 15

대상이 되는 개체들의 집합이다.

    논의 영역의 개체들이 무엇인지는 명시되지 않고 그들의 관계에 의해서만 알려졌을 때, 그 논의 영역을 *추상적 논의 영역*이라고 말한다. 추상적 논의 영역을 더 구체화하면 또 다른 논의 영역이 만들어지는데, 그러한 논의 영역을 *모델*(model)이라고 한다.12 따라서 모델은 논의 영역에 속하는 개체들의 집합과 관심 대상이 되는 개체들의 관계들로 이루어진다.

---

12 이 문단의 논의는 [Kleene 52]p.25 의 모델에 대한 논의를 참고하였다.

제 2 장 문장, 단순 문장, 복합 문장

문장의 종류에는 *평서문*(declarative sentence), *의문문*(interrogative sentence), *감탄문*(exclamatory sentence), *명령문*(imperative sentence)이 있다. "서울은 대한민국의 수도이다."라는 평서문은 대한민국의 수도가 다른 곳이 아니라 서울이라는 정보를 전달한다. 평서문이 전달하는 정보의 사실 여부는 우리가 어떤 판단을 할 때 고려해야 할 중요한 사항이다. 사실과 부합하는 평서문에 대해서 우리는 그 문장이 *참*(truth)이라고 말하고 사실과 부합하지 않는 평서문에 대해서 우리는 그 문장이 *거짓*(falsity)이라고 말한다.

이와 대조적으로, "정의(justice)란 무엇인가?"와 같은 의문문, "이 꽃은 참 아름답다!"와 같은 감탄문, "그 문을 닫아 주세요"와 같은 명령문은 문장의 유형에 따라 문장에 담긴 정보를 전달하지만, 이 유형들의 문장들에 대해서는 사실과의 부합 여부 즉 참인지 거짓인지를 따지지 않는다. 따라서 이 책의 연역 논리학 논의의 대상이 되는 논증은 평서문들만으로 구성되기 때문에 이 책에서는 평서문을 "문장"이라고 부르기로 한다.

문장은 더 작은 문장들로 분해되지 않는 *단순 문장*(simple sentence)과 두 개 이상의 더 작은 문장들로 분해되는 *복합 문장*(compound sentence)으로 나뉜다. 복합 문장을 구성하는 문장들은 *연결사*(connective)들에 의해 연결된다. 예를 들어, "만일 비가 내리면, 땅이 젖는다."라는 문장은 복합 문장인데, "비가 내린다."라는 문장과 "땅이 젖는다."는 두 개의 문장으로 구성되며, 이 두 문장이 "만일 ___이면, ___이다."의 연결사로 연결되어 있다. 즉, "만일 ___이면, ___이다."의 "___" 자리에 "비가 내린다."라는 문장을 넣고 "___" 자리에 "땅이 젖는다."라는 문장을 넣으면, 원래의 문장인 "만일 비가 내리면, 땅이 젖는다."를 얻는다.

제 3 장 명제, 모순

3.1 명제, 타당한 명제, 부당한 명제

참 혹은 거짓으로 판단할 수 있는 문장을 *명제*(proposition)[13]라고 한다. 예를 들어, "7 은 홀수이다."라는 문장은 참인 문장이고 따라서 하나의 명제이다. "1 + 1 = 4"의 등식은 "1 에다 1 을 더한 결과가 4 이다(혹은 4 와 같다)"라는 것을 말하기 때문에 하나의 문장이다. 또한 이 문장은 거짓인 문장이고, 따라서 하나의 명제이다.

논증은 명제인 문장들로만 이루어지기 때문에 단순 문장을 *단순 명제*(simple proposition)라고 부르고 복합 문장은 *복합 명제*(compound proposition)라고 부르기로 한다. 단순 명제는 참 혹은 거짓이지만, 복합 명제의 경우 복잡한 문장 구조로 인해 그 문장이 참인지 거짓인지의 여부가 자명하지 않을 수 있다. 복합 명제가 참인지 거짓인지를 알기 위해서는 우선 각 구성 문장이 참인지 거짓인지 알아야 하고 명제들이 연결되어 만들어지는 복합 명제가 그에 따라 참이 되는지 거짓이 되는지 알아야 한다. 예를 들어, "만일 ___이면, ___이다." 형태의 복합 명제가 참인지 거짓인지 말하기 위해서는, 구성 문장들이 참인지 거짓인지에 따라 전체 문장이 참 또는 거짓인지가 문장 구조에 의해 어떻게 결정되는지를 알아야 한다.

A 가 명제 논리의 복합 명제일때 A 를 구성하는 단순 명제들이 참과 거짓의 어떤 진리값을 갖더라도 A 가 참이면, A 는 *타당하다*(is valid)고 하고 "$\vDash A$"로 나타낸다. A 가 타당하지 않으면 A 는 *부당하다*(is invalid)고 말한다.

3.2 모순

"명제"의 정의에 의하여 하나의 명제는 참 또는 거짓이다. 두 개 이상의 명제들의 집합에 하나의 명제와 그 부정이 동시에 포함된 경우 이 명제들의

---
[13] 저자에 따라서 명제를 영어로 "statement"로 쓰기도 한다.

집합에 대하여 *모순(contradiction)이 (명시적으로) 있다*고 말한다. (명시적인) 모순은 없지만 모순이 도출될 수 있는 명제들의 집합을 *모순적*(inconsistent, contradictory)이라고 말한다.

3.3 명제가 아닌 문장

이제 독자는 모든 문장이 명제인지 궁금할 수 있다. 모든 문장이 명제라면 어떠한 문장도 참 아니면 거짓이어야 한다. 그러나 흥미롭게도 참도 거짓도 아닌 문장이 있다. 예를 들어, "x 는 짝수이다." 혹은 "그것은 짝수이다."라는 문장을 고려해 보자. 이 문장들의 경우 "x"가 무엇을 나타내는지 "그것"이 무엇을 나타내는지 알기 전에는 이 문장들이 참인지 거짓인지 말할 수 없다.

문장이면서도 참인지 거짓인지를 판단할 수 없는 문장의 다른 경우가 *자기지칭적*(self-referential) 문장, 즉 문장 안에서 그 문장의 언급이 나오는 경우이다. 예를 들어, "이 문장은 거짓이다."라는 문장을 고려하자. 이 문장을 S 라고 부르기로 하자. 그러면 S 는 참인가? S 가 참이라고 가정하자. 그러면 그렇기 때문에 S 는 거짓이어야 한다. 따라서 S 는 참일 수 없고 거짓이어야 한다. 이번에는 S 가 거짓이라고 가정하자. 그러면 그렇기 때문에 S 는 참이어야 하고 이는 S 가 거짓이라는 가정과 모순을 일으킨다. 그러므로 S 는 참도 거짓도 아니고, 따라서 우리는 그런 문장들이 명제라고 말할 수 없다고 결론 내려야 한다.

한편, "이 문장은 참이다."라는 문장은 어떠한가? 만일 이 문장이 참이라면 아무 모순도 발생하지 않는다. 또한 이 문장이 거짓이라고 가정하는 경우에도 거짓인 문장과 가정 사이에 모순이 발생하지 않는다. 즉, 참과 거짓, 어느 쪽으로 결정하여도 문제가 발생하지 않고 따라서 이 문장은 명제로 간주할 수 있다. 그러나 자기지칭적 문장은 러셀의 역설[14]과 같은 문제를 발생시킬 수 있기 때문에, 이 책에서는 논증을 구성하는 문장에서 제외한다.

---

14 버트런드 러셀(Bertrand Russell, 1872~1970)에 의해 발견된 역설(paradox)로, 역설은 오류가 없는 추리를 통해 도달한 결론이 뜻밖이어서 받아들이기 힘든 경우를 말한다. 러셀의 역설은 "자기 자신을 원소로 가지지 않는 집합"에 관한 것이다. 이 집합을 R 이라고 하자. 그러면 "R 이 집합 R 의 원소인가?"라는 질문을 우리는 할 수 있고, 그 답이 "그렇다"이건 "아니다"이건 모순에 이르게 된다. 따라서 우리는 R 은 정의될 수는 있지만 존재할 수 없는 집합이라고 결론 내려야 한다.

제 4 장   논증, 타당한 논증, 부당한 논증, 추론 규칙

논증(argument)은 가정(assumption) 혹은 가설(hypothesis)에 해당되는 명제들 즉 *전제들*(premises)과, 결론에 해당되는 명제 즉 *결론*(conclusion)으로 구성된다.15 하나의 논증을 시각적으로 뚜렷이 나타내기 위해서, 논증의 전제들을 수평선 위에 열거하고 논증의 결론을 수평선 아래에 기술한다. 다음은 논증의 한 예이다.

예 4-1.

모든 백조는 포유류이다.	-- 전제 1
모든 검은 백조는 백조다.	-- 전제 2
모든 검은 백조는 포유류이다.	-- 결론

    이와 같은 논증의 기술 방식을 *논증 형식*이라고 하고, 이렇게 기술된 논증을 *논증 형식으로 기술된 논증*이라고 한다. 자연어로 기술된 논증을 *자연어 논증*이라고 한다. 명제 논리의 논리식16과 술어 논리의 논리식17을 모두 일컬어 *논리식*(formula)이라고 하는데, 논리식으로 표현된 논증을 *논리식 논증*이라고 부른다. 예 4-1 은 논증 형식으로 기술된 자연어 논증을 보여준다.18

    전제들이 모두 참일 때 결론도 참일 수밖에 없는 논증을 우리는 논리적으로 *타당하다*(valid)고 말하고, 전제들이 모두 참인 데도 결론이 참이 아닐 수 있는 논증을 논리적으로 *부당하다*(invalid)고 말한다.19 타당한 논

---

15 전제가 없는 논증도 있을 수 있다. 예를 들어 "백조는 포유류이거나 포유류가 아니다."라는 결론만 가진 논증은 타당한 논증이고, "백조는 포유류가 아니다."라는 결론만을 가진 논증은 부당한 논증이다.
16 명제 논리 논리식의 정의는 제Ⅲ부 1 장 1.2 절에 나온다.
17 술어 논리 논리식의 정의는 제Ⅳ부 1 장 1.2 절에 나온다.
18 명제 논리 논리식의 예는 제Ⅲ부 3 장 3.1 절에 나온다.
19 타당하지 않은 논증은 반드시 부당하지만, 우리가 그 타당함을 증명할 수 없다고 하여 어

증으로 전제가 모두 참인 논증을 *건전한 논증*(sound argument)이라고 한다. 그러나, 논증의 논리적 *타당성*(validity) 혹은 *부당성*(invalidity)에는 전제들이 참인지 거짓인지는 문제가 되지 않는다. 즉, 논리적 타당성 혹은 부당성은 개별 명제들의 진위와 무관하며, 전제들로부터 내려진 결론 사이의 추론 관계에 의해서만 결정된다. 예를 들어 예 4-1 의 전제 1 과 결론은 거짓으로 알려져 있다. 그러나 이 논증은 타당하다.

논증의 타당함과 부당함은 논증을 구성하는 문장들의 내용이 아니라 논증을 구성하는 문장들 간의 구조적 관계 혹은 문장을 구성하는 요소들 간의 구조적 관계, 줄여서 *논증의 형태*, 즉 *논증 형식*(form of argument)에 달려있기 때문에 엄밀히 말하여 *논증 형식의 타당함*이라고 말해야 한다. 논증 형식의 타당함은 다음과 같이 정의된다.

정의 4-1. (타당한 논증 형식)
전제들을 모두 참으로 만들며 결론을 거짓으로 만드는 논증 사례가 없는 논증 형식을 *타당하다*고 말한다.[20]

정의 4-1 에서 *논증 사례*는 주어진 논증 형식과 같은 논리적 형식을 갖는 실제 논증을 말한다.[21] 하나의 논증 형식의 논증 사례는 무한히 많이 존재하고, 그 논증 형식은 무한히 많은 논증 사례를 대표한다고 볼 수 있다.

논증이 타당함은 "⊨" 기호로 나타낸다.[22] $P_1, \cdots, P_n$ 가 전제들이고 C 가 결론이면 이들로 이루어진 논증이 타당함을

$$P_1, \cdots, P_n \vDash C$$

로 표현한다.[23]

띤 논증을 부당하다고 간정할 수 없다는데 주의해야 한다. 그 이유는 적용한 추론 시스템(예를 들어 명제 논리)으로 증명할 수 없는 논증을 보다 강한 추론 시스템(예를 들어 술어 논리)으로 증명할 수 있을 가능성이 있기 때문이다.

20 [Copi 19]pp.289~290
21 제 II 부 3 장의 예 3-3 은 논증 형식의 한 예이고 예 3-2 는 그 논증 형식의 하나의 논증 사례이다.
22 제 3 장 3.1 절에서 같은 기호를 명제가 타당함을 나타내기 위해 쓰는 것으로 정의하였다. 이 장에서의 정의는 앞의 정의의 일반화로 볼 수 있다.

정의 4-2. (부당한 논증 형식)
전제들을 참으로 만들며 결론을 거짓으로 만드는 논증 사례가 적어도 하나 존재하는 논증 형식을 *부당하다*고 말한다.

정의 4-1과 정의 4-2로부터 다음의 정리들이 따른다.

정리 4-1. (타당한 논증)
타당한 논증 형식이 존재하는 논증은 *타당한* 논증이다.

정리 4-2. (부당한 논증)
타당한 논증 형식이 존재하지 않는 논증은 *부당한* 논증이다.

논증을 증명하기 위하여 우리는 타당한 추론 규칙을 적용해야 한다. *(타당한) 추론 규칙*((valid) inference rule)은 논증과 동일하게 전제들과 결론으로 구성되며, 주어진 전제들로부터 이들이 참이면 역시 참일 수밖에 없는 새로운 명제를 결론으로 도출하는 규칙이다. 논증과 추론 규칙의 차이는, 논증은 전제들로부터 논리적으로 따르는지가 자명하지 않은 결론을 갖는 데 비해 추론 규칙은 전제들로부터 논리적으로 따르는지가 자명한 결론을 갖는다는 것이다. 이런 이유로, 논증의 증명을 위해서 우리는 타당한 추론 규칙들을 사용해야 한다. 일상적인 의미로는 *추론*(inference)은 주어진 명제들로부터 새로운 명제에 도달하는 과정이지만, 이 책에서 *(논리적) 추론*은 일련의 (타당한) 추론 규칙들의 적용을 말한다.

---

23 "___ ⊨ ___"은 "___로부터 ___가 따른다(___ entails ___)"로 읽는다.

제 5 장   논증의 증명 구조와 반박 구조

논증의 *증명*(proof)은 논증의 전제들이 참일때 결론이 거짓일 수 없다는 증명이다. 논증의 타당성 증명을 위한 접근 방법으로 *직접 증명*(direct proof)과 *간접 증명*(indirect proof)이 있다. 간접 증명은 *귀류법*(proof by contradiction)이라고도 불린다. 논증 증명의 이러한 접근 방법은, 증명에 쓰이는 추론 규칙들이 이 책 전체에 걸쳐 소개되는 정형적 추론 규칙이든 혹은 수학적 증명에서 일반적으로 사용되는 비정형적 추론 규칙이든 관계 없이 동일하다. 이들은 다음과 같이 정의된다.

논증 증명의 구조 1. (직접 증명)
논증의 전제들로부터 일련의 타당한 추론 규칙들을 적용하여 논증의 결론에 도달한다.

논증 증명의 구조 2. (귀류법)
논증의 전제들과 논증의 결론의 부정으로 이루어진 명제들의 집합에 모순이 있음을 보인다.

논증의 전제들은 논증을 위하여 우리가 참이라고 가정하는 명제들로, 사실은 참이 아닐 수 있다. 귀류법은 논증의 타당성을 증명하기 위해 전제들과 결론의 부정을 추가적인 전제로 한 전제들의 집합으로부터 모순을 도출하여, 주어진 전제들의 집합이 "모순적임"을 증명함으로써 논증의 타당성을 증명하는 방법이다. 귀류법은 논증의 전제들과 결론의 부정으로 이루어진 명제들의 집합에서 모순이 발생할 때 그 원인이 논증의 결론을 부정한 데 있다고 본다. 따라서 귀류법의 증명이 성공하면 논증의 결론은 (전제들이 참인 한) 참인 것이다.

논증이 타당한 경우에는 증명의 대상이지만, 부당한 경우에는 반박의 대상이 된다. 논증의 *반박*(refutation)은 논증의 전제들이 모두 참일 때 결론이 거짓일수 있음을 보이는 증명이다. 논증의 반박은 다음과 같은 방식으로 이루어진다.

> **논증 반박의 구조**
> 논증의 전제들과 논증의 결론의 부정으로 이루어진 전제들의 집합에 모순이 없음을 보인다.

논증의 반박은, 앞서 나온 논증 증명의 구조 2에서와 정반대로 논증의 전제들과 논증의 결론의 부정으로 이루어진 명제들의 집합에 모순이 없음을 보임으로써 이루어진다. 이 책에서 차례로 소개되는 정언적 삼단논법에서의 반박, 진리표 구축에 의한 논증 반박, 모델의 구축에 의한 논증 반박, 진리나무의 구축에 의한 논증 반박의 어느 방법도 동일하게 이런 논증 반박의 구조를 가진다.

연습문제

1. 다음 서술에 논증이 들어 있는지 아닌지 답하시오.[24]
   (a) 단어의 철자를 잘 아는 아이들은 대체로 좋은 시각적 기억력을 갖고 있다. 철자가 서투른 아이들은 단어들을 조심스럽게 볼 줄 모른다. 책 읽기 연습이 철자가 서투른 아이에게 도움을 주지 않는다.
   (b) 대부분의 시험은 수험자들에게 빠듯한 시간 제한을 준다. 그러나 그렇게 하는 것을 정당화하기는 어렵다. 그렇게 하는 것은 어떤 수험자들에게는 주제에 대한 능력을 보일 기회를 뺏고, 대부분의 회사는 시간을 들여 문제에 대하여 잘 생각해낸 답을 내는 사람들을 뽑기를 원하기 때문이다.

2. 이 책의 연역 논증의 정의와 비연역 논증의 정의에 따르면 다음 논증은 연역 논증인가 비연역 논증인가?[25]
   (a) 이 범행은 내부인의 소행이든지 외부인의 소행이다. 이 범행은 외부인의 소행이 아니다. 따라서 이 범행은 내부인의 소행이다.
   (b) 그는 종교를 가지고 있지 않다. 따라서 그는 현실주의자이다.

3. 다음의 논증에 대하여 올바른 설명은 어느 것인가?

   > 모든 박쥐는 날 수 있다.
   > 길동은 박쥐이다.
   > ―――――――――――――――
   > 길동은 날 수 있다.

   (가) 타당하다.
   (나) 타당하지 않다.
   (다) 타당할 수도 있고 타당하지 않을 수도 있다.
   (라) 타당한지 타당하지 않은지 알 수 없다.

---

24 이 문제의 예문은 다음 출처에서 가져왔다. Thomson, A., *Critical Reasoning: A Practical Introduction* 3rd Ed., Routledge, 2009, pp.11~12.
25 이 문제의 예문은 다음 출처에서 가져왔다. 김광수, *논리와 비판적 사고*, 쇄신판, 철학과 현실사, 2007, pp.49-50.

제 II 부 고전 논리학

> "반대로," 트위들디가 말을 이었다. "그랬다면, 그럴 수 있고; 그렇다고 가정하면, 그럴 것이다; 그러나 그렇지 않으므로, 그렇지 않다. 그것이 논리다."[26]
>
> — 루이스 캐럴[27] (*거울나라의 앨리스*, 1871)

이 책의 주제인 현대의 연역 논리학을 공부하기에 앞서, 제 II 부에서는 현대적 연역 논리학이 등장하기 이전의 연역 논리학에 대하여 먼저 간략히 살펴보기로 한다. 논리학의 역사는 *Organon*이라는 최초의 논리학 책을 쓴 아리스토텔레스[28]까지 거슬러 올라간다. 이턴 이유로 현대 연역 논리학이 등장하기 이전의 연역 논리학을 *고전 논리학*(Classical Logic) 또는 *아리스토텔레스 논리학*(Aristotelian Logic)이라고도 부른다.

---

26 Lewis Carroll, *Through the Looking-Glass*, 1871.
27 Lewis Carroll (1832~1898)
28 Aristotle (BC 384~322)

제 1 장 명제의 벤다이어그램 표현

집합(class, category)은 어떤 속성을 공통적으로 갖는 개체29들의 모음이다.30 하나의 집합을 구성하는 개체들을 그 집합의 *원소*(element, member)들이라고 말한다. 사람들이 표현하는 많은 명제들은 집합들 간의 관계에 대한 서술로 볼 수 있다. 예를 들어 "모든 백조는 포유류다."라는 명제를 우리는 "모든 백조의 집합"과 "모든 포유류의 집합"이라는 두 집합 사이의 관계를 서술하는 명제로 볼 수 있다. 적어도 하나의 원소를 갖고 있는 두 개의 집합 사이의 관계는 다음 세 가지 중 하나이다:

1. 한 집합의 원소들이 다른 집합에 완전히 포함된다.
2. 한 집합의 한 개 이상의 원소가 다른 집합에 포함되지만, 모든 원소가 포함되지는 않는다.
3. 두 개의 집합이 공통으로 갖는 원소가 없다.

개체들의 집합을 원으로 나타내면 두 원이 겹치는 지역은 두 집합에 공통인 개체들을 나타내게 된다. 이와 같이 명제의 의미를 원들의 관계로 나타냄으로써 명제를 도형으로 나타낼 수 있는데, 이런 도형을 *벤다이어그램*(Venn Diagram)이라고 부른다. 이와 같이 벤다이어그램을 사용하여 두 집합 A 와 B 의 *교집합*(intersection), *합집합*(union), *차집합*(difference)을 각각 그림 1 의 (a), (b), (c)와 같이 나타내고, 집합 A 의 *여집합*(complement)을 그림 1 의 (d)와 같이 나타낼 수 있다. 그림 1 에서 격자무늬로 채워진 부분은 이 두 집합에 집합 연산을 적용한 결과로 만들어진 새로운 집합을 나타낸다.

---

29 개체는 동물과 같은 구체적인 사물일 수도 있고 수와 같은 추상적인 개념일 수도 있다.
30 개체들 간에 일견 아무런 공통성이 없는 것 같은 경우에도 같은 집합에 속한다는 공통의 속성은 가진다.

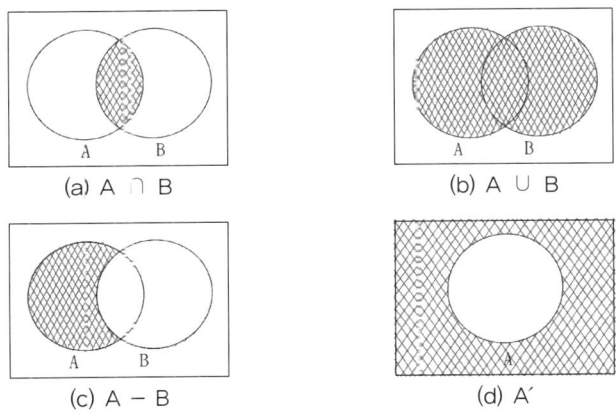

그림 1. 벤다이어그램의 예

　　벤다이어그램에서 개체가 들어 있지 않은 지역 즉 빈 지역은 빗금을 쳐서 나타내고, 어떤 지역에 적어도 하나의 개체가 들어 있다는 것은 그 지역 안에 "×" 표시를 하여 나타낸다.

예 1-1.
다음은 "모든 백조는 포유류다."라는 명제를 벤다이어그램으로 나타낸 것이다.

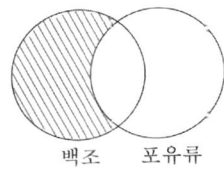

예 1-2.
다음은 "어떤 새는 날지 못한다."라는 명제를 벤다이어그램으로 나타낸 것이다.

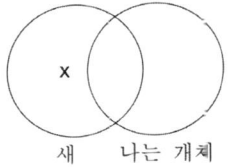

이 벤다이어그램으로부터 날지 못하는 새가 있음을 알 수 있다.

제 2 장   벤다이어그램을 이용한 논증의 증명과 반박

두 개의 전제와 하나의 결론으로 이루어진 논증이 있을 때 이 논증이 타당한지를 어떻게 알 수 있을까? 한 가지 방법은 논증의 전제들을 벤다이어그램으로 옮긴 뒤, 그 결과로 얻어진 벤다이어그램에서 결론이 성립하는지를 확인하는 것이다. 예 2-1 은 이 방법의 적용 예를 보여준다.

예 2-1. (논증의 증명)
다음은 제 I 부 4 장의 예 4-1 에 나온 논증이다.

> 모든 백조는 포유류이다.　　　-- 전제 1
> 모든 검은 백조는 백조다.　　　-- 전제 2
> 모든 검은 백조는 포유류이다.　-- 결론

이 논증의 전제 1 과 전제 2 를 벤다이어그램으로 옮긴 결과는 다음과 같다.

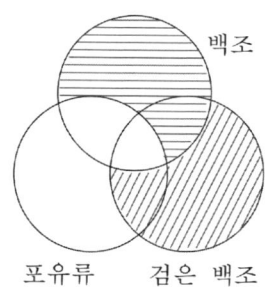

벤다이어그램에 3 개의 원이 있으면 원들이 만나며 만드는 지역의 수는 총 7 개이다: 세 개의 원이 교차하는 지역이 1 개 있고, 두 개의 원에 포함되지만 모든 원에는 포함되지 않는 지역이 3 개 있고, 하나의 원에만 포함되고 다른 원들에는 포함되지 않는 지역은 3 개이다.

위 논증의 전제 1 에 따르면 모든 백조가 포유류이므로, 포유류가 아닌 백조는 없다. 즉, 포유류를 나타내는 원 밖에 있으면서 백조를 나타내는 원

안에 있는 개체는 없다. 마찬가지로, 전제 2에 따르면 모든 검은 백조가 백조이기 때문에, 백조를 나타내는 원 밖에 있으면서 검은 백조를 나타내는 원 안에 있는 개체는 없다.

이와 같이 두 전제를 옮겨 놓은 벤다이어그램에서 위 논증의 결론이 성립할까? 논증의 결론은 포유류가 아닌 검은 백조는 존재하지 않는다는 것이다. 이 결론은 검은 백조를 나타내는 원 안의 지역 중에 포유류를 나타내는 원 밖에 원소가 없으면 참이고, 그런 원소가 있으면 거짓이다. 위의 벤다이어그램을 보면 전자의 경우가 맞다는 것을 알 수 있다. 따라서 두 개의 전제가 참이면 결론도 참이므로 위 논증은 타당하다.

예 2-2. (논증의 반박)

다음 논증의 전제들은 예 2-1의 논증의 전제들과 동일하지만 결론은 예 2-1의 논증과 다르다.

모든 백조는 포유류이다.	-- 전제 1
모든 검은 백조는 백조다.	-- 전제 2
검은 백조는 존재한다.	-- 결론

이 논증의 타당성을 판단하기 위하여 전제들을 반영한 벤다이어그램을 그리면 예 2-1에 나오는 것과 동일한 벤다이어그램이 나온다. 이제 그 벤다이어그램에서 위 논증의 결론이 성립하는지를 확인하면, "검은 백조가 존재한다."가 성립하기 위해서는 백조들의 집합을 나타내는 원 안에 "×" 표시가 있어야 한다. 그러나 전제들을 나타내는 벤다이어그램 안에 "×" 표시는 존재하지 않는다. 그래서 위의 논증은 타당하지 않다.

제 3 장 정언적 삼단논법

두 집합 사이의 관계를 서술하는 명제를 *정언 명제*[31](categorical proposition)라고 한다. 각 정언 명제는 두 개의 개체들의 집합들 즉 *주어항*(subject term)과 *술어항*(predicate term)의 관계를 서술한다. 정언 명제는 다음 4 개의 표준적 유형이 있다:

전칭 긍정(Universal affirmative): A
전칭 부정(Universal negative): E
특칭 긍정(Particular affirmative): I
특칭 부정(Particular negative): O

S 가 명제의 주어항, P 가 명제의 술어항이라고 하자. 그러면 명제의 각 유형은 다음의 형태를 갖는다:

A: "모든 S 는 P 이다."
E: "어떤 S 도 P 가 아니다."
I: "어떤 S 는 P 이다."
O: "어떤 S 는 P 가 아니다."

우리가 일상적으로 말하는 많은 단순 명제들은 이 표준 유형들 중 하나이다.

---

31 "Categorical"은 "단정적인"이라는 의미를 갖는다. "정언(定言)"은 "어떤 명제, 주장, 판단을 '만일', '혹은'같은 조건을 붙이지 아니하고 확정하여 말하는 행위 또는 그런 말을 뜻하기 때문에 (https://dict.naver.com/)," "categorical proposition"을 "정언 명제"로 옮긴다면 잘못된 번역일 것이다. 왜냐하면 "categorical proposition"에서 "category"는 집합을 뜻하기 때문이다([Copi 19]p.676). 그러나 많은 우리말 문헌에서 "categorical proposition"을 오랜 동안 "정언 명제"로 번역했기 때문에 이 책에서도 이를 따른다.

예 3-1.
다음은 A, E, I, O 각 유형의 명제이다.

    A: 모든 박쥐는 날 수 있다.
    E: 어떤 착한 사람도 다른 사람들을 괴롭히지 않는다.
    I: 홍길동은 박쥐다.
    O: 어떤 백조는 희지 않다.

예 3-2.
다음의 논증을 고려하자.

    모든 박쥐는 날 수 있다.   --전제 1
    홍길동은 박쥐다.   --전제 2
    홍길동은 날 수 있다.   --결론

    이 논증에서 전제 1은 A 유형이고 전제 2와 결론은 I 유형이다.

    삼단논법(syllogism)은 두 개의 전제로부터 결론을 추론하는 논증을 말한다. *정언적 삼단논법*(categorical syllogism)은 두 개의 전제와 결론이 모두 정언 명제인 삼단논법을 말한다. 정언 명제의 항들은 다음과 같이 정의된다:

    대개념(major term): 결론의 술어항으로 P로 나타낸다.
    소개념(minor term): 결론의 주어항으로 S로 나타낸다.
    매개념(middle term): 전제들에 나타나지만 결론에 나타나지 않는 개념으로 M으로 나타낸다.

예 3-3.
예 3-2 의 정언적 삼단논법의 논증을 대개념 P, 소개념 S, 매개념 M 은 써서 다음과 같이 옮길 수 있다. 각 명제의 우측에는 명제의 유형이 표시되어 있다.

모든 M 는 P 이다.	-- (A)
어떤 S 는 M 이다.	-- (I)
어떤 S 는 P 이다.	-- (I)

대개념이 등장하는 전제를 *대전제*(major premise)라고 부르고 소개념이 등장하는 전제를 *소전제*(minor premise)라고 부른다. 대전제, 소전제, 결론의 순서로 된 삼단논법을 *표준 삼단논법*이라고 말한다. 대전제와 소전제의 매개념의 위치에 따라, 표준 삼단논법은 표 3-1 의 상단과 같이 *격*(mood)이 1 부터 4 로 나뉘고, 대전제, 소전제, 결론의 유형에 의하여 또한 그 *식*(figure)이 결정된다. 표 3-1 하단에는 각 격 별로 타당한 식들이 열거되어 있다.

표 3-1. 표준 삼단논법의 격과 타당한 식들

	1 격	2 격	3 격	4 격
대전제	M P	P M	M P	P M
소전제	S M	S M	M S	M S
타당한 식들	AAA-1 EAE-1 AII-1 EIO-1	AEE-2 EAE-2 AOO-2 EIO-2	AII-3 IAI-3 EIO-3 OAO-3	AEE-4 IAI-4 EIO-4

예 3-3 의 논증은 1 격의 표준 삼단논법에 해당되고, 대전제가 A 유형, 소전제가 I 유형, 결론이 I 유형이어서 그 식은 AII-1 이 된다. AII-1 식이 표 3-1 의 1 격 열 아래에 나오기 때문에 예 3-3 의 논증은 타당하다고 판단할 수 있다.

반면에 표 3-1 에 논증 식이 나오지 않는 표준 삼단논법은 타당하지 않다. 다음은 그 예를 보여준다.

예 3-4.
다음의 논증을 고려하자.

모든 한국인은 애국자다.	-- 전제 1
링컨은 애국자다.	-- 전제 2
링컨은 한국인이다.	-- 결론

이 논증은 다음의 형식을 갖는다:

모든 P는 M이다.	-- (A)
어떤 S는 M이다.	-- (I)
어떤 S는 P이다.	-- (I)

따라서 이 논증은 2격의 논증이고, 예 3-3의 논증과 마찬가지로 전제 1은 A 유형이고 전제 2와 결론은 I 유형이어서, AII-2식의 논증에 해당된다. 그러나 이 논증은 타당한 논증이 아니고, 표 3-1의 2격 열에는 AAI-2 식이 나오지 않는다.

제 4 장   정언적 삼단논법의 증명과 반박

제 2 장의 예 2-1 의 논증과 제 3 장의 예 3-2 의 논증은 둘 다 정언적 삼단논법의 논증이다. 우리는 이 논증들이 논리적으로 타당한지 물을 수 있다. 이를 제 2 장에서처럼 일반적으로, 두 개의 전제에 해당하는 벤다이어그램을 그린 후 그 벤다이어그램에서 결론이 성립하는지를 확인하여 논증이 타당한지 부당한지 판단할 수 있다.

이와 다른 방법으로, 고전 논리학은 제 3 장의 표 3-1 과 같이 전제들과 결론의 유형 그리고 주어항과 술어항의 상대적 위치에 따라 논리적으로 타당한 정언적 삼단논법 형태들의 목록을 제공하는데, 이를 이용하여 주어진 논증이 이 표에 나오면 타당한 논증이고 그렇지 않으면 부당한 논증이다.

반박에만 적용되는 또 다른 방법으로 *논리적 비유에 의한 반박* (refutation by logical analogy)[32]이 있다. 이 방법은 "주어진 논증과 동일한 형태를 갖지만 전제가 참이고 결론이 거짓인 논증"[33]을 제시하는 방법으로, *반례법*(counterexample method)으로도 불린다. 예를 들어,

  수호지를 나관중이 썼다면 나관중은 뛰어난 소설가이다.
  나관중은 뛰어난 소설가이다.
  ─────────────────
  수호지는 나관중이 썼다.

의 논증이 부당함을 보이기 위하여, 동일한 형식을 가진 다음과 같은 논증을 제시할 수 있다.

  철수가 늦잠을 자면 회사에 지각할 것이다.
  철수가 회사에 지각했다.
  ─────────────────
  철수가 늦잠을 잤다.

---

32 [Copi 19]pp.496, 463, 512~513 참조
33 [Copi 19]pp.285~286, 512~513

철수가 늦잠을 자면 회사에 지각하는 것이 사실이고 철수가 회사에 지각하는 것이 사실이어도, 철수가 늦잠 때문이 아니라, 눈이 와서 지각할 수도 있고 사고가 있어서 지각할 수도 있기 때문이다. 따라서 두 번째 논증은 타당하지 않은 논증이며, 같은 형식을 가진 첫 번째 논증도 부당한 논증임을 알 수 있다. 일반적으로

$$\begin{array}{c} P \to Q \\ \underline{Q} \\ P \end{array}$$

의 형태를 가진 모든 논증이 부당한 논증이다. 이는 제 I 부 4 장 정리 4-2 에 의해 증명된다. 또한 논리적 비유에 의한 반박 방법에 의해 위의 논증 사례로부터도 증명된다.

연습문제[34]

1. 다음은 삼단논법의 논증이다.

   > 철수는 오늘 아침에 일하러 가지 않았다. 왜냐하면 철수는 오늘 아침에 스웨터를 입었는데 그는 스웨터를 입고는 일하러 가지 않기 때문이다.

   (a) 위의 논증을 전제들과 결론을 수평선으로 가르는 표준 형태로 바꾸시오.
   (b) 벤다이어그램을 그려 (a)의 논증이 타당한지 타당하지 않은지 답하시오.

2. 다음은 삼단논법의 논증이다.

   > 많은 돈이 걸려 있는 모든 상황은 경쟁이 심한 상황들이다. 이 상황은 많은 돈이 걸려 있는 상황이다. 따라서 이 상황은 경쟁이 심한 상황이다.

   (a) 위의 논증을 전제들과 결론을 수평선으로 가르는 표준 형태로 바꾸시오.
   (b) 벤다이어그램을 그려 (a)의 논증이 타당한지 타당하지 않은지 답하시오.

3. 다음 논증에 대하여 아래 질문에 답하시오.

   > 사실을 무시하는 사람들만이 잘못을 저지를 가능성이 있다. 객관적인 사람은 잘못을 저지를 가능성이 없다. 따라서 사실을 무시하는 사람들은 누구도 객관적일 수 없다.

   (a) 위의 논증을 전제들과 결론을 수평선으로 가르는 표준 형태로 바꾸시오.
   (b) 벤다이어그램을 그려 (a)의 논증이 타당한지 타당하지 않은지 답하시오.

---

[34] 표준 삼단논법 논증의 타당성을 판단하기 위해 벤다이어그램을 사용하는 방법은 실용적으로 편리하게 사용할 수 있는 방법으로, 표 3-1 의 내용을 기억할 필요도 없을 뿐 아니라, 논증이 왜 타당한지 혹은 왜 타당하지 않은지의 이유도 즉각적으로 알 수 있는 장점이 있다. 따라서 이 장의 연습문제에서는 벤다이어그램을 사용하는 문제만을 다룬다.

제III부 명제 논리

"아리스토텔레스 이래 논리학은 한 걸음도 앞으로 나아가지 못하였다."
— 임마뉴엘 칸트[35] (*순수 이성 비판 제2판 서문 Bviii*, 1787)

철학자 칸트는 "논리학은 아리스토텔레스 이래 한 걸음도 앞으로 나아가지 못하였고 모든 외양에서 하나의 닫힌 완성된 학문이다."라고 말했다. 그런데 아리스토텔레스 시대부터 이천년이 넘게 지나 논리학 역사에서 가장 중요한 진전이 독일의 수학자이며 철학자인 고틀로프 프레게[36]에 의해 이루어졌다. 프레게는 1879년에 그의 책 *Begriffschrift*를 출간했는데, 하이젠누르트에 따르면 논리학 발전에 대한 프레게의 기여는 진리함수적 명제 연산,[37] 양화이론,[38] 정형화된 논리 규칙에 따른 도출을 수행할 수 있는 논리 체계[39] 등을 포함한다.[40] 이러한 내용이 현대 논리학[41]의 토대를 이루기 때문에, 현대 논리학은 프레게로부터 시작되었다고 볼 수 있다.[42]

"논리학"은 "논리에 대한" 논의, 공부 혹은 지식을 뜻한다. 즉, 논의의 대상으로서 "논리"가 있고, 그 "논리"를 체계화한 것을 "*논리 체계*(system

---

35 Immanuel Kant (1724~1804)
36 Gottlob Frege (1848~1925)
37 Truth Functional Propositional Calculus. 만일 논리학에 "수학의 미적분학(Calculus)" 과 같은 것이 있어서 논리적인 추론을 논리식의 연산처럼 수행할 수 있다면 어떨까? 이런 논리 체계를 **논리 연산 체계**(System for Calculus of Logic)또는 **논리 연산**(Calculus of Logic)이라고 부른다.
38 Theory of Quantification
39 System of Logic
40 [Heijenoort 70]p.1
41 정확히 말하면 "현대 연역 논리학"이다. 비연역 논리학을 다루는 비정형 논리(Informal Logic)(혹은 실용 논리학(Practical Logic))을 현대 논리학의 다른 분야로 볼 수 있기 때문이다.
42 1903년에 버트런드 러셀에 의해 *Begriffschrift*가 발견되어 그 내용이 세상에 소개될 때까지 사람들은 프레게의 논리학에 대해 모르고 있었다고 한다.

of logic)"라고 부르며, "논리" 또는 "논리 체계"에 대한 논의가 논리학이다.

현대 논리학은 두 부분으로 구성된다. 문장의 내부 구조를 고려하지 않고 문장 전체를 한 단위로 취급하는 *명제 논리학*[43]과, 문장을 내부 구조의 요소들에 대한 양화로 보는 *술어 논리학*이 그것이다. 이 책에서는 제Ⅲ부에서 명제 논리학을 소개하고, 술어 논리학은 제Ⅳ부에서 소개한다.

---

[43] Propositional Logic

제1장 문법

1.1 명제 기호

명제는 P, Q, R, S, …의 문자들을 사용하여 나타낼 수 있다. 이러한 문자들을 *명제 기호*(propositional symbol, propositional letter)라고 부른다. 예를 들어, "달은 초록색 치즈로 만들어졌다."라는 명제를 P 로, "지구는 평편하다."라는 명제를 Q 로, 그리고 "나는 화성에 가서 살겠다."라는 명제를 R 로 나타낼 수 있다.

1.2 연결사, 논리식 변수, 명제 논리의 논리식

자연어 문장의 연결사들은 다양하지만, 동등한 자연어 문장의 연결사들을 하나의 연결사로 표현하면 표 1.2-1 에 나오는 다섯 개의 기본적인 *논리 연결사*(logical connective)로 줄일 수 있다. 논리 연결사는 *문장 연결사*(sentential connective) 또는 *명제 연결사*(propositional connective)로 불리기도 한다. 논리 연결사는 명제뿐 아니라 술어 논리44의 논리식을 연결하는 데 사용되기 때문에 문장 연결사라고 불러야 정확하지만 이 책에서는 간략히 *연결사*(connective)로 부르기로 한다. 표 1.2-1 에서 A, B는 *논리식 변수*(formula variable)들로 이 논리식 변수들을 구체적인 명제논리의 논리식들로 대체하여 해당 형태의 복합 문장을 얻는다. P, Q, R, S, …는 명제 논리의 언어를 구성하는 기호이지만 논리식 변수는 명제 논리의 언어를 구성하는 기호가 아니라, 명제 논리 언어 또는 술어 논리 언어의 임의의 논리식을 나타낸다.

---

44 술어 논리는 제Ⅳ부에서 소개한다. 술어 논리의 언어는 명제 논리의 언어를 포함한다.

표 1.2-1. 연결사

연결사			구성 문장		복합 문장	
기호	이름	자연어 표현	표현	이름	표현	이름
$\wedge$	연언 (and)	그리고 (and)	A, B	연언지 (conjunct)	$(A \wedge B)$	연언문 (conjunction)
$\vee$	선언 (or)	또는 (or)	A, B	선언지 (disjunct)	$(A \vee B)$	선언문 (disjunction)
$\neg$	부정 (negation)	아니다 (not)	A		$(\neg A)$	부정문 (negation)
$\rightarrow$	함의 (implication)	만일 ___이면, ___ 이다. (if ___ then ___, ___ only if ___), 함의한다. (implies)	A, B	전건 (antecedent), 후건 (consequent)	$(A \rightarrow B)$	조건문 (conditional)
$\leftrightarrow$	양방향 함의 (bi-implication)	___이면, 그리고 오직 그 경우에만, ___ 이다. (___ if and only if ___)	A, B		$(A \leftrightarrow B)$	쌍조건문 (bi-conditional)

연결사 "$\neg$"은 하나의 명제에 적용되기 때문에 *단항 연결사*(unary connective)라고 하고 나머지 네 개의 연결사는 두 개의 명제에 적용되어 복합 명제를 만들기 때문에 *이항 연결사*(binary connective)라고 한다. 우리는 이들을 사용하여 주어진 명제들로부터 더 복잡한 논리적 구조를 갖는 복합 명제들을 만들 수 있다.

"*애매성*(ambiguity)을 갖는다." 혹은 "애매한 표현이다."라고 말한다. 연결사를 적용하여 만들어진 복합 명제는 표 1.2-1 의 여섯 번째 열에서처럼 원칙적으로 괄호를 써서 나타내야 한다. 그렇지 않으면 연결사를 두 번 이상 적용할 경우 애매한 표현이 만들어지기 때문이다. 예를 들어 $P \wedge Q \vee R$ 은 애매한 표현이다. 왜냐하면 이 표현이 $\wedge$이 먼저 적용되고 $\vee$이 나중에 적용되어 만들어진 표현인지 아니면 $\vee$이 먼저 적용되고 $\wedge$이 나중에 적용되어 만들어진 표현인지 알 수 없기 때문이다. 전자의 경우를 $((P \wedge Q) \vee R)$로 표현하고 후자의 경우를 $(P \wedge (Q \vee R))$로 표현하면 애매성이 발생하지 않는다.

이 다섯 개의 연결사는 명제들의 논리적 합성을 위하여 필요한 최소 개수의 연결사를 구성하지 않는다. 예를 들어 (P↔Q)는 ((P→Q) ∧ (Q→P))와 같은 의미를 갖기 때문에 ↔기호가 없어도 표현에 문제가 발생하지 않는다. 실제로 의미적으로 서로 다른 모든 복합 명제를 만드는데 필요한 최소 개수의 연결사는 단 한 개이고, 영어의 "Neither ___ nor ___"에 해당하는 "NOR" 논리 연결사나 "Not ___ and ___"에 해당하는 "NAND" 논리 연결사 중 어느 것으로도 표 1.2-1 의 5 개의 복합 명제를 전부 표현할 수 있다.[45] 정의 1.2-1 은 *명제 논리의 논리식*(Propositional Logic formula)의 정의인데, 이 정의는 "명제 논리의 논리식"을 정의하는 데 "명제 논리의 논리식"이라는 동일한 용어를 사용하여 *재귀적 정의* (recursive definition)이다.

정의 1.2-1. (명제 논리의 논리식)
(1) 명제 기호들은 명제 논리의 논리식이다.
(2) 명제 논리의 논리식들로부터 연결사를 적용하여 만들어진 복합 명제들은 명제 논리의 논리식이다.

정의 1.2-1(1)에 의해 P, Q, R, …는 명제 논리의 논리식이고, (2)에 의해 (¬P), (¬Q), …, (P∧Q), (P∧R), …, (P∨Q), (P∨R), …, (P→Q), (P→R), …, (P↔Q), (P↔R), …와 같이 하나의 연결사가 들어 있는 복합 명제들 뿐 아니라, 이들로부터 연결사를 두 번 적용하여 만들어진 복합 명제들도 명제 논리의 논리식이 된다. 마찬가지로 연결사가 세 개, 네 개, …들어 있는 복합 명제들도 모두 명제 논리의 논리식에 포함된다.

1.3 괄호의 생략

연결사를 적용할 때 표 1.2-1 의 여섯 번째 열이 보여주는 것처럼, 복합 명제에는 괄호를 해야 한다. 그러나, 연결사가 적용될 때마다 괄호를 더하면

---

[45] 연결사의 개수가 적을수록 추론 체계는 단순해지고 우리는 더 쉽게 배워서 사용할 수 있다. 그러나 너무 적은 수의 연결사를 사용하면 자연어 문장에 상응하는 정형적 표현이 길고 어색해져서 정형적 표현을 사용한 직관적 추론이 어려워진다.

논리식이 조금만 길어져도 괄호가 많아져서 가독성이 떨어지게 된다. 이를 방지하기 위해 연결사들 간 우선순위를 정하면 애매성을 발생시키지 않고도 괄호 수를 줄일 수 있다. 따라서 연결사의 우선순위를 높은 우선순위에서 낮은 우선순위의 순서로 ¬, ∧, ∨, →, ↔으로 정하기로 한다. 즉, ¬가 가장 높은 우선순위의 연결사이고, ↔가 가장 낮은 우선순위의 연결사이다.

P ∧ Q → R 의 표현에서 생략된 괄호를 다시 복구해 넣으면 ((P ∧ Q) → R)이 된다.

P ∨ Q ∧ ¬R → ¬Q 표현에서 생략된 괄호를 넣으면 ((P ∨ (Q ∧ (¬R))) → (¬Q))가 된다. 거꾸로 P → (Q → R)의 표현에서 괄호를 생략해도 괜찮은가? 이 표현의 의미를 바꾸지 않고 괄호를 생략할 수 있을까? P → (Q → R)에서 괄호를 없애면 P → Q → R 가 되는데, 이로부터 괄호를 회복하여 만들 수 있는 표현은 (P → (Q → R))과 ((P → Q) → R)이다. 그러면 (P → (Q → R))과 ((P → Q) → R)은 같은 의미를 갖는가? 만일 그렇다면 P ∧ Q ∧ R 와 같은 표현에서 애매성이 문제가 되지 않는 것처럼 P → Q → R 가 가지는 애매성은 문제될 것이 없다. 그러나 이 표현들은 제2절에서 드러나는 것처럼 같은 의미를 갖지 않고, 따라서 괄호를 없애면 애매한 표현이 된다.46

1.4 명제 논리 논리식의 자연어 번역

이제 우리는 명제를 어떻게 나타내는지, 그리고 어떻게 주어진 명제들로부터 더 복잡한 명제들을 만들 수 있는지 안다. 따라서 우리는 임의의 자연어 명제를 명제 논리의 논리식으로 번역하고 또 그 반대 방향으로도 번역할 수 있다. 예 1.4-1 은 자연어 명제를 명제 논리의 논리식으로 번역한 예를 보여준다.

---

46 제2절의 내용에 따르면, P가 거짓, Q가 참, R이 거짓인 경우 →의 진리표에 따르면 (P →(Q → R))은 참이지만 ((P → Q) → R)은 거짓이다.

예 1.4-1.

명제 기호를 다음과 같이 정의하자:

 P: "당신은 신발을 신고 있다."
 Q: "당신은 발톱을 자를 수 없다."

그러면 $\neg Q$, $P \wedge Q$ 와 $P \rightarrow Q$ 는 자연어로 다음과 같이 번역된다:

 $\neg Q$: "당신은 발톱을 자를 수 없지 않다." 혹은 더 간략하게
  "당신은 발톱을 자를 수 있다."
 $P \wedge Q$: "당신은 신발을 신고 있고 발톱을 자를 수 없다."
 $P \rightarrow Q$: "만일 당신이 신발을 신고 있으면, 당신은 발톱을 자를 수 없다."

1.5 자연어 문장의 명제 논리 논리식 표현

자연어 문장이 주어졌을 때, 우리는 그것을 명제 논리의 논리식으로 바꿀 수 있다. 명제 기호 P, Q, R이 다음의 문장을 나타낸다고 하자:

 P: 달은 초록색 치즈로 만들어졌다.
 Q: 지구는 평편하다.
 R: 나는 화성에 가서 살 것이다.

그러면 다음 문장에 대해 이를 사용하여 표현한 논리식은 어떻게 될까?

 (1) 달은 초록색 치즈로 만들어져 있고 지구는 평편하다.
 (2) 만일 달이 초록색 치즈로 만들어졌다면, 지구는 평편하다.
 (3) 만일 지구가 평편하지 않다면, 달은 초록색 치즈로 만들어지지 않았다.
 (4) 만일 달이 초록색 치즈로 만들어졌거나 지구가 평편하면, 나는 화성에 가서 살 것이다.

이 문장들의 명제 논리 논리식은 각각 다음과 같다:

(1) $P \wedge Q$
(2) $P \rightarrow Q$
(3) $\neg Q \rightarrow \neg P$
(4) $P \vee Q \rightarrow R$

자연어 표현은 애매성과 모호성을 가질 수 있다. 어떤 표현이 무엇을 나타내는지 명확하지 않은 경우 그 표현이 "모호성(vagueness)을 갖는다." 또는 "모호하다."고 말한다. 논리식으로 번역하여 추론을 하기에 앞서 먼저 애매성과 모호성을 없애고 나서 참이거나 거짓으로 판별할 수 있는 문장으로 번역해야 한다.

제 2 장 의미론

제 1 장에서는 명제 논리의 문법과 명제의 허용된 형태에 대하여 논하였다. 이 장에서는 명제의 의미에 대하여 논한다. 명제는 하나의 문장으로서 그 문장이 내포하는 의미를 가질 뿐 아니라, 명제로서 참 또는 거짓이다. 따라서 명제가 참 또는 거짓의 어느 쪽인가 하는 것은 명제가 문장으로서 내포하는 의미만큼이나 중요한 정보이다. 예를 들어 "서울은 대한민국의 수도이다."라는 명제는, 한편으로는 "서울이라는 도시가 대한민국 정치 행정의 중심인 도시이다."라는 주장의 의미를 가지고, 다른 한편으로는 그 주장이 사실이라는 의미를 갖는다. 나아가 논리적 연결사를 통해 구축된 복합 명제는 그것이 참인지 거짓인지의 여부가 구성 명제들이 참인지 거짓인지와 구성 명제들이 서로 어떻게 연결되어 있는가에 의해 결정되기 때문에, 우리는 복합 명제를 참 또는 거짓을 입력값과 출력값으로 갖는 함수로 생각할 수 있다.

2.1 진리값과 진리표

제 I 부 3 장에서 참 또는 거짓으로 판단할 수 있는 문장을 명제라고 하였다. 따라서 명제는 "참" 또는 "거짓"의 값을 갖는 속성을 가지며, 특정한 명제는 이 속성 값으로 "참" 또는 "거짓"을 갖는다고 볼 수 있다. 이러한 명제가 갖는 "참" 또는 "거짓"의 값을 그 명제의 *진리값*(truth value)이라고 말하고, 기호로 "참"은 T로 "거짓"은 F로 나타낸다.

진리표(truth table)는 단순 명제들로 이루어진 복합 명제가 갖는 진리값을 계산할 때 사용할 수 있는 표이다. n 개의 단순 명제가 있고 각 단순 명제가 T 또는 F 의 진리값을 가질 때, 총 2^n 개의 진리값들의 조합이 있고 진리표는 이들을 나타내는 2^n 개의 행을 가진다. 다음은 단순 명제가 A 와 B 두 개인 경우의 진리표의 모습을 보여준다. 각 행에는 단순 명제의 진리값들을 적고, 맨 우측 열에는 A 와 B 가 각각 해당 행의 진리값을 가질 때의 복합 명제의 진리값을 적는다.

A	B	
T	T	
T	F	
F	T	
F	F	

2.2 진리 함수로서의 연결사

이와 같이 명제의 진리값 즉 명제의 의미로서의 참과 거짓에 초점을 두면, 우리는 연결사들을 *진리함수*(truth function)들로, 즉 진리값들을 입력으로 받아들여 진리값을 출력으로 반환하는 함수들로 간주할 수 있다.

이제 ∧, ∨, ¬, → 과 ↔ 의 다섯 개의 연결사들 각각의 의미를 진리표를 사용하여 진리함수로 정의한다.

연결사 ¬의 진리표는 표 2.2-1과 같다.

표 2.2-1. ¬의 진리표

A	$\neg A$
T	F
F	T

연결사 ¬는 하나의 명제에 적용되는 연결사이기 때문에 진리표에 단 하나의 명제 기호만 나온다. 주어진 명제를 A라고 하면, A가 T인 행과 A가 F인 행의 두 개의 행이 필요하다. 즉, A는 T이거나 F이고. A가 T이면 ¬A는 F가, A가 F이면 ¬A는 T가 된다.

연결사 ∧의 진리표는 표 2.2-2와 같다.

표 2.2-2. ∧의 진리표

A	B	$A \wedge B$
T	T	T
T	F	F
F	T	F
F	F	F

연결사 ∧의 경우, 연결하는 명제는 두 거가 있고, 이들을 A와 B로 나타내면, A와 B가 각각 T이거나 F이므로 진리표에 전부 네 개의 행이 필요하다. $A \wedge B$는 A와 B가 모두 T인 경우에만 T이고 그렇지 않은 경우에는 F이다.

연결사 ∨의 진리표는 표 2.2-3과 같다.

표 2.2-3. ∨의 진리표

A	B	$A \vee B$
T	T	T
T	F	T
F	T	T
F	F	F

연결사 ∨도 ∧와 마찬가지로 4개의 행이 필요하다. 그러나 ∨의 진리함수는 ∧의 진리함수와 다르다. 왜냐하면 $A \vee B$는 A와 B가 모두 거짓일 경우에만 거짓이고 그렇지 않으면 참이기 때문이다. 자연어에서 "선언(or)"은 두 개의 서로 다른 의미를 갖는데 *포함적 선언*(inclusive or)과 *배타적 선언*(exclusive or)이 그것이다. 포함적 선언의 의미는 위에서 정의된 ∨와 동일하지만, 배타적 선언으로 만들어진 복합 명제는 정확히 하나의 구성 명제가 참일 때만 참이고 그렇지 않은 경우에는 거짓이다. 예를 들어, 음식점 메뉴에 '수프 또는 샐러드'라고 적혀 있으면, 그 의도는 대체로 수프와 샐러드 중 하나를 제공하지만 둘 다 제공하지는 않는다는 것이리라.

연결사 →의 진리표는 표 2.2-4와 같다.

표 2.2-4. →의 진리표

A	B	$A \rightarrow B$
T	T	T
T	F	F
F	T	T
F	F	T

$A \to B$는 A가 참이고 B가 거짓인 경우에만 거짓이고 그렇지 않은 경우에는 참이다. A가 참이고 B가 거짓인 경우와 A와 B가 모두 참일 때 $A \to B$가 참이라는 것을 납득하기 쉽다. 그러나 독자는 A가 거짓일 때 $A \to B$가 왜 참이 되는지 의아해할 수 있다. 그 이유는 두 가지가 있다. 첫째, $A \to B$형태의 조건문은 "만일 A가 참이면, B가 참이다."라는 "조건적" 주장이다. A가 참이 아닐 때는, 그 주장은 어떤 주장도 하지 않은 것과 마찬가지다. 따라서 우리는 이 조건문을 거짓인 명제로 볼 수 없다. 둘째로, 만일 A가 거짓일 때 $A \to B$를 거짓으로 본다면, $\to$은 $\wedge$와 같은 진리함수가 되고 따라서 불필요한 명제 연결사가 된다.

조건문의 의미를 표 2.2-4 과 같이 정의함으로써, 조건문의 의미는 "만일 ___이면 ___이다."라는 일상적인 사용과 일관되게 되고, 이들 연결사들을 사용한 명제 논리의 표현력이 높아진다. 논증을 하는 사람이 "만일 ___이면 ___이다."의 문장을 쓰면서 위에서 정의된 표준적인 $\to$ 연결사와 다른 의미를 의도한다면, 그러한 문장은 $\to$을 써서 그대로 번역해서는 안 되고 먼저 의도에 맞게 적절히 풀어 쓴 뒤에 연결사들로 번역해야 한다.

조건문 $A \to B$가 있을 때, 주어진 조건문의 전건을 후건으로, 후건을 전건으로 만든 조건문 즉 $B \to A$를 $A \to B$의 역(converse)이라고 한다. 조건문 $A \to B$로부터, 주어진 조건문의 전건을 부정하여 후건으로 만들고 후건을 부정하여 전건으로 만든 조건문 즉 $\neg B \to \neg A$를 $A \to B$의 대우(contrapositive)라고 한다.

연결사 $\leftrightarrow$의 진리표는 표 2.2-5 와 같다.

표 2.2-5. $\leftrightarrow$ 의 진리표

A	B	$A \leftrightarrow B$
T	T	T
T	F	F
F	T	F
F	F	T

표 2.2-5 에 따르면 $A \leftrightarrow B$는 A와 B가 같은 진리값을 가질 경우에만 참이고 그렇지 않은 경우에는 거짓이다. $\leftrightarrow$는 양방향 함의를 나타내는 연결사이다. 즉, $A \leftrightarrow B$는 $(A \to B) \wedge (B \to A)$와 같은 의미를 갖는다. 진

리표에 $A \rightarrow B$의 진리값 열을 구축하고 또 $B \rightarrow A$의 진리값 열을 구축한 뒤, 이로부터 최종적으로 $(A \rightarrow B) \wedge (B \rightarrow A)$의 진리값 열을 구축하여 표 2.2-5 의 $A \leftrightarrow B$의 열과 비교하면 이들의 진리값이 어느 경우에도 동일하다는 것을 확인할 수 있다.

2.3 원자식, 분자식, 타당한 논리식, 모순 논리식

단순 명제(simple proposition)를 명제 기호로 나타냈을 때 이를 *원자식*(atom)이라고 부르고 *복합 명제*(compound proposition)를 원자식들로 나타냈을 때 이를 *분자식*(molecule)이라고 부른다. 단순 명제는 참 혹은 거짓이지만, 복합 명제의 경우 그 문장이 참인지 거짓인지의 여부가 자명하지 않을 수 있다. 왜냐하면 복합 명제가 참인지 거짓인지를 알기 위해서는 우선 각 구성 문장이 참인지 거짓인지 알아야 하고 명제들이 연결되어 만들어지는 복합 명제가 그에 따라 참이 되는지 거짓이 되는지 알아야 하기 때문이다. 예를 들어, "만일 ___이면, ___이다."형태의 복합 명제가 참인지 거짓인지 말하기 위해서는, 이 복합 명제를 구성하는 단순 명제 "___"와 "___"가 참인지 거짓인지 알아야 한다.

    A 가 명제 논리의 논리식일 때 A 를 구성하는 원자식들이 어떤 진리값을 갖더라도 A 가 참이면, A 는 *타당하다*(is valid)고 말하고 이를 "$\models A$"로 나타낸다. A 가 타당하지 않으면 A 는 *부당하다*고 말한다.

    명제 논리의 특별한 종류의 논리식으로 타당한 논리식과 모순 논리식이 있다. 명제 논리의 *타당한 논리식*(valid formula)은 그 명제를 구성하는 원자명제들이 어떤 진리값을 갖더라도 항상 참인 논리식을 말하며 *항진명제*(tautology)라고도 한다. 예를 들어 $(A \wedge B) \rightarrow A$ 는 타당한 논리식이다. 그러면 어떤 명제가 타당한 논리식임을 어떻게 증명할 수 있을까? 해당 명제의 진리표를 구축하여 해당 명제의 진리값이 모두 T 이면 타당한 논리식이라고 판단할 수 있다. 표 2.3-1 은 이런 방법으로 $(A \wedge B) \rightarrow A$ 의 진리표를 구축한 결과이다.

표 2.3-1. 타당한 논리식의 예

A	B	$A \wedge B$	$(A \wedge B) \to A$
T	T	T	T
T	F	F	T
F	T	F	T
F	F	F	T

  이러한 판단을 위해서는 진리표의 구축 절차가 제 2.2 절에서 연결사를 정의하기 위해 사용된 진리표 구축 방법으로부터 확장되어야 한다. 제 2.2 절에서는 명제 기호별로 T, F 의 행을 만들고 연결사를 적용한 결과의 진리값을 표에 넣었지만, 이번에는 최종적인 명제의 진리값 열을 만들 뿐만 아니라 최종적인 명제의 *구성식*(subformula)들의 진리값 열도 만들어야 한다. 그런 이유로 표 2.3-1 은 두 칸이 아니라 세 칸으로 나뉘어져 있다. 진리표의 첫 번째 칸에는 명제 기호들이 T 또는 F 의 진리값을 갖는 경우들을 망라하고, 중간 칸에는 이 최종 명제의 구성식의 진리값을 기록하고, 세 번째 칸에는 최종적인 명제의 진리값을 기록한다. 표 2.3-1 의 예에서 $A \wedge B$ 가 $(A \wedge B) \to A$ 의 구성식이므로, $A \wedge B$ 를 위한 열을 두번째 칸에 만든다. 그러면 $(A \wedge B) \to A$ 이 $A \wedge B$ 과 A 으로 만들어진 조건문이기 때문에, A 의 열과 $A \wedge B$ 의 열로부터 $(A \wedge B) \to A$ 의 열의 진리값을 계산할 수 있다. 이제 $(A \wedge B) \to A$ 열의 모든 진리값이 T 이므로, $(A \wedge B) \to A$ 는 타당한 논리식이다.

  모순 논리식(contradictory formula)은 진리값이 참인 경우가 없는 명제 즉 진리값이 항상 거짓인 명제이다. 예를 들어 $A \wedge \neg A$ 는 모순 논리식이다. 이 절의 앞에서 언급한 방법을 따라 $A \wedge \neg A$ 의 진리표를 구축하면 표 2.3-2 와 같이 $A \wedge \neg A$ 의 열은 전부 F 가 된다.

  표 2.3-2 의 진리표는 명제 기호가 A 하나뿐이기 때문에 두 개의 행만을 가진다.

표 2.3-2. 모순 논리식의 예

A	$\neg A$	$A \wedge \neg A$
T	F	F
F	T	F

부분진 논리식(contingent formula)은 타당한 논리식도 아니고 모순 논리식도 아닌 명제이다. 표 2.3-3 은 네 개의 명제에 대한 진리값 열을 보여준다. 표 2.3-3 의 각 열들의 진리값을 보면 $A \vee \neg A$ 은 타당한 논리식, $A \wedge \neg A$ 은 모순 논리식이지만, A 와 $\neg A$ 는 각각 T 와 F 를 모두 가지므로 부분진 논리식들이다.

표 2.3-3. 타당한 논리식, 모순 논리식, 부분진 논리식의 예

A	$\neg A$	$A \vee \neg A$	$A \wedge \neg A$
T	F	T	F
F	T	T	F

2.4 충족가능성, 충족불가능성

복합 명제를 참으로 만드는 진리값 할당이 있으면 그 명제는 *충족가능하다*(satisfiable)고 말한다. 복합 명제를 참으로 만드는 진리값 할당이 없으면, 우리는 그 복합 명제가 *충족불가능하다*(unsatisfiable)고 말한다.

이러한 명제 충족가능성 정의의 결과로 다음 정리를 얻을 수 있다.

> 정리 2.4-1.
> 복합 명제의 부정이 타당한 논리식이면 그 복합 명제는 충족불가능하고, 또한 오직 그 경우에만 충족불가능하다.

위의 정리는 "___이면 ___이고, ___이 아니면 ___이 아니다." 즉 "___이면 ___이고, ___이면 ___이다."라는 양방향 함의의 형태를 갖고 있다. 그러므로 위의 정리는 실제로 두 가지 주장을 하고 있는 것이다: 하나는 "만일 복합 명제의 부정이 타당한 논리식이면 그 복합 명제는 충족불가능하다."라는 것과, 다른 하나는 "복합 명제가 충족불가능하면, 그 부정은 타당한 논리식이다."라는 것이다. 따라서 정리 2.4-1 은 정리의 두 방향의 함의가 각각 증명되면 증명된 것이다.

첫 번째 방향의 함의는 다음과 같이 증명된다. 복합 명제의 부정이 타당한 논리식이라고 하자. 그러면 그 명제는 진리값 열이 전부 T 이고, 그것

은 원래의 복합 명제가 진리값 열이 전부 F 라는 것을 뜻한다. 따라서 원래의 복합 명제는 충족불가능하다.

두 번째 방향의 함의는 다음과 같이 증명된다. 만일 복합 명제가 충족불가능하면, 그것은 모순 논리식이고 그 명제의 진리값 열은 전부 F 이다. 따라서 그 부정은 진리값 열에 T 만을 갖게 되고 따라서 타당한 논리식이다.

예 2.4-1.
다음의 복합 명제들이 충족가능한지 아닌지 알아보자.

(1) $(P \vee \neg Q) \wedge (Q \vee \neg R) \wedge (R \vee \neg P)$
(2) $(P \vee Q \vee R) \wedge (\neg P \vee \neg Q \vee \neg R)$
(3) $(P \vee \neg Q) \wedge (Q \vee \neg R) \wedge (R \vee \neg P) \wedge (P \vee Q \vee R)$
    $\wedge (\neg P \vee \neg Q \vee \neg R)$

복합 명제 (1)은 어떠한가? P, Q, R 에 T 를 할당해 보자. 그러면 첫 번째 연언지 $(P \vee \neg Q)$는 T 가 되고, 두 번째 연언지 $(Q \vee \neg R)$도 T 가 되고, 세 번째 연언지 $(R \vee \neg P)$는 T 가 되어, 전체 연언문 (1)은 T 가 된다. 따라서 (1)은 충족가능하다. (2)의 연언문의 경우, 만일 P 에 T 를 Q 에 F 를 할당하면, 첫 번째 연언지는 T 가 되고 두 번째 연언지도 T 가 되어, 전체 연언문 (2)는 T 가 된다. 따라서 (2)는 충족가능하다. (3)의 연언문의 경우에는, P, Q, R 에 어떤 진리값이 할당되건, 전체 연언문은 결코 T 가 되지 않는다. 따라서 이 명제는 충족불가능하다. 이를 증명하기 위하여 전체 명제에 대한 진리표를 구축하여 전체 명제의 진리값 열이 전부 F 임을 확인할 수 있다.

2.5 논리적 동치

충족가능성은 명제가 가질 수도 있고 가지지 않을 수도 있는 명제의 속성이다. 명제의 속성에 대비되는 명제들 사이의 (중요한) 관계로 *논리적 동치관계*(logical equivalence)가 있다. 두 개의 명제가 그 명제들에 등장하는 명제 기호들이 어떤 진리값을 가질 경우에도 동일한 진리값을 가지면 이 두 명제는 동치(equivalent)라고 말한다. 즉 진리표에서 두 명제의 진리값 열이 동일하면 이 두 명제는 동치이고, 그렇지 않으면 이 두 명제는 동치가 아니다.

예 2.5-1.
$P \wedge Q$와 $Q \wedge P$는 논리적으로 동치이다. $P \wedge Q$와 $Q \wedge P$에 대한 진리값 열을 각각 다음의 진리표와 같이 구축한 뒤, 두 열의 진리값들이 각 행에서 동일한지 확인할 수 있다.

P	Q	$P \wedge Q$	$Q \wedge P$
T	T	T	T
T	F	F	F
F	T	F	F
F	F	F	F

예 2.5-2.
조건문과 그 대우가 동치라는 것을 다음의 진리표로 확인할 수 있다.

P	Q	$P \to Q$	$\neg P$	$\neg Q$	$\neg Q \to \neg P$
T	T	T	F	F	T
T	F	F	F	T	F
F	T	T	T	F	T
F	F	T	T	T	T

예 2.5-3.
조건문과 그 역은 동치가 아니라는 것을 다음의 진리표로 확인할 수 있다.

P	Q	$P \to Q$	$Q \to P$
T	T	T	T
T	F	F	T
F	T	T	F
F	F	T	T

두 개의 명제 P와 Q가 논리적으로 동치임은 "P ≡ Q"로 표현하고, 동치가 아님을 "P !≡ Q"로 표현한다. 예 2.5-1과 예 2.5-2는 각각 P ∧ Q ≡ Q ∧ P와 P→Q ≡ ¬Q→¬P 임을 보여준다. 여기서 "≡"는 논리적 연결사가 아니라, 논리에 대하여 논의하기 위하여 우리가 사용하는 메타 언어에 속하는 기호이다. *메타 언어*(meta language)는 주어진 언어에 "대하여" 논의하기 위하여 사용되는 언어를 말하며, 메타 언어를 사용하여 논의되는 언어를 *대상 언어*(object language)라고 한다. 이 책의 논의의 대상 언어는 정형화된 논리이다. 따라서 P ≡ Q는 명제 논리의 표현이 아니라, P와 Q의 진리값이 모든 경우에 동일하다는 메타 언어를 사용한 서술이다.

제 3 장 명제 논리에서의 논증의 증명과 반박

어떤 논증이 주어졌을 때, *증명*은 논증이 타당함을 보이는 행위 또는 그 결과이고, 논증이 부당함을 보이는 행위 또는 그 결과를 논증의 *반박*(refutation)이라고 한다.

3.1 진리표를 이용한 논증의 증명과 반박

제 2 장에서 우리는 진리표를 이용하여 어떤 명제가 타당한 논리식인지, 모순 논리식인지, 부분적 논리식인지를 판단할 수 있었고 또한 두 개의 명제가 동치인지 아닌지를 판별할 수 있었다. 이 절에서는 진리표를 이용하여 명제 논리의 논증을 증명하고 반박하는 방법을 보인다. 이를 수행하는 절차는 그림 3.1-1 과 같다.

> 단계 1) 논증에 나오는 각 단순 명제에 명제 기호를 할당한다.
> 단계 2) 전제들과 결론을 명제 논리의 표현으로 번역한다.
> 단계 3) 각 명제 기호가 T 또는 F 가 되는 모든 경우를 진리표에 포함하고, 각 전제와 결론에 대한 진리값 열을 구축한다.
> 단계 4) 각 전제가 모두 T 인 행들에서 결론의 진리값이 F 인 행이 있는지 확인한다. 만일 그런 행이 없으면 해당 논증은 타당하고, 그런 행이 있으면 해당 논증은 타당하지 않다.

그림 3.1-1. 논증의 증명과 반박을 위한 진리표 구축 절차

예 3.1-1.
다음 논증을 증명하거나 반박하기 위한 진리표를 그림 3.1-1 의 절차를 따라 구축한다.

철수가 수업에 늦으면 영희도 수업에 늦는다.	-- 전제 1
철수와 영희가 모두 수업에 늦으면, 수업이 지루하다.	-- 전제 2
수업이 지루하지 않다.	-- 전제 3
철수가 수업에 늦지 않았다.	-- 결론 1

단계 1) 위의 자연어 논증을 논리식 논증으로 바꾸기 위한 명제 기호의 정의는 다음과 같다:

P: "철수가 수업에 늦는다."
Q: "영희가 수업에 늦는다."
R: "수업이 지루하다."

단계 2) 단계 1의 명제 기호의 정의를 이용하여 위의 자연어 논증의 전제와 결론을 번역하면 다음과 같은 논리식들을 얻는다.

전제 1) P→Q
전제 2) P∧Q→R
전제 3) ¬R
결론) ¬P

단계 3) 논증의 진리표 구축절차를 따라 만든 위 논증의 진리표는 다음과 같다:

	P	Q	R	P→Q	P∧Q	P∧Q→R	¬R	¬P
1	T	T	T	T	T	T	F	F
2	T	T	F	T	T	F	T	F
3	T	F	T	F	F	T	F	F
4	T	F	F	F	F	T	T	F
5	F	T	T	T	F	T	F	T
6	F	T	F	T	F	T	T	T
7	F	F	T	T	F	T	F	T
8	F	F	F	T	F	T	T	T

단계 4) 위 진리표에서 모든 전제가 T가 되는 경우는 6행과 8행이고, 이 두 경우에 결론이 모두 T이므로 위 논증은 타당하다.

예 3.1-1에서는 진리표를 이용하여 논증이 타당함을 증명하였다. 예 3.1-2에서는 예 3.1-1의 논증과 약간 다른 다음의 논증을 같은 방법으로 진리표를 구축하여 논증이 부당함을 증명한다.

예 3.1-2.

철수가 수업에 늦으면 영희도 수업에 늦는다.	-- 전제 1
철수와 영희가 모두 수업에 늦으면, 수업이 지루하다.	-- 전제 2
수업이 지루하다.	-- 전제 4
철수가 수업에 늦는다.	-- 결론 2

단계 1) 예 3.1-2 의 논증이 예 3.1-1 의 논증과 동일한 구성 명제들을 사용하므로, 예 3.1-1 에서와 동일한 명제 기호의 정의를 사용한다.

단계 2) 단계 1 의 명제 기호의 정의를 이용하여 위의 자연어 논증의 전제와 결론을 번역하면 다음과 같은 논리식들을 얻는다:

전제 1) $P \to Q$
전제 2) $P \wedge Q \to R$
전제 4) R
결론 2) P

단계 3) 논증의 진리표 구축절차를 따라 만든 위 논증의 진리표는 다음과 같다:

	P	Q	R	$P \to Q$	$P \wedge Q$	$P \wedge Q \to R$	R	P
1	T	T	T	T	T	T	T	T
2	T	T	F	T	T	F	F	T
3	T	F	T	F	F	T	T	T
4	T	F	F	F	F	T	F	T
5	F	T	T	T	F	T	T	F
6	F	T	F	T	F	T	F	F
7	F	F	T	T	F	T	T	F
8	F	F	F	T	F	T	F	F

단계 4) 전제 1, 전제 2, 전제 4 가 모두 T 인 행은 1 행, 5 행, 7 행이다. 이 행들 중 5 행과 7 행의 경우 세 개의 전제 $P \to Q$, $P \wedge Q \to R$, R 이 모두 T 이지만 결론 P 는 F 이므로 위 논증은 부당하다.

3.2 추론 규칙을 이용한 논증의 증명

앞에서 우리는 진리표가 명제 논리의 논증을 증명하거나 반박하는데 이용될 수 있음을 보았다. 진리표는 명제 논리에서는 모든 경우에 대한 분석을 가능하게 하여 주어진 문제에 대하여 "예(yes)" 또는 "아니오(no)"의 답을 항상 얻을 수 있게 해 준다. 그러나 진리표는 관련된 명제 기호의 개수가 늘어나면서 요구되는 진리표의 크기가 지수적으로 증가한다는 단점이 있다. 지금까지는 관련된 명제 기호의 개수가 세 개 이하인 예 만을 보았으나, 관련된 명제 기호가 10개이면 진리표를 만들기 위해 $2^{10}(=1024)$개의 행이 필요하다. 따라서 실용적으로 논증을 증명하거나 반박하기 위해서는 다른 방법이 필요하다.

정형 논리 체계(system of formal logic)는 *논리 언어*(language of logic)와 추론 규칙들의 집합인 *추론 체계*(inference system)로 구성된다. 하나의 정형 논리 체계인 *명제 논리 체계*(system of propositional logic)는 *명제 논리 언어*(language of propositional logic)와 *명제 논리의 추론 규칙들*(inference rules of propositional logic)로 구성된다. 명제 논리 언어는 제1장과 2장을 통해 이미 소개되었고 이 절에서는 명제 논리를 위한 추론 규칙들을 소개하여 명제 논리 체계의 소개를 마친다.

타당한 논리식 형태나 동치 법칙은 전제를 갖지 않은 추론 규칙으로 볼 수 있어 제3.2.1절에 포함하였다. 명제 논리의 추론 규칙들은 나중에 제Ⅳ부 3장 3.1절에서 술어 논리를 위한 추론 규칙들이 추가되어 *술어 논리를 위한 추론 규칙들*(inference rules of predicate logic)로 확장된다.

3.2.1 타당한 논리식 형태, 동치 법칙

타당한 논리식 형태

표 3.2.1-1은 기본적인 명제 연결사에 대한 타당한 논리식들의 *형태*(schema)를 보여준다. 논리식의 형태는 그 안의 각 논리식 변수를 논리식으로 *대체*(replacement)하여 같은 형태를 갖는 논리식들을 얻을 수 있는 일종의 논리식의 "틀"과 같은 것이다. 표 3.2.1의 논리식 형태들은 전부 타당한 형태이기 때문에 이들의 논리식 변수 A, B, C를 임의의 명제 논리의

논리식으로 대체하여 얻은 논리식들은 전부 타당한 논리식이다.

표 3.2.1-1. 명제 논리의 타당한 논리식 형태들[47][48]

AS01a	$\vDash A \to (B \to A)$		
AS01b	$\vDash (A \to B) \to \{(A \to (B \to C)) \to (A \to C)\}$		
AS03	$\vDash A \to (B \to (A \land B))$	AS04a	$\vDash (A \land B) \to A$
		AS04b	$\vDash (A \land B) \to B$
AS05a	$\vDash A \to (A \lor B)$	AS06	$\vDash (A \to C) \to$
AS05b	$\vDash B \to (A \lor B)$		$\{(B \to C) \to ((A \lor B) \to C)\}$
AS07	$\vDash (A \to B) \to$ $\{(A \to \neg B) \to \neg A\}$	AS08a	$\vDash \neg\neg A \to A$
		AS08b	$\vDash A \to \neg\neg A$

예 3.2.1-1.

표 3.2.1-1 AS01a 의 A 와 B 를 각각 P 와 $Q \land R$ 로 대체하면 "$\vDash P \to ((Q \to R) \to P)$"가 되어, 타당한 논리식 $P \to ((Q \to R) \to P)$ 를 얻을 수 있다.

명제 논리의 타당한 논리식 형태의 증명

표 3.2.1-1 의 논리식 형태들의 타당성은 진리표를 구축하여 확인할 수 있다.[49] 즉, 해당 논리식 형태를 위한 진리표의 모든 가능한 진리값 할당의 경우에 전제들이 모두 참인 경우에 결론도 반드시 참이기 때문에 이 논리식 형태들은 타당하다.

동치 법칙

추론 규칙에는 *동치 법칙*(equivalence laws)과 동치 법칙이 아닌 추론 규칙이 있다. 동치 법칙은 두 개의 논리식이 동등함, 즉 항상 동일한 진리값

---

[47] 이 타당한 논리식 형태들은 [Kleene 67]pp.15~16 에서 가져왔다. 쌍조건문("___ ↔ ___") 형태의 타당한 논리식들은 이를 "→"와 "∧"를 이용하여 동등한 논리식 형태로 풀어 쓸 수 있기 때문에 표에 포함시키지 않았다. 타당한 논리식 형태를 Kleene 는 "Axiomatic Schema"라고 불렀다. 이를 따라 이 책은 각 형태의 번호 앞에 "AS"를 붙였다.

[48] [Kleene 67]의 AS02 는 제 3.2.3 절에서 이에 상응하는 파생 추론 규칙 TR1 으로 도출한다. AS08a 는 [Kleene 37]pp.15~16 에서는 AS08 이었으나 이 책에서는 AS08a 로 번호를 주었고, AS08b 는 [Kleene 67]pp.15~16 AS49 에 포함되어 있던 것을 이 책에서 새로 번호를 주었다.

[49] [Kleene 67]p.15

을 갖는다는 것을 기술한다. 그림 3.2.1-1 은 하나의 동치 법칙으로부터 어떤 추론들이 가능한지 보여준다.

> A 와 B 가 명제 논리의 논리식이면, 동치 법칙 $A \equiv B$ 가 주어졌을 때 이를 이용하여 다음 네 가지의 추론을 할 수 있다:
>
> (1) A 로부터 B 를 도출한다.
> (2) B 로부터 A 를 도출한다.
> (3) A 가 들어 있는 명제로부터 A 를 B 로 대체한 명제를 도출한다.
> (4) B 가 들어 있는 명제로부터 B 를 A 로 대체한 명제를 도출한다.

그림 3.2.1-1. 동치 법칙으로부터 가능한 추론들

그림 3.2.1-1 의 (1)과 (2)에서처럼 동치는 양방향의 추론을 허용한다. 따라서 단방향으로의 추론만을 허용하는 대부분의 추론 규칙들에 비해 동치 법칙은 강력한 종류의 추론 규칙이다.

그러면 수많은 동치들 가운데 특히 흥미롭고 유용한 명제 논리의 동치로 어떤 것들이 있을까? 표 3.2.1-2 는 잘 알려진 중요한 동치들을 열거한다. 정의 3.2.1-1 과 정리 3.2.1-1 은 표 3.2.1-2 의 동치 법칙들의 논리식 변수 A, B, C 가 임의의 명제 논리 논리식으로 대체되어도 동치관계가 성립됨을 보인다.

> **정의 3.2.1-1. (명제 논리에서의 대입)**
> 논리식 E 에 원자명제 P 가 나올 때, E 에서 P 가 등장하는 모든 곳을 논리식 A 로 대체하면 P 에 A 를 *대입*(substitution)했다고 말한다.

> **정리 3.2.1-1. (명제 논리 원자식을 위한 대입 정리)**[50]
> 논리식 E 에 나오는 모든 원자명제가 P_1, $\cdots$, P_n 이라고 하자. E 에 나오는 P_1, $\cdots$, P_n 에 각각 A_1, $\cdots$, A_n 을 대입한 결과를 E^* 이라고 하면, $\vDash E$ 이면 $\vDash E^*$ 이다.

---

50 [Kleene 67]p.14 Theorem 1

표 3.2.1-2. 명제 논리의 동치 법칙들

	동치 법칙		이름
1	$A \wedge T \equiv A$	$A \wedge F \equiv F$	항등법칙(identity laws)
	$A \vee T \equiv T$	$A \vee F \equiv A$	
2	$A \wedge \neg A \equiv F$	$A \vee \neg A \equiv T$	부정법칙(negation laws)
3	$A \wedge A \equiv A$	$A \vee A \equiv A$	멱등법칙(idempotent laws)
4	$\neg \neg A \equiv A$		이중부정법칙(double negation law)
5	$A \wedge (A \vee B) \equiv A$	$A \vee (A \wedge B) \equiv A$	흡수법칙(absorption laws)
6	$A \rightarrow B \equiv \neg A \vee B$		함의법칙(implication law)
7	$A \leftrightarrow B \equiv (A \rightarrow B) \wedge (B \rightarrow A)$		쌍조건문의 정의
8	$\neg (A \wedge B) \equiv \neg A \vee \neg B$		드모건법칙(De Morgan's laws)
	$\neg (A \vee B) \equiv \neg A \wedge \neg B$		
9	$A \wedge B \equiv B \wedge A$	$A \vee B \equiv B \vee A$	교환법칙(commutativity laws)
10	$A \wedge (B \wedge C) \equiv (A \wedge B) \wedge C$		결합법칙(associativity laws)
	$A \vee (B \vee C) \equiv (A \vee B) \vee C$		
11	$A \wedge (B \vee C) \equiv (A \wedge B) \vee (A \wedge C)$		($\wedge$의 $\vee$에 대한) 분배법칙
	$A \vee (B \wedge C) \equiv (A \vee B) \wedge (A \vee C)$		(distributivity of $\wedge$ over $\vee$)
			($\vee$의 $\wedge$에 대한) 분배법칙
			(distributivity of $\vee$ over $\wedge$)

동치 법칙들 중 첫 번째부터 세 번째까지는 자명한 규칙들이다.

동치 법칙 중 네 번째는, 이중부정법칙으로 명제와 그 명제를 두 번 부정한 결과가 동치임을 말한다.[51]

다섯 번째 규칙은 흡수법칙이다. 이 법칙을 사용하여 논리식에 나오는 명제 기호의 등장 횟수를 줄일 수 있다.

여섯 번째 규칙은 함의법칙이다. 이 법칙은 이중부정법칙만큼 자명하지 않지만 조건문은 전건이 거짓이거나 후건이 참인 경우에만 참이기 때문에 성립한다.

일곱 번째 규칙에 의해 ↔을 명제 논리 언어의 기본적인 연산자에서 제외하고 이 기호를 단지 함의와 그 역이 동시에 성립함을 나타내는 축약 기호로 간주할 수 있다.

---

[51] 그러나 이 동치는 직관주의 논리학(Intuitionistic Logic)에서는 받아들이지 않는다([Kleene 52]p.101 참조). 이 책은 이 동치를 받아들이는 고전주의 논리학(Classical Logic)의 책이다.

여덟 번째 규칙은 드모건법칙이다. 위쪽 드모건법칙은 부정 기호를 연언문 안으로 밀어 넣으면 두 개의 연언지에 각각 부정 기호를 붙이고 연언을 선언으로 바꿈으로써 동치인 논리식을 얻게 된다는 것이다. 아래쪽 드모건법칙은 부정 기호를 선언문 안으로 밀어 넣으면 두 개의 선언지에 각각 부정 기호를 붙이고 선언을 연언으로 바꿈으로써 동치인 논리식을 얻게 된다는 것이다.

아홉 번째 규칙은, $\wedge$과 $\vee$의 교환법칙이다. 이는 두 개의 연언지와 선언지의 순서가 중요하지 않다는 것을 말한다.

열 번째 규칙은, $\wedge$과 $\vee$의 결합법칙이다. 이 법칙으로 연언이나 선언을 연속적으로 적용할 때 괄호를 생략할 수 있다.

예 3.2.1-2.
결합법칙에 의해 $P \wedge (Q \wedge (R \wedge S))$는 $P \wedge Q \wedge R \wedge S$로 단순화될 수 있고, $(P \vee Q) \vee (R \vee S)$는 $P \vee Q \vee R \vee S$로 단순화될 수 있다.

열한 번째 규칙은, $\wedge$과 $\vee$의 분배법칙이다. 이 법칙으로 $\wedge$를 $\vee$에 대하여 분배하고 $\vee$를 $\wedge$에 대하여 분배할 수 있다.

많은 법칙들에서, $\neg$, $\vee$, $\wedge$과 $-$(음수 부호), $+$(덧셈 기호), $\times$(곱셈 기호) 사이의 유사성을 볼 수 있다. $+$과 $\times$에 대해 교환법칙과 결합법칙이 성립하는 것처럼 $\vee$과 $\wedge$에 대해 교환법칙과 결합법칙이 성립된다. 또한 $+$과 $\times$에 대해 분배법칙이 성립하는 것처럼 $\vee$과 $\wedge$에 대해 분배법칙이 성립된다.

다음은 동치 법칙을 사용하여 논증을 증명하는 예를 보여준다.

예 3.2.1-3.
다음의 논증을 고려하자:

<u>철수는 아프지도 않고 피곤하지도 않으면 놀 수 있다.</u>
철수는 아프거나 피곤하지 않으면 놀 수 있다.

이 자연어 논증을 논리식 논증으로 바꾸기 위해 다음과 같이 명제 기호를 정의한다:

P: "철수가 아프다."
Q: "철수는 피곤하다."
R: "철수는 놀 수 있다."

이 정의를 이용하여 위의 자연어 논증을 번역하면 다음의 논리식 논증을 얻는다.

$$\frac{(\neg P \wedge \neg Q) \rightarrow R}{\neg (P \vee Q) \rightarrow R}$$

이 논증은 다음과 같이 증명된다. 드모건법칙 $\neg(A \vee B) \equiv \neg A \wedge \neg B$로부터 $\neg(P \vee Q) \equiv (\neg P \wedge \neg Q)$를 얻을 수 있다. 이제 위 논증의 전제의 전건인 $(\neg P \wedge \neg Q)$가 동치 법칙의 우변과 일치하므로 동치 법칙의 좌변을 전제의 전건에 대신 넣은 결론을 도출할 수 있고, 그 결과 위의 논증은 증명되었다.

명제 논리 동치 법칙들의 증명

표 3.2.1-2 의 규칙들이 타당함을 진리표를 구축하여 동치의 왼쪽 논리식의 진리값과 오른쪽의 논리식의 진리값이 모든 행에서 동일함을 확인하여 알 수 있다. 예를 들어 제 3.2.3 절 맨 앞에 나오는 전건긍정 추론 규칙(MP1)의 증명에서와 같이 증명될 수 있다.

3.2.2 연역의 구조

주어진 논리식들로부터 타당한 추론 규칙들을 적용하여 새로운 논리식에 도달하는 과정을 연역(deduction)이라고 한다. 연역은 다음과 같이 정의된다.

정의 3.2.2-1. (⊢ 52)
논리식 $P_1, \cdots, P_n$로부터 타당한 추론 규칙들만을 적용하여 논리식 C를 도출할 수 있다는 것을 $P_1, \cdots, P_n \vdash C$로 나타낸다.

논리식의 증명은 전제가 없는 논증의 증명으로 볼 수 있다. 따라서 논리식의 증명은 정의 3.2.2-1 에서 n=0 인 경우에 해당된다. 연역에서는 "⊢"의 왼쪽에 논증의 전제들을 적고 "⊢"의 오른쪽에 논증의 결론을 적어, 타당한 추론 규칙들만을 적용한 해당 논증의 증명이 존재한다는 것을 표현한다.

연역에 의해 논리식 또는 논리식 논증을 증명할 때 연역은 엄밀한 방식으로 진행된다. 다음은 연역에 의한 증명의 기본적인 형태를 보여준다.

```
1         | P₁                  -- 전제 1
...       | ...                 ...
n         | Pₙ                  -- 전제 n
n+1       | D₁                  -- 도출 근거 1
...       | ...                 ...
n+m       | Dₘ                  -- 도출 근거 m
n+m+1     | C                   -- 도출 근거 m+1
```

$P_1, \cdots, P_n$ 은 논증의 전제들이고 C는 논증의 결론이다. 위 연역의 도식에는 하나의 수직선과 하나의 수평선이 들어 있다. 수직선의 왼쪽에 줄 번호를 기록하고, 수평선의 위쪽에는 전제들을 열거하고, 수평선의 맨 아래에는 논증의 결론을 기술한다. 연역 과정에 위의 도식과 같은 형태를 갖는 "연역 안의 작은 연역"이 나타날 수 있는데 이러한 연역을 *보조 연역* (subsidiary deduction) 또는 *하위 증명*(subproof)이라고 한다.53 전제들로부터 결론에 도달하기까지, 추론 규칙들을 적용하여 전제들로부터 도출할 수 있는 논리식, 전제들과 이미 도출된 논리식들로부터 도출할 수 있는 논리식 또는 보조 연역만을 거쳐 결론에 도달한다. 도출된 논리식의 오른쪽에는 도출의 근거로서 해당 논리식의 도출에 적용된 추론 규칙과 그 추론 규칙이 적용된 논리식들의 열 번호를 기록한다. 증명 과정에 도출된 일련의 논리식 또는 보조 연역 $D_1, \cdots, D_m, C$를 *증명열*(proof sequence)이라고 부른다.

---

52 이 기호의 명칭은 "turnstile"이고 "___ ⊢ ___"은 "___ yields ___"로 읽는다.
53 [Kleene 52]p.8 와 같이 연역을 증명의 일반화된 개념으로 보는 저자도 있으나, 이 책에서는 이 둘을 구별하지 않는다.

이 소절에서 "⊢'의 엄밀한 정의가 내려졌기 때문에 이를 "⊨"와 비교하면, 이 두 기호의 의미의 차이를 표 3.2.2-1 과 같이 요약할 수 있다.

표 3.2.2-1. 진리표 분석에 의한 증명과 정형적 연역의 비교[54]

기호를 사용한 표현	의미
⊨ $A \to B$	$A \to B$는 타당하다. 진리표의 해당 열이 전부 T 이다.
$A \vDash B$	B는 A의 타당한 결과이다. 진리표의 A 가 T 인 모든 곳에서 B 는 T 이다.
⊢ $A \to B$	타당한 논리식과 전건긍정의 추론 규칙만을 사용한 $A \to B$의 증명이 존재한다.
$A \vdash B$	타당한 논리식과 전건긍정의 추론 규칙만을 사용한 A로부터 B의 증명이 존재한다.

3.2.3 명제 논리에서의 전건긍정 MP1과 파생 추론 규칙들

논증을 기술할 때와 마찬가지로 추론 규칙을 기술할 때 수평선으로 전제들과 결론을 분리하여 기술한다. 추론 규칙은 수평선 위의 전제들이 존재할 때 수평선 아래의 결론이 논리적으로 따른다는 것을 의미한다. 예를 들어 다음 추론 규칙에 의해 전제 A와 전제 $A \to B$로부터 B를 결론으로 추론할 수 있다.

1. MP1(전건긍정)
$\dfrac{A,\ A \to B}{B}$

이 추론 규칙은 *전건긍정*(Modus Ponens)으로 불리는 추론 규칙으로, 명제 논리에서의 전건긍정 추론 규칙을 식별자 MP1 으로 나타내기로 한다. 추론 규칙의 식별자 "MP1"에 "1"은 이 추론 규칙이 명제 논리의 추론 규칙임을 나타낸다. 술어 논리의 추론 규칙 식별자는 "2"로 끝나 명제 논리의 추론 규칙 식별자와 구별된다. 제Ⅳ부 술어 논리에서는 전건긍정 추론

---

[54] [Kleene 67]p.38

규칙을 MP1 과 구별하기 위해 식별자 MP2 로 나타낸다.[55]

> **1. MP1 의 증명**[56]
> 전건 긍정 추론 규칙의 증명을 위하여 우리는 모든 전제들이 참인 경우에는 결론 또한 참이라는 것을 확인하면 된다. P1, ⋯, Pn 이 A 와 B 에 나오는 모든 원자 명제들이라고 하고, 각 원자명제가 어떤 진리값을 갖는다고 하자. 진리표를 구축할 때, A 와 B 의 진릿값을 계산하고 이로부터 $A \rightarrow B$ 의 진리값을 계산해야 하는데, 이 때 $\rightarrow$ 의 정의에 의해 A 가 참이고 $A \rightarrow B$ 가 참인 경우에는 B 도 참이다. 따라서 전건긍정은 타당한 추론 규칙이다.

명제 논리 파생 추론 규칙들

수학에서는 이미 증명된 *정리*(theorem)들이 새로운 증명에 이용된다. 이와 같이, 추론 체계는 타당성이 증명된 연역을 새로운 추론 규칙으로 포함시킴으로써 확장될 수 있다. 새로이 증명되어 다른 증명에 이용될 수 있는 연역을 *파생 추론 규칙*(derived inference rule)이라고 한다. MP1 과 타당한 논리식 형태를 사용하여 많은 파생 추론 규칙들을 만들 수 있다. 표 3.2.3-1 는 그 중에 특히 유용한 파생 추론 규칙들을 담고 있다.

표 3.2.3-1 명제 논리 파생 추론 규칙들

2. MT1(후건부정)	
$\dfrac{A \rightarrow B,\ \neg B}{\neg A}$	
3. II1(함의-도입)	4. IV1(함의-타당)
$\dfrac{A}{B \rightarrow A}$	$\vDash A \rightarrow V$ (V 는 타당한 논리식이다.)
5. MP1′(조건적 전건긍정)	
$\dfrac{A \rightarrow B,\ A \rightarrow (B \rightarrow C)}{A \rightarrow C}$	

---

55 추론 규칙의 형태에서는 MP1 과 MP2 는 동일하지만, MP2 의 언어는 술어 논리로 MP1 의 언어인 명제 논리를 포함하기 때문에, MP2 가 더 강력한 추론 규칙이다.
56 [Kleene 67]p.18

6. TR1(전이)	7. TR1′(조건적 전이)
$\dfrac{A\to B,\ B\to C}{A\to C}$	$\dfrac{D\to(A\to B),\ D\to(B\to C)}{D\to(A\to C)}$
8. IC1(함의-연언)	9. CI1(연언-함의)
$\dfrac{A\to(B\to C)}{(A\wedge B)\to C}$	$\dfrac{(A\wedge B)\to C}{A\to(B\to C)}$
10. CA1(연언-출현)	11. CE1(연언-제거)
$\dfrac{A,\ B}{A\wedge B}$	$\dfrac{A\wedge B}{A}$ $\quad$ $\dfrac{A\wedge B}{B}$
12. DA1(선언 출현)	
$\dfrac{A}{A\vee B}$ $\quad$ $\dfrac{B}{A\vee B}$	
13. CP1(대우)	14. PC1(귀류법)
$\dfrac{A\to B}{\neg B\to\neg A}$	$\dfrac{A\to B,\ A\to\neg B}{\neg A}$

    표 3.2.3-1 에서 MT1 은 *후건부정*(MT: Modus Tollens)으로 알려져 있는 추론 규칙인데, 이 책에서는 이 추론 규칙을 하나의 파생 추론 규칙으로 본다.

    II1 은 결론에 함의 기호가 들어온다는 뜻에서 *함의-도입*(Implication Introduction)으로 부른다.

    IV1 은 결론의 함의 기호 뒤에 타당한 논리식이 온다는 뜻에서 *함의-타당*(Implication Validity)으로 부른다.

    MP1′ 은 MP 규칙의 전제들과 결론 앞에 각각 "$A\to$"가 있다는 뜻에서 *조건적 전건긍정*(Conditional Modus Ponens)으로 부른다.

    TR1 은 함의가 전이적(transitive)이라는 뜻에서 *전이 규칙*(Transitivity Rule)으로 부른다.

    TR1′ 은 TR 규칙의 전제들과 결론 앞에 각각 "$D\to$"가 있다는 뜻에서 *조건적 전이 규칙*(Conditional Transitivity Rule)으로 부른다.

    IC1 은 전제에 있는 → 대신 결론에 ∧가 들어온다는 뜻에서 *함의-연언*(Implication Conjunction)로 부른다.

    CI1 은 전제에 있는 ∧ 대신 결론에 → 가 들어온다는 뜻에서 *연언-함의*(Conjunction Implication)로 부른다.

CA1은 전제에 없는 ∧가 결론에 나타난다는 뜻에서 *연언-출현*(Conjunction Appearance)로 부른다.

CE1은 전제에 있는 ∧가 결론에서 없어진다는 뜻에서 *연언-제거*(Conjunction Elimination)로 부른다.

DA1은 전제에 없는 ∨가 결론에 나타난다는 뜻에서 *선언-출현*(Disjunction Appearance)로 부른다.

CP1은 조건문의 전건과 후건이 각각 부정되어 위치가 바뀐다는 뜻에서 *대우*(ContraPosition)로 부른다.

PC1은 결론을 부정하면 모순이 발생하기 때문에 결론이 성립할 수밖에 없다는 것을 보이는 증명 방식인 *귀류법*(Proof-by-Contradiction)이다.

명제논리 파생 추론 규칙들의 증명

아래 증명들에서 V는 예를 들어 P→(P→P)와 같은 하나의 타당한 논리식을 나타낸다.

---

2. MT1의 증명

함의와 그 대우가 동치이기 때문에, $A→B$로부터 $¬B→¬A$를 추론할 수 있고, 전건긍정에 의해 $¬B→¬A$와 $¬B$로부터 $¬A$를 도출할 수 있다. 그러므로 $A→B$과 $¬B$로부터 $¬A$를 도출할 수 있다. 이와 같은 비정형적 증명을 할 수 있지만, 정형적 추론 규칙들만을 사용하여 MT1은 다음과 같이 증명된다.

1	$A→B$	-- 전제 1
2	$¬B$	-- 전제 2
3	$(A→B)→\{(A→¬B)→¬A\}$	-- AS07
4	$(A→¬B)→¬A$	-- MP1, 1, 3
5	$¬B→(A→¬B)$	-- AS01a
6	$A→¬B$	-- MP1, 2, 5
7	$¬A$	-- MP1, 6, 4

---

3. II1 의 증명

1. A -- 전제
2. V -- 타당한 논리식
3. $A \to (V \to A)$ -- AS01a
4. $V \to A$ -- MP1, 1, 3

4. IV1 의 증명

1. V -- 타당한 논리식
2. $V \to (A \to V)$ -- AS01a
3. $A \to V$ -- MP1, 2, 3

5. MP1´ 의 증명

1. $A \to B$ -- 전제 1
2. $A \to (B \to C)$ -- 전제 2
3. $(A \to B) \to \{(A \to (B \to C)) \to (A \to C)\}$ -- AS01b
4. $(A \to (B \to C)) \to (A \to C)$ -- MP1, 1, 3
5. $A \to C$ -- MP1, 2, 4

6. TR1 의 증명

1. $A \to B$ -- 전제 1
2. $B \to C$ -- 전제 2
3. $A \to (B \to C)$ -- IV1, 2
4. $A \to C$ -- MP1´, 1, 3

7. TR1´ 의 증명

1. $D \to (A \to B)$ -- 전제 1
2. $D \to (B \to C)$ -- 전제 2
3. $(A \to B) \to ((A \to (B \to C) \to (A \to C))$ -- AS01b
4. $D \to \{(A \to B) \to ((A \to (B \to C)) \to (A \to C))\}$ -- IV1, 3
5. $D \to \{((A \to (B \to C)) \to (A \to C))\}$ -- MP1´, 1, 4
6. $(B \to C) \to ((A \to (B \to C))$ -- AS01a
7. $D \to \{(B \to C) \to ((A \to (B \to C))\}$ -- IV1, 6
8. $D \to \{A \to (B \to C))\}$ -- MP1´, 2, 7
9. $D \to (A \to C)$ -- MP1´, 8, 5

8. IC1 의 증명

1. $A \to (B \to C)$ -- 전제
2. $(A \wedge B) \to (A \to (B \to C))$ -- IV1, 1
3. $(A \wedge B) \to A$ -- AS04a
4. $(A \wedge B) \to (B \to C)$ -- MP1´, 3, 2
5. $(A \wedge B) \to B$ -- AS04b
6. $(A \wedge B) \to C$ -- MP1´, 4, 5

9. CI1 의 증명

1. $(A \wedge B) \to C$ -- 전제
2. $A \to ((A \wedge B) \to C)$ -- IV1, 1
3. $A \to (B \to (A \wedge B))$ -- AS03
4. $A \to (B \to C)$ -- TR1´, 3, 2

10. CA1 의 증명

1. A -- 전제 1
2. B -- 전제 2
3. $A \to (B \to (A \wedge B))$ -- AS03
4. $B \to (A \wedge B)$ -- MP1, 1, 3
5. $A \wedge B$ -- MP1, 2, 4

11. CE1 규칙의 증명

1. $A \wedge B$ -- 전제 1
2. $(A \wedge B) \to A$ -- AS04a
3. A -- MP1, 1, 2

1. $A \wedge B$ -- 전제 1
2. $(A \wedge B) \to B$ -- AS04b
3. B -- MP1, 1, 2

12. DA1 의 증명

1. A -- 전제 1
2. $A \to (A \vee B)$ -- AS05a
3. $A \vee B$ -- MP1, 1, 2

1. B -- 전제 1
2. $B \to (A \vee B)$ -- AS05b
3. $A \vee B$ -- MP1, 1, 2

13. CP1 의 증명

1	$A \to B$	-- 전제 1
2	$(A \to B) \to ((A \to \neg B) \to \neg A)$	-- AS07
3	$(A \to \neg B) \to \neg A$	-- MP1, 1, 2
4	$\neg B \to ((A \to \neg B) \to \neg A)$	-- II1, 3
5	$\neg B \to (A \to \neg B)$	-- AS01a
6	$\neg B \to \neg A$	-- MP1′, 5, 4

14. PC1 의 증명

1	$A \to B$	-- 전제 1
2	$A \to \neg B$	-- 전제 2
3	$(A \to B) \to ((A \to \neg B) \to \neg A)$	-- AS07
4	$(A \to \neg B) \to \neg A$	-- MP1, 1, 3
5	$\neg A$	-- MP1, 2, 4

3.2.4 논증 증명의 예

이 절에서는 앞에서 소개한 여러 종류의 추론 규칙들을 적용하여 논증을 증명하는 예를 본다.

예 3.2.4-1.

철수는 우주선을 가지고 있지 않다.　　　　　　　　　　　-- 전제 1
철수가 화성에서 왔으면, 철수는 우주선을 가지고 있을 것이다. -- 전제 2
철수는 화성에서 오지 않았다.　　　　　　　　　　　　　-- 결론

　위 자연어 논증을 논리식 논증으로 바꾸기 위한 명제 기호의 정의는 다음과 같다:

　　P: "철수는 우주선을 가지고 있다."
　　Q: "철수는 화성에서 왔다."

　이 정의를 이용하여 위의 자연어 논증을 번역하면 다음의 논리식 논증을 얻는다.

$$\begin{array}{l} \neg P \qquad\qquad\qquad \text{-- 전제 1} \\ \underline{Q \rightarrow P \qquad\qquad\qquad} \text{-- 전제 2} \\ \neg Q \qquad\qquad\qquad \text{-- 결론} \end{array}$$

이제 이 논리식 논증을 다음과 같이 증명할 수 있다.

$$\begin{array}{ll} 1 & |\neg P \qquad\qquad\qquad \text{-- 전제 1} \\ 2 & |\underline{Q \rightarrow P \qquad\qquad\qquad} \text{-- 전제 2} \\ 3 & |\neg Q \qquad\qquad\qquad \text{-- MT1, 1, 2} \end{array}$$

이 논증에서, 결론을 도출할 때 전제 1과 전제 2에 표 3.2.3-1의 추론 규칙 MT1을 적용하였고, 결론 오른쪽에 이 도출 근거를 기록하였다.

앞의 논증의 증명에서는 추론 규칙을 단 한 번만 적용하여 결론에 도달하였다. 다음 예에서는 이보다 약간 더 복잡한 논증의 증명을 볼 수 있다.

예 3.2.4-2.
다음의 논증을 고려하자.

$$\begin{array}{l} P \rightarrow \neg Q \qquad\qquad \text{-- 전제 1} \\ R \rightarrow Q \qquad\qquad\quad \text{-- 전제 2} \\ \underline{P \qquad\qquad\qquad\qquad} \text{-- 전제 3} \\ \neg R \qquad\qquad\qquad\;\; \text{-- 결론} \end{array}$$

이 논증의 타당성을 보이기 위하여 진리표를 이용할 수 있지만, 추론 규칙을 이용할 수도 있다. 물론 논증의 증명은 논증이 타당해야만 가능하고 우리는 이미 위 논증이 타당함을 알고 있다고 가정한다.

다음은 위 논증의 증명이다.

$$\begin{array}{ll} 1 & |P \rightarrow \neg Q \qquad\qquad \text{-- 전제 1} \\ 2 & |R \rightarrow Q \qquad\qquad\quad \text{-- 전제 2} \\ 3 & |\underline{P \qquad\qquad\qquad\qquad} \text{-- 전제 3} \\ 4 & |\neg Q \qquad\qquad\qquad\; \text{-- MP1, 1, 3} \\ 5 & |\neg R \qquad\qquad\qquad\; \text{-- MT1, 2, 4} \end{array}$$

예 3.2.4-2의 드출에는 세 개의 전제가 있기 때문에 전제들에 차례로 번호 1, 2, 3을 주었다. 전제 1, 전제 2, 전제 3으로부터 ¬R을 도출해야 하기 때문에, 이들 전제들로부터 앞으로 나아갈 수 있는 여러 가지 방안들 가운데 ¬R을 얻을 수 있는 방안이 필요하다. 그러면 증명의 첫 번째 줄인 4줄은 무엇이 되어야 할까? 1줄과 3줄에 각각 P→¬Q과 P가 있기 때문에 MP1에 의해 4줄에 ¬Q을 도출할 수 있다. 그리고 그 근거로 우측에 "1줄과 3줄에 조건긍정을 적용"을 줄여서 "MP1, 1, 3"으로 기록한다. 그러면 4줄로부터 5줄로 나아가는 방법으로, 앞의 예에서 적용했던 MT1을 2줄과 4줄에 적용하는 방법이 있다. 이제 5줄 우측에 5줄 도출의 근거로 "MT1, 2, 4"라고 적는다.

3.2.5 증명의 전략

앞 절의 예 3.2.4-2의 증명에서 사용된 증명 전략은 정방향 전략이었다. 즉, 전제들로부터 결론을 향해 나감으로써 최종적으로 결론에 도달하는 전략이다. 그러나 모든 증명에 이 전략이 효과적인 것은 아니고 때로는 다른 전략이 더 효과적일 수 있다.

역방향 전략
다음의 논증을 고려하자.

$$P \lor Q \quad\quad\quad\quad \text{-- 전제 1}$$
$$\underline{\neg P \quad\quad\quad\quad\quad\quad \text{-- 전제 2}}$$
$$Q \quad\quad\quad\quad\quad\quad \text{-- 결론}$$

이제 이 논증을 다음과 같이 증명하려 한다.

```
1 | P ∨ Q              -- 전제 1
2 | ¬P                 -- 전제 2
  |――――――――――――
3 | ...
... | ...
```

이 증명의 경우에는 예 3.2.4-2 에서와 달리 어떻게 진행해야 할지 쉽게 떠오르지 않는다. 즉, 3 줄에서 어떤 논리식을 도출해야 할지가 분명하지 않다. 그러나 예 3.2.4-2 에서처럼 결론에서 중요한 단서를 찾을 수 있다. 먼저 결론 Q 를 아래와 같이 마지막 열에 적어보자. 현재로서는 2 줄과 마지막 줄 사이에 몇 개의 줄이 필요할지 모르기 때문에 마지막 줄을 n 줄이라고 하자.

```
1  | P ∨ Q            -- 전제 1
2  | ¬P               -- 전제 2
3  | ...
...| ...
n  | Q
```

그 다음은 어떻게 진행해야 할까? 여기서 통찰이 필요하다. 만일 우리가 증명을 시도하는 과정에 어떻게 해서든지 ¬P→Q 를 도출할 수 있다고 하자. 그러면 2 줄의 ¬P 와 함께 MP1 에 의해 Q 를 얻을 수 있다. 따라서 n-1 줄을 ¬P→Q 로 적는다. 그리고 n 줄에 도출 근거를 "MP1 2, n-1"이라고 적는다. 그 결과는 다음과 같다.

```
1   | P ∨ Q           -- 전제 1
2   | ¬P              -- 전제 2
3   | ...
... | ...
n-1 | ¬P→Q
n   | Q               -- MP1, 2, n-1
```

이제 결론에 도달하였으나 n-1 줄과 전제들을 연결해야 하는 일이 남아 있다. 이를 위해 함의법칙으로 불리는 다음 동치를 상기하자.

$A → B \equiv ¬A ∨ B$

위의 논증이 P ∨ Q 를 전제로 가지고 있으므로 표 3.2.1-2 함의법칙의 A 자리에 ¬P 를, B 자리에 Q 를 넣어서

$$\neg P \rightarrow Q \equiv \neg(\neg P) \lor Q$$

의 동치를 얻는다. 또한 1줄에 표 3.2.1-2의 이중부정을 적용하여

$$\neg(\neg P) \lor Q$$

을 도출할 수 있다. 따라서 n-2줄에 ¬(¬P) ∨ Q 라고 적기로 한다. 왜냐하면 그러면 동치

$$\neg P \rightarrow Q \equiv \neg(\neg P) \lor Q$$

를 적용하여 다음과 같이 n-1줄을 얻을 수 있기 때문이다.

```
1     │ P ∨ Q                    -- 전제 1
2     │ ¬P                       -- 전제 2
...   │ ...
n-2   │ ¬(¬P) ∨ Q
n-1   │ ¬P → Q                   -- 함의법칙, n-2
n     │ Q                        -- MP1, n-1, 2
```

n-2줄에 대한 근거는 전제 1에 이중부정을 적용하는 것이다. 이제 n=5라는 것을 알기 때문에, 증명의 줄 번호를 실제 숫자로 바꿀 수 있다. 증명의 최종적인 모습은 다음과 같다.

```
1     │ P ∨ Q                    -- 전제 1
2     │ ¬P                       -- 전제 2
3     │ ¬(¬P) ∨ Q                -- 이중부정, 1
4     │ ¬P → Q                   -- 함의법칙, 3
5     │ Q                        -- MP1, 4, 2
```

이와 같이 증명을 결론으로부터 거꾸로 진행함으로써 많은 논증을 성공적으로 증명할 수 있다.

정방향–역방향 전략

다음 예는 $P \to Q$로부터 $\neg Q \to \neg P$를 증명하는 것이다.

```
1  | P → Q                    -- 전제
...| ...
n  | ¬Q → ¬P
```

　이 증명에서 우리는 역방향으로만 가는 것이 항상 성공적이지는 않다는 것을 알게 된다. 전처럼, 전제에서 시작하여 마지막 줄에 결론을 적고 그 줄 번호를 n이라고 하자. 그러나 이제 여기서 어떻게 나아갈지 분명하지 않다. 이 경우 우리는 정방향–역방향 전략을 적용해 볼 수 있다. 주어진 전제에서 한 걸음 나아가서 도달할 수 있는 명제들을 고려하고, 증명하고자 하는 명제로부터 한 걸음 뒤로 가서 도달할 수 있는 명제들을 고려한다. 이 과정을 반복하여 적용하며 앞에서부터 도달한 지점과 뒤에서부터 도달한 지점을 연결하는 논리식을 찾아간다.

　이제 위의 예에 이 전략을 적용하기 위하여 함의법칙을 적용한다. 그 결과 1줄에서부터 한 걸음 나아가 2줄을 얻는다.

```
1  | P → Q                    -- 전제
2  | ¬P ∨ Q                   -- 함의법칙, 1
...| ...
n  | ¬Q → ¬P
```

　이제 2줄에서부터 어떻게 더 나아갈지 분명하지 않다. 그러나 함의법칙에 의해 결론 $\neg Q \to \neg P$가 $\neg(\neg Q) \lor \neg P$과 동치임을 쉽게 알 수 있다.

```
1   | P → Q                     -- 전제
2   | ¬P ∨ Q                    -- 함의법칙, 1
... | ...
n-1 | ¬(¬Q) ∨ ¬P
n   | ¬Q → ¬P                   -- 함의법칙, n-1
```

이제 2 줄과 n-1 줄을 연결하기는 어렵지 않다. 만일 ∨의 교환법칙을 2 줄에 적용하면, Q ∨ ¬P를 얻고, 이 논리식으로부터 이중부정 동치의 적용(제 3.2.1 절 그림 3.2.1-1 의 (3)과 (4))에 의해 n-1 줄을 도출할 수 있다.

```
1     | P→Q                  -- 전제
2     | ¬P ∨ Q               -- 함의법칙, 1
n-2   | Q ∨ ¬P               -- 교환법칙, 2
n-1   | ¬(¬Q) ∨ ¬P           -- 이중부정, n-2
n     | ¬Q→¬P                -- 함의법칙, n-1
```

이제 증명의 줄 번호를 실제 번호로 바꾸면, 다음과 같은 증명의 최종적인 모습을 얻는다.

```
1     | P→Q                  -- 전제
2     | ¬P ∨ Q               -- 함의법칙, 1
3     | Q ∨ ¬P               -- 교환법칙, 2
4     | ¬(¬Q) ∨ ¬P           -- 이중부정, 3
5     | ¬Q→¬P                -- 함의법칙, 4
```

연습문제

문법

1. 다음의 명제 논리 표현들을 명제 기호들을 사용하여 번역하시오:

   > R: "영희는 러시아워 동안에 가고 있다."
   > T: "영희는 적어도 세 명의 승객들과 차를 타고 있다."
   > H: "영희는 전용차선으로 갈 수 있다."

   (a) 만일 영희가 전용차선으로 갈 수 있으면, 영희는 러시아워 동안에 가고 있지 않거나 적어도 세 명의 승객들과 차를 타고 있다.
   (b) 영희는 적어도 세 명의 승객과 차를 타고 있을 경우에만, 러시아워 동안에 전용차선으로 갈 수 있다.

2. 다음과 같은 명제들이 주어졌다:

   > P: "나는 이 책의 모든 연습문제를 풀 것이다."
   > Q: "나는 이 과목에서 A를 받을 것이다."

   다음을 P와 Q를 사용하여 표현하시오:
   (a) 나는 이 책의 모든 연습문제를 풀 경우에만 이 과목에서 A를 받을 것이다.
   (b) 나는 이 과목에서 A를 받을 것이고 이 책의 모든 연습문제를 풀 것이다.
   (c) 나는 이 과목에서 A를 받지 못하거나 이 책의 모든 연습문제를 풀지 못할 것이다.
   (d) 내가 이 과목에서 A를 받으려면, 이 책의 모든 연습문제를 푸는 것이 필요하고 충분하다.

3. 다음 명제들이 주어졌다:

> P: "광수는 서울에 산다."
> Q: "광수는 광주에 산다."
> R: "광수는 한국에 산다."

(a) 다음 명제를 논리식으로 옮기시오:
"광수가 한국에 살지 않으면, 광수는 서울이나 광주에 살지 않는다."
(b) 다음 논리식을 자연어로 옮기시오:
Q → (R ∧ ¬P)

4. 명제 기호들이 다음과 같이 정의된다.

> P: "논리학은 재미있다."
> Q: "철수는 합격할 것이다."
> R: "철수는 집중한다."
> S: "책은 읽기 쉽다."

위 명제 기호를 사용하여 다음의 논리식들을 자연어로 번역하시오:
(a) P → (Q → R)
(b) (R → Q) → P
(c) S → (P → (¬Q → ¬R))

의미론

1. 다음 명제들의 집합이 모순적임을 보이시오.
   (a) 만일 영희가 이산수학을 수강하지 않으면, 영희는 졸업하지 못할 것이다.
   (b) 만일 영희가 졸업하지 못하면, 영희는 직업을 얻기 쉽지 않을 것이다.
   (c) 만일 영희가 이 책을 읽으면, 영희는 직업을 얻기 쉬울 것이다.
   (d) 영희는 이산수학을 수강하지 않지만 이 책을 읽는다.

2. (a) 다음 각 논리식을 평가하기 위한 진리표를 구축하시오.
   1) $P \lor (P \land Q)$
   2) $\neg P \lor (P \land (Q \to P))$
   3) $(P \to Q) \to (\neg P \land Q)$
   4) $P \land (P \lor Q)$
   5) $\neg P \land (P \lor (Q \to P))$
   6) $(P \to Q) \to (\neg P \lor Q)$

   (b) 위의 각 논리식이 타당한 논리식인지, 부분진 논리식인지, 모순 논리식인지 말하시오.

3. 진리표를 사용하여 다음 논리식이 타당한 논리식인지 모순 논리식인지 혹은 어느 쪽도 아닌지 판단하시오.

$$((P \land Q) \lor (\neg P \land \neg Q)) \to (P \leftrightarrow Q)$$

4. 논리식 $P \to \neg P$은 모순 논리식인가 아닌가? 그 이유를 설명하시오.

5. 다음 각 서술이 참인지 거짓인지 답하시오.
   (a) 충족가능한 명제의 부정은 충족불가능하다.
   (b) 타당한 논리식의 부정은 모순 논리식이다.
   (c) 부분진 논리식의 부정은 부분진 논리식이다.

6. 수학자들은 "$P \to Q$가 참이면 명제 P가 명제 Q를 위한 충분 조건이다."라고 말한다. 다른 말로, Q가 참인지 알기 위해서는 P가 참이라는 것을 아는 것으로 충분하다. x가 정수이면, x / 2가 짝수가 되기 위한 x에 대한 충분 조건을 말하시오.

7. 다음의 논리식을 고려하자.

$$\neg(P \rightarrow (\neg Q \vee R))$$

   (a) 위의 논리식은 충족가능한가? 위의 논리식에 대한 진리표를 구축하여 답하시오.
   (b) (a)에 대한 답이 "예"이면, 위의 명제를 참으로 만드는 P, Q, R의 진리값은 무엇인가? 만일 (a)에 대한 답이 "아니오"이면, 위의 논리식이 충족가능하지 않다는 것을 증명하시오.

8. 진리표를 사용하여 다음 동치들을 증명하시오.
   (a) $Q \rightarrow P \equiv \neg(Q \wedge \neg P)$
   (b) $(P \rightarrow R) \wedge (Q \rightarrow R) \equiv (P \vee Q) \rightarrow R$
   (c) $(P \vee Q) \wedge \neg(P \wedge Q) \equiv P \leftrightarrow \neg Q$

9. S는 논리식 $\neg(P \rightarrow Q) \vee \neg(P \vee Q)$를 나타낸다.
   (a) S를 위한 진리표를 구축하시오.
   (b) S와 논리적으로 동치인 더 간단한 표현을 찾으시오.

10. (a) $(P \rightarrow Q) \rightarrow R$과 $P \rightarrow (Q \rightarrow R)$이 동치인가?
    (b) 이 논리식이 동치이면 동치임을 증명하고, 동치가 아니면 동치가 아님을 증명하시오.

11. A와 B가 동치인 논리식, 즉 $A \equiv B$일 때 다음 중 옳지 않은 것은?
    (가) B로부터 A를 유추할 수 있다.
    (나) A로부터 B를 유추할 수 있다.
    (다) B가 들어 있는 논리식에 B 대신 A를 넣을 수 있다.
    (라) "$\equiv$"는 명제 논리 언어의 기호이다.

12. NOR는 "NOT OR"를 줄인 단어이다. NOR 연산자 ↓는 다음 진리표와 같이 정의된다:

A	B	$A \downarrow B$
T	T	F
T	F	F
F	T	F
F	F	T

    다음 논리식에 대하여 NOR 연산자 만을 사용하는 동치의 논리식을 구하시오.
    (a) $\neg A$
    (b) $A \vee B$
    (c) $A \wedge B$

13. NAND는 "NOT AND"를 줄인 단어이다. NAND 연산자는 ↑로 나타내고 다음 진리표의 의미를 갖는다.

A	B	$A \uparrow B$
T	T	F
T	F	T
F	T	T
F	F	T

    NAND 연산자가 중요한 이유는 두 개의 전기 입력을 갖는 NAND에 해당하는 전자회로를 쉽게 만들 수 있기 때문이다. 이러한 회로를 논리 게이트라고 부른다. 뿐만 아니라, NAND 게이트를 사용하여 다른 논리 연산자에 해당되는 논리 게이트들을 만들 수 있다. 진리표를 사용하여 다음 동치를 보임으로써 이 사실을 증명하시오.
    (a) $A \uparrow B \equiv \neg(A \wedge B)$
        (이로부터 NAND 라는 이름이 "NOT AND"에서 왔음을 알 수 있다.)
    (b) $A \uparrow A \equiv \neg A$
    (c) $(A \uparrow B) \uparrow (A \uparrow B) \equiv A \wedge B$
    (d) $(A \uparrow A) \uparrow (B \uparrow B) \equiv A \vee B$
    (e) $A \uparrow (B \uparrow B) \equiv A \rightarrow B$

명제 논리에서의 논증의 증명과 반박

1. 다음 서술은 하나의 논증을 담고 있다.

   > 길동이 똑똑하고 공부를 열심히 하면, 길동은 좋은 성적을 받고 수강하는 과목들을 이수할 것이다.--(S1)
   > 길동이 열심히 공부하지만 똑똑하지 않으면 길동의 노력은 인정을 받을 것이고 길동의 노력이 인정받으면 수강하는 과목들을 이수할 것이다.--(S2)
   > 길동이 똑똑하면 공부를 열심히 할 것이다.--(S3)
   > 따라서 길동은 수강하는 과목들을 이수할 것이다.--(S4)

   (a) 위의 (S1), (S2), (S3), (S4)를 다음의 명제 기호들을 사용하여 번역하시오.
   I: "길동은 똑똑하다."
   S: "길동은 열심히 공부한다."
   G: "길동은 좋은 성적을 받는다."
   P: "길동은 자신이 수강하는 과목들을 이수할 것이다."
   A: "길동의 노력은 인정을 받을 것이다."
   (b) 위의 논증은 타당한가, 타당하지 않은가?
   (c) 증명을 제공하거나 반례를 보임으로써 (b)의 답을 정당화하시오.

2. 다음의 논증이 타당한지 판단하시오. 논증이 타당하면 논증을 증명하시오. 논증이 타당하지 않으면 그 이유를 설명하시오.

   (a) $\quad A \wedge B$
   $\quad\quad \underline{A \to C}$
   $\quad\quad C \wedge B$

   (b) $\quad A \to B$
   $\quad\quad \underline{A \to C}$
   $\quad\quad C \to E$

제Ⅳ부 술어 논리

"전통적인 것으로부터의 이러한 이탈들이 생긴 이유는 논리학이 지금까지 항상 일상 언어와 문법을 지나치게 밀접하게 따랐다는 사실에 있다. 특히 *주어*와 *술어*의 개념들을 *매개변수와 함수*로 대체한 것은 오랜 시간이 가도 남을 거라고 나는 믿는다."[57]

―고틀로프 프레게(*Begriffsschrift*, 1879)

명제 논리는 논증에 필요한 강력한 추론 체계를 제공한다. 일상과 학문에 사용되는 많은 논증이 명제 논리의 추론 규칙들로 증명되거나, 진리표 구축을 통한 진리값 분석으로 증명되거나 반박될 수 있다. 그러나 명제 논리 안에서 모든 타당한 논증을 할 수 있는 것은 아니다. 다음의 자연어 논증을 고려하자.

예 1.

모든 사람은 죽는다.
홍길동은 사람이다.
홍길동은 죽는다.

예 1의 논증은 논리적으로 타당하다. 그러나 이 논증을 명제 논리의 추론으로 증명할 수 없다. 그 이유는 다음과 같다. 먼저 다음과 같이 명제 기호를 정의하자:

P: "모든 사람은 죽는다."
Q: "홍길동은 사람이다."
R: "홍길동은 죽는다."

---

[57] [Heijenoort 70] p. 7

그러면 위의 논증은 다음의 논리식 논증이 된다.

$$\frac{\begin{array}{c} P \\ Q \end{array}}{R}$$

그러나 이 논증은 P와 Q가 참이라고 하여도 R이 참이 아닐 수 있기 때문에 타당한 명제 논리의 추론이 아니다. 즉, 명제 논리는 강력한 추론 체계를 제공하지만 앞의 자연어 논증의 타당성을 증명할 수 있을 만큼 충분히 강력한 추론 체계를 제공하지 않는다. 우리는 위의 자연어 논증을 포함하여 모든 타당한 논증이 증명될 수 있는 완전한 논리 체계를 갖기를 희망한다.

위의 논증은 명제 논리로는 그 타당성을 증명할 수 없지만, 제Ⅱ부 3장에서 논의한 AⅡ-1 식의 타당한 정언적 삼단논법이다.[58] 그래서 삼단논법으로 충분할지 모른다고 생각할 수 있지만 그렇지 않다. 다음의 자연어 논증을 고려하자.

예 2.

$$\frac{\text{말은 동물이다.}}{\text{말의 꼬리는 동물의 꼬리이다.}}$$

예 2의 논증은 타당하지만, 명제 논리의 추론으로도 정언적 삼단논법으로도 증명할 수 없다. 왜냐하면 명제 기호의 정의를

P: "말은 동물이다."
Q: "말의 꼬리는 동물의 꼬리이다."

라고 하면, 위의 자연어 논증은 다음과 같은 논리식 논증이 되기 때문이다.

---

[58] 제Ⅱ부 3장의 예 3-1와 표 3-1 참조.

$$\frac{P}{Q}$$

이 논증을 증명하기 위해서는, 문장의 내부 구조를 노출시켜 그 구성 요소들의 논리적 관계를 이용하는 추론 규칙을 적용할 수 있어야 한다. 제 IV부에서 소개하는 *술어 논리*(Predicate Logic)[59]는 명제 논리에 더하여 문장에 고유한 내부구조에 바탕을 둔 *양화*(quantification)를 도입하여, 정언명제들뿐 아니라 우리가 사용하는 모든 평서문을 논리식으로 표현할 수 있게 하고, 또한 모든 타당한 논증을 술어 논리의 추론 규칙을 사용하여 증명할 수 있게 한다.

---

[59] Predicate Logic. 술어 논리는 *일차 술어 논리*(First-Order Predicate Logic)로 불리기도 하는데, "일차(First-Order)"라는 말은 양화사가 변수에 대해서만 적용된다는 것을 뜻한다. 양화사가 술어에 대해서도 적용되는 논리를 *이차 술어 논리*(Second-Order Predicate Logic)라고 부른다.

제1장 문법

이 장에서는 문장의 기본적인 내부 구조를 분석하고 그 내부 구조를 구성하는 요소들 간의 논리적 관계를 알아본다. 이 장의 제 1.1 절부터 1.5 절까지는 술어 논리의 문법에 대해 논의하고, 제 1.6 절과 1.7 절에서는 자연어 문장과 술어 논리의 논리식 간의 번역을 학습한다.

1.1 주어와 술어

"3 은 홀수이다."라는 문장은 "3"이라는 수에 대한 서술이다. 이 문장에서 서술의 주체인 "3"은 이 문장의 *주어*(subject), 주어에 대한 서술인 "___는 홀수이다."는 이 문장의 *술어*(predicate)라고 부른다. "___는 홀수이다."라는 술어 기호로 "P(___)"으로 나타내고 ___를 기호 x 로 나타내면, 이 문장은 "x 가 홀수이다."라는 문장으로, 이를 다시 "P(x)"로 나타낼 수 있다. 여기서 주어 x 는 구체적으로 결정되지 않은 값 또는 개체를 나타내는데, 이와 같은 기호를 *변수*(variable)[60]라고 부른다. 변수가 값을 취할 수 있는 값들의 집합 혹은 변수의 값의 범위를 그 변수의 *논의 영역*(domain, domain of discourse) 혹은 *논의 세계*(universe of discourse)라고 부른다. 논의 영역의 구성 요소들을 *원소*(element, member)라고 부른다. 우리는 모든 논의 세계에 대하여 공리 1.1-1 과 같이 그 안에 적어도 하나의 원소가 들어 있다고 가정한다.

> **공리 1.1-1. (논의 영역 최소 원소 개수 공리)**
> 논의 영역은 최소 한 개의 원소를 갖는다.

위에서 "x 가 홀수이다."라는 문장을 술어 기호 "P(___)"를 도입하여 P(x)로 표현한 것과 마찬가지로, "x 는 y 보다 더 무겁다."라는 문장은 x 와

---
[60] 값이 결정되지 않았다는 의미에서 *미지수*(unknown)라고 부르기도 한다.

y 라는 두 개의 주어를 가진 문장으로 볼 수 있다. 따라서 "___이 ___보다 더 무겁다."를 나타내기 위하여 술어 기호 "Q(___, ___)"를 도입하면, 위의 문장은 Q(x, y)가 된다. P(x)에서 x 의 논의 영역은 정수의 집합 혹은 자연수의 집합이다. 그리고 Q(x, y)에서 x, y 의 논의 영역은 물리적인 개체들의 집합이다. 우리는 변수의 의도된 논의 영역을 때로는 그 변수가 사용되는 문맥으로부터 짐작할 수 있다. 그러나 변수의 논의 영역이 문맥으로부터 자명하지 않을 수도 있기 때문에 사용할 변수를 도입할 때는 그 변수들의 논의 영역을 선언해야 한다.

"x 가 홀수이다."라는 문장과 "x 가 y 보다 무겁다."라는 문장은 아직 명제가 아니다. 왜냐하면 이 문장들에는 변수들(즉, 미지수들)이 들어 있기 때문이다. 이들이 구체적으로 무엇을 지칭하는지가 드러날 때까지는 우리는 이 문장들이 참인지 거짓인지 말할 수 없다.

그러나 대조적으로, 변수를 포함하지 않은 "7 은 홀수이다."와 "깃털은 벽돌보다 무겁다."는 명제들이고, 앞의 문장은 참인 명제이고 뒤의 문장은 거짓인 명제이다. 기호 c 로 7 을, d 로 깃털을, e 로 벽돌을 나타내기로 하면, 앞의 문장은 P(c)로 뒤의 문장은 Q(d, e)로 표현된다. 여기서 "7", "깃털", "벽돌"은 *상수*(constant)들이고, 이들을 나타내는 기호 c, d, e 는 *상수 기호*(constant symbol)라고 부른다.

이와 같이 자연어 문장을 술어 논리의 논리식으로 나타내기 위해서는 주어와 술어를 나타내는 기호가 필요한다. 먼저 주어를 기호로 나타내기 위해서

$x, y, z, \cdots$

와 같은 변수 기호들과

$c, d, e, \cdots$

와 같은 상수 기호들도 필요하다. 또한 문장의 술어를 기호로 나타내기 위해서는 술어 기호들이 필요하다. *술어 기호*(predicate symbol)는 명제 기호 또는 한 개 이상의 주어들이 들어갈 수 있는 자리표시자[61]를 가진 기호열을 말한다. 다음은 술어 기호의 예이다.

P, P(_), P(_, _), P(_, _, _), ⋯
Q, Q(_), Q(_, _), Q(_, _, _), ⋯
R, R(_), R(_, _), R(_, _, _), ⋯

앞서 제Ⅱ부 2장 2.3절에서 정의한 *원자식*(atom)을 이제는 이 술어 기호들을 포함한다.

변수 기호, 상수 기호, 술어 기호들은

$x_1, x_2, x_3, \cdots$
$c_1, c_2, c_3, \cdots$
$P_1, Q_1, Q_2, \cdots, P_2(\_), P_2(\_, \_), Q_3(\_, \_, \_), \cdots$

와 같이 자연수 첨자를 붙여 서로 다른 기호로 사용할 수 있다. 이 예에서 $P_2(\_)$와 $P_2(\_, \_)$는 술어 기호는 같지만 변수의 개수가 달라 서로 다른 술어들을 나타낸다.

1.2 양화사, 양화 변수, 술어 논리의 논리식

이제 문장의 기본적인 내부 구조가 주어와 술어로 이루어졌다는 것을 알았다. 우리가 주어 혹은 주어들에 대하여 어떤 주장[62]을 할 때, 그것은 다음 네 가지 경우 중 하나에 해당한다: (1) 특정한 개체에 대한 주장이다; (2) 모든 개체들에 대한 주장이다; (3) 일부 개체들에 대한 주장이다; 혹은 (4) 어느 개체에도 해당되지 않는 주장이다. "x가 홀수이다."라는 문장을 P(x)로 표현하고 "y가 z보다 더 무겁다."를 Q(y, z)로 표현하면, 특정한 개체에 대한 주장의 예로, P(7), P(4), ⋯, Q(벽돌, 깃털), Q(병아리, 곰), ⋯와 같은 것들이 있다. 여기서 "일부"라고 할 때 이는 하나 이상의 개체들을 말한다.

특정한 개체에 대한 주장이 아니면, 그 나머지 세 가지 경우 이외의 다른 경우도 있을까? 그렇지 않다. 각각 두 번째, 세 번째, 네 번째에 해당

---

61 placeholder
62 assertion

하는 "*모두*(all)", "*일부*(some)", 그리고 "*어느 것도 아닌*(none)"은 모든 경우를 망라한다.63 논리학자들은 이 세 가지 경우를 위해 세 개의 기호를 도입하지 않고, 표 1.2-1 과 같이 각각 "모두"와 "일부"에 해당하는 기호 ∀와 ∃ 두 개 만을 도입하였다. 논의되는 언어가 명제 논리에서 술어 논리로 확장됨에 따라, 명제 논리식을 나타내는 A, B, $C \cdots$의 논리식 변수도 술어 논리의 논리식을 나타낼 수 있게 $A(x)$, $A(x, y)$, $\cdots$, $B(x)$, $B(x, y)$, $\cdots$, $C(x)$, $C(x, y)$, $\cdots$와 같이 변수를 포함하도록 확장한다.

표 1.2-1. 양화사와 양화 변수

양화사 기호	양화사	양화사의 명칭	양화 변수	양화사의 사용 예	
				논리식	의미
∀	∀x	보편양화사 ∀양화사	x	$(\forall x\, A(x))$	모든 x 에 대해 $A(x)$는 참이다.
∃	∃y	존재양화사 ∃양화사	y	$(\exists y\, A(y))$	$A(y)$가 참인 y 가 존재한다.

표 1.2-1 에서처럼 양화사 ∀x 는 *보편양화사*(universal quantifier) 또는 ∀ *양화사*64라고 하고, 양화사 ∃x 는 *존재양화사*(existential quantifier) 또는 ∃ *양화사*65라고 한다. 의미상으로 ∀x 는 "모든 x"를 뜻하고 ∃x 는 "어떤 x"를 뜻한다. 따라서 "모든 x 에 대해 $A(x)$는 참이다." 즉 "x 의 논의 영역의 모든 원소들이 속성 A 를 충족시킨다."를 "$(\forall x\, A(x))$"로 표현한다. 그리고 "$A(y)$가 참인 y 가 존재한다." 즉 "y 의 논의 영역의 어떤 원소가 속성 P 를 충족시킨다."를 "$(\exists y\, A(y))$"로 표현한다. 양화사에 나오는 변수를 *양화 변수*(quantified variable)라고 한다.

"어느 것도 아닌"을 위한 양화사가 없는 이유는 그것은 "'부분'은 없다."의 의미이고 이는 연결사 ¬ 와 존재양화사 ∃x 를 사용하여 "¬$(\exists x\, A(x))$"로 혹은 ¬ 와 보편양화사 ∀x 를 사용하여 "$(\forall x\, \neg A(x))$"로 표현될 수 있기 때문이다. 명제 논리에서와 마찬가지로, 술어 논리 체계에 필요한 기호

---

63 만일 그 외의 경우가 있다면 우리는 정형화를 위해 그것을 위한 기호를 도입해야 할 것이다. 그러나 이어서 바로 논의되는 것처럼 논리학자들은 새로운 기호를 도입하지 않고 두 개의 기호 ∃와 ∀만을 사용하기로 했다.
64 "올(all) 양화사"로 읽는다.
65 "썸(some) 양화사"로 읽는다.

제Ⅳ부 술어 논리   93

의 수를 더 줄이려면 ∀와 ∃ 중 하나를 제거할 수 있다. 왜냐하면 ¬와 ∀x 를 사용하여 ∃x 의 의미를 ¬(∀x ¬A(x))로 표현할 수 있고, ¬와 ∃x 를 사용하여 ∀x 의 의미를 ¬(∃x ¬A(x))로 표현할 수 있기 때문이다. 그러나 우리는 최소 개수의 양화사를 쓰기 보다는, 우리의 생각과 추론을 효과적으로 나타낼 수 있는 적정한 개수의 양화사를 원하고, 따라서 ∀과 ∃의 두 개의 양화사 기호를 채택하기로 한다.

이제 명제 논리의 연결사와 더불어 술어와 양화사를 사용하여 *술어 논리의 논리식*(Predicate Logic formula)을 만들 수 있다. 정의 1.2-1 은 모든 술어 논리 논리식의 집합을 정의한다.

정의 1.2-1. (술어 논리의 논리식)
(1) 명제 기호는 술어 논리의 논리식이다.
(2) 술어와 변수, 상수들로 이루어진 논리식은 술어 논리의 논리식이다.
(3) 술어 논리의 논리식들을 연결사로 연결한 논리식들은 술어 논리의 논리식이다.
(4) 술어 논리의 논리식에 양화사를 적용하여 만들어진 표현은 술어 논리의 논리식이다.

다음은 술어 논리 논리식의 예이다.

예 1.2-1.
(1) P, Q, R, ⋯, P_1, Q_2, ⋯
(2) P(x), Q(y), Q(y, z), R(w), ⋯, P(a), Q(b, c), R(d_1), ⋯
(3) ¬R, P ∧ Q_2, ¬R(w), P(x) ∧ Q(b, c), ¬(∀z ¬R(z)), (∀x P(x)) ∧ ¬(∃y Q(y)) ⋯
(4) (∀x P(x)), (∃y Q(y)), (∀w ¬R(w)), (∃x (P(x) ∧ Q(b, c))), ⋯

제Ⅲ부 1 장 1.3 절에서는 논리식의 가독성을 높이기 위해 애매성이 발생하지 않는 범위에서 괄호를 생략할 수 있도록 하였다. 앞으로도 마찬가지로 양화사가 도입된 후에도 애매성을 발생시키지 않는 범위에서 괄호를 생략하기로 한다.

1.3 양화사의 범위

양화사는 양화 변수와 동일한 뒤에 나오는 변수들의 의미에 영향을 미친다. 이를 양화사가 이 변수들을 *양화*(quantify)한다고 말한다. 따라서 양화사가 어떤 변수들에 영향을 미치고 어떤 변수들에 영향을 미치지 않는지를 명확히 하는 것은 중요하다. 양화사의 영향이 미치는 범위를 *양화 범위*(scope of quantification)라고 하는데 다음과 같이 정의된다.

> **정의 1.3-1. (양화사의 양화 범위)**
> $\forall x\ A(x)$에서 $\forall x$ 의 범위는 $A(x)$이다.
> $\exists x\ A(x)$에서 $\exists x$ 의 범위는 $A(x)$이다.

즉, 양화사의 양화 범위는 논리식이 양화될 때 문법적으로 양화의 대상이 되는 논리식이다.

예 1.3-1.
다음 표현에서 양화사의 양화 범위는 무엇인가?

(1) $\forall x\ (P(x) \land Q(x) \rightarrow R(x))$
(2) $\forall x\ (P(x) \land Q(x)) \rightarrow R(x)$
(3) $\forall x\ P(x) \land Q(x) \rightarrow R(x)$

(1)과 (2)의 논리식은 의미가 다르다. 왜냐하면 (1)에서 $\forall x$ 의 양화 범위는 $(P(x) \land Q(x) \rightarrow R(x))$이지만, (2)에서 $\forall x$ 의 양화 범위는 $(P(x) \land Q(x))$이기 때문이다. 또한 (3)은 (1), (2)와 의미가 다르다. 왜냐하면 (3)에서 $\forall x$ 의 양화 범위는 단지 $P(x)$이기 때문이다.

1.4 자유 변수, 결합 변수, 변수의 재명명

자유 변수와 결합 변수

하나의 논리식에 같은 변수가 여러 번 나올 수 있기 때문에 우리는 "변수"와 "변수의 *등장*(occurrence)"을 구별해야 한다. 논리식에 양화사가 들어오면 술어에 등장하는 변수는 *결합 변수*(bound variable)[66]가 되기도 하고 *자유 변수*(free variable)로 남기도 한다. 다음은 자유 변수와 결합 변수의 정의이다.

정의 1.4-1. (자유 변수와 결합 변수)
논리식 A 에서 변수 x 의 등장은 양화사 $\forall x$ 나 $\exists x$ 의 범위 안에 있으면 *결합되었다*고 말한다. 그렇지 않으면 x 의 등장은 *자유롭다*고 말한다. 논리식 A 에 자유롭게 등장하는 변수를 A 의 *자유 변수*라고 부르고, A 는 x 를 *자유 변수로 포함한다*고 말한다. 마찬가지로 논리식 A 에 결합되어 등장하는 변수를 A 의 *결합 변수*라고 부르고, A 는 x 를 *결합 변수로 포함한다*고 말한다.

예 1.4-1.
논리식

$$\forall x \; \forall y \; \exists z \; P(x, y, z)$$

에서 $P(x, y, z)$의 변수 x, y, z 는 모두 결합되어 있다. 왜냐하면 x 는 $\forall x$ 와 y 는 $\forall y$ 와 z 는 $\exists z$ 와 결합되어 있기 때문이다.

예 1.4-2.
논리식

$$\forall x \; \forall y \; P(x, y, z)$$

에서 $P(x, y, z)$의 변수 x 와 y 는 각각 $\forall x$ 와 $\forall y$ 와 결합되어 있지만, z 는 자유롭다.

---

[66] "결합 변수"의 "결합"의 의미는 양화사와 결합되었음을 뜻한다.

정의 1.4-1 이 내포하는 바와 같이, 하나의 변수가 같은 표현 속에서 동시에 자유롭고 결합되어 있을 수 있지만, 하나의 변수의 등장이 같은 표현 속에서 동시에 자유롭고 결합되어 있을 수는 없다.

예 1.4-3.
논리식

$$\forall x \ (x > y) \land \exists y \ (y > 0)$$

에서 y 의 등장이 세 번 있다. 첫 번째 등장은 자유롭지만 세 번째 등장은 ∃y 와 결합되어 있다.

예 1.4-4.
논리식

$$\forall x \ (P(x) \land \forall x \ (Q(x) \to R(y)) \land Q(x))$$

에서 x 의 등장이 다섯 번 있다. x 의 두 번째 등장은 첫 번째 ∀x 와 결합되고, x 의 네 번째 등장은 두 번째 ∀x 와 결합되고, x 의 마지막 등장은 첫 번째 ∀x 와 결합된다. y 는 첫 번째 ∀x 의 범위에 있고 또한 두 번째 ∀x 의 범위 안에 있지만 y 와 결합된 양화사는 없다. 따라서 y 는 자유롭다.

변수의 재명명

변수의 이름을 다른 이름으로 바꾸는 것을 *재명명*(renaming)이라고 한다. 술어 논리의 논리식에 나오는 결합 변수는 그 논리식의 의미를 변경하지 않고 (그 논리식에 나오지 않는) 새로운 변수로 재명명될 수 있다. 단 이때 재명명은 등장하는 모든 동일한 결합 변수에 대해 적용되어야 하고 어떤 자유 변수도 결합 변수로 바뀌지 않아야 한다.

예 1.4-5.
논리식 $\forall x \ (P(x) \to R(x))$ 에서 변수 x 를 y 로 재명명하여 동등한 논리식 $\forall y \ (P(y) \to R(y))$ 을 얻을 수 있다.

예 1.4-5 에서 x 가 결합 변수이기 때문에 우리는 논리식의 의미에 영향을 주지 않고 x 의 모든 등장들을 y 로 변경할 수 있다. 그 이유는 이 논리식에서 x 가 특정 개체를 지칭하는 변수가 아니라 $\forall x$ 의 x 와 같은 개체를 지칭하기 때문이다.

예 1.4-6.
$\forall x\,(P(x) \wedge (\forall x\,(Q(x) \to R(y))) \wedge Q(x))$의 첫 번째 $\forall x$ 의 변수 x 를 z 로 재명명하여 동등한 논리식 $\forall z\,(P(z) \wedge \forall x\,(Q(x) \to R(y)) \wedge Q(z))$를 얻을 수 있지만, x 를 y 로 변경하면 $\forall y\,(P(y) \wedge \forall x\,(Q(x) \to R(y)) \wedge Q(y))$가 되어 동등한 논리식이 되지 않는다.

예 1.4-6 에서, 첫 번째, 두 번째 그리고 여섯 번째 x 의 등장을 z 로 바꿀 수 있다. 왜냐하면 두 번째와 여섯 번째의 x 의 등장은 첫 번째 $\forall x$ 와 결합되었기 때문이다. 그러나, x 의 네 번째 등장을 바꿀 수 없다. 왜냐하면 그것은 첫 번째 $\forall x$ 와 결합된 것이 아니라 두 번째 $\forall x$ 와 결합되어 있기 때문이다. 또한 우리는 첫 번째, 두 번째, 여섯 번째 x 의 등장을 y 로 바꿀 수 없다. 왜냐하면 그 경우 R(y)의 자유 변수 y 가 $\forall y$ 와 결합되게 되어 원래의 논리식의 의미와 달라지기 때문이다.[67]

1.5 항, 논리식의 자유로운 대입

우리는 논의 영역의 원소들 간에 함수 관계가 있는 경우에

$$f(x),\ f(x, y),\ f(x, y, z),\ \cdots,\ g(x),\ g(x, y),\ g(x, y, z),\ \cdots,$$
$$h(x),\ h(x, y),\ h(x, y, z),\ \cdots,\ f(x, g(y, z)),\ \cdots$$

와 같이 함수 기호들을 사용하여 원소들 간의 관계를 나타낸다.[68] 항(term)

---

[67] 술어 논리에서 허용되는 체계적인 재명명은 블럭구조를 가진 프로그래밍 언어에 채택되었다. 따라서 블럭구조를 가진 프로그래밍 언어에서 블럭의 지역변수는 프로그램의 의미 변경을 가져오지 않고 재명명할 수 있다.

은 자연어에서 사물을 지칭하는 명사, 대명사 또는 명사구에 해당되는 정형적 표현이다. 항의 표현은 개체와 개체를 연결 지을 수 있게 위와 같은 함수 기호들을 포함해야 한다. 이제 논의 영역의 개체를 지칭하기 위한 정형적 표현으로서의 항의 정의를 내린다.

정의 1.5-1. (항)
1) 각 상수 기호는 항이다.
2) 각 변수 기호들은 항이다.
3) $t_1, \cdots, t_n$ 이 일련의 항들[69]
이고 φ 가 함수 기호이 면 $\varphi(t_1, \cdots, t_n)$은 항이다.

예 1.5-1. (항)
(a) $f(x, g(y, c))$는 하나의 항이다. 왜냐하면 f 가 함수 기호이고, x 가 변수 항이고 $g(y, c)$가 하나의 항이기 때문이다.
(b) $t, t_1, t_2, \cdots$가 항이면 $f, f(t), f(t_1, t_2), \cdots, g, g(t), g(t_1, t_2), \cdots$도 항이다.

    논리식 $P(g(y, c), x)$와 $Q(x_1, f(x_2))$는 다양한 항을 가진 술어 논리의 원자식들이다.
    논리식에 나오는 자유 변수는 논의 영역의 어떤 개체도 지칭할 수 있다. 따라서 자유 변수가 등장하는 자리에 특정한 개체를 나타내는 항으로 대체함으로써 특정한 개체를 지칭하는 논리식을 얻을 수 있다. 논리식에 나오는 모든 동일한 자유 변수를 어떤 항으로 대체하는 것을 *대입*(substitution)이라고 한다.

---
[68] 함수는 입력 원소의 개수가 1, 2, 3, …이면 각각 단항 함수, 이항 함수, 삼항 함수, …로 불린다. 상수는 항의 개수가 0 인 함수이다.
[69] a sequence of terms

정의 1.5-2. (항의 대입)
t 가 항일 때, 논리식 A 의 자유변수 x 가 등장하는 모든 곳을 항 t 로 대체하면 "논리식 $A(x)$의 자유변수 x 에 항 t 를 대입했다."고 하고, 그 결과를 $A(t)$로 나타낸다.

    항의 대입은 대입 과정에 항에 들어 있는 자유 변수가 원치 않게 결합 변수로 바뀌게 되면 논리식의 원래의 의미가 바뀌게 된다. 이를 회피하기 위해서는 항의 자유로운 대입만을 허용해야 한다.

정의 1.5-3. (항의 자유로운 대입)
논리식 $A(x)$의 자유변수 x 에 항 t 를 대입의 결과로 얻어지는 논리식 $A(t)$에서 t 의 자유변수들이 결합되지 않으면 *A(x)의 x 에 대한 t 의 대입은 자유롭다*고 말한다.

예 1.5-2. (항의 자유로운 대입)
논리식 $\forall z\, P(z, \mathbf{x})$의 자유변수 x 에 항 y 를 대입하면 그 결과가 $\forall z\, P(z, \mathbf{y})$ 가 되어, y 는 아무런 양화사에 결합되지 않고 x 에 대한 y 의 대입은 자유롭다. 그러나 자유변수 x 에 항 z 를 대입하면 그 결과가 $\forall z\, P(z, \mathbf{z})$가 되어, z 가 양화사 $\forall z$ 에 결합되고 x 에 대한 z 의 대입은 자유롭지 않다.

    항의 자유로운 대입과 마찬가지로, 논리식 변수 $A(x)$에 논리식 $B(t)$을 대입할 수 있다. 그 정의는 다음과 같다.

정의 1.5-4. (논리식의 자유로운 대입)
논리식 변수가 포함된 논리식의 논리식 변수 $A(x)$에 논리식 $B(t)$를 대입할 때, 대입의 결과로 얻어지는 논리식에서 t 의 자유변수들이 결합되지 않으면 *A(x)에 대한 B(t)의 대입은 자유롭다*고 말한다.

예 1.5-3. (논리식의 자유로운 대입)[70]

아래 표의 다섯개의 논리식 대입 중 Ⅰ, Ⅲ, Ⅴ에서는 대입이 자유롭고 Ⅱ 와 Ⅳ에서는 자유롭지 않다.

	$B(t)$, $t=w$	$A(y) \to \exists x\, A(x)$
Ⅰ	$\forall z\, Q(w, z, w)$	$\forall z\, Q(y, z, y) \to \exists x\, \forall z\, Q(x, z, x)$
Ⅱ	$\forall y\, Q(w, y, w)$	$\forall y\, Q(\mathbf{y}, y, \mathbf{y}) \to \exists x\, \forall y\, Q(x, y, x)$
Ⅲ	$Q(w, u, w)$	$Q(y, u, y) \to \exists x\, Q(x, u, x)$
Ⅳ	$Q(w, x, w)$	$Q(y, x, y) \to \exists x\, Q(x, \mathbf{x}, x)$
Ⅴ	$(\forall w\, Q(w)) \vee Q(w)$	$((\forall w\, Q(w)) \vee Q(y)) \to \exists x\, ((\forall w\, Q(w)) \vee Q(x))$

위 표의 Ⅱ에서 대입이 자유롭지 않은 이유는 $A(y)$의 자유변수 y가 $A(w)$의 $\forall y$에 의해 결합되었기 때문이다. Ⅳ에서 대입이 자유롭지 않은 이유는 $A(w)$의 자유변수 x가 $\exists x$에 의해 결합되었기 때문이다.

다음 두 개의 정리는 [Kleene 67]에서 가져왔다. 이 정리들은 제 3 장 3.1.1 절에서 명제 논리 추론 규칙들이 술어 논리에서도 여전히 타당함을 보이는데 이용된다. 이 정리들의 증명은 [Kleene 67]을 참고하라.

정리 1.5-1. (술어 논리 원자식의 대입 정리)[71]

논리식 E에 나오는 모든 술어가 $P_1(x_1, \cdots, x_{p1})$, $\cdots$, $P_n(x_1, \cdots, x_{pn})$이라고 하자. E에 나오는 각 $P_i(x_1, \cdots, x_{oi})$의, $1 \leq i \leq n$, $x_1, \cdots, x_{oi}$에 각각 $t_1, \cdots, t_{oi}$의 항들을 대입한 결과를 E^*라고 하자. 만일 이 대입이 자유로우면, $\vDash E$이면 $\vDash E^*$이다.

정리 1.5-2. (항의 대입 정리)[72]

$x_1, \cdots, x_m$이 서로 다른 변수들, $A(x_1, \cdots, x_m)$이 임의의 논리식, $t_1, \cdots, t_m$가 항들일 때, $A(t_1, \cdots, t_m)$이 $A(x_1, \cdots, x_m)$의 $x_1, \cdots, x_m$에 각각 $t_1, \cdots, t_m$을 대입한 결과라고 하자. 만일 이 대입이 자유로우면(즉, $A(t_1, \cdots, t_m)$에서 t_1, $\cdots$, t_m의 등장이 자유로우면), $\vDash A(x_1, \cdots, x_m)$이면 $\vDash A(t_1, \cdots, t_m)$이다.

---

70 [Kleene 67]p.98
71 [Kleene 67]p.99 Theorem 17
72 [Kleene 67]p.100 Theorem 18

1.6 술어 논리 논리식의 자연어 번역

제 1 장에서 지금까지 우리는 술어 논리의 언어를 공부했다. 이 절에서는 술어 논리의 논리식을 자연어로 어떻게 번역하는지 알아본다.

자주 쓰이는 표현의 형태를 *관용구*(idiom, pattern)라고 부른다. 술어 논리에서는 다음과 같은 특히 중요한 관용구들이 있다:

(1) "모든 ___은 ___이다."
(2) "___이고 ___인 것이 있다."
(3) "___인 것이 단 하나 있다."

첫 번째 관용구가 적용된 예로 "이 반의 모든 학생은 논리학을 공부한다.", 즉 "모든 이 반의 학생은 논리학을 공부하는 학생이다."를 들 수 있다. 두 번째 관용구가 적용된 예로 "이 반의 어떤 학생은 태국을 방문한 적 있다." 즉 "이 반의 학생이고 태국을 방문한 적 있는 학생이 있다."를 들 수 있다. 세 번째 관용구가 적용된 예로 "지구에는 달이 단 하나 있다."를 들 수 있다.

이런 관용구들을 술어 논리 표현으로 어떻게 옮길 수 있을까? 첫 번째 관용구는 P를 충족시키는 모든 x는 Q를 충족한다는 뜻이므로

$$\forall x \ (P(x) \rightarrow Q(x))$$

으로 번역된다.

예 1.6–1.
변수 x의 논의 영역이 모든 자동차들의 집합이라고 하고, P(x)가 "x는 연비가 높다."는 문장을, 그리고 Q(x)는 "x는 크다."는 문장을 나타낸다고 하자. 이 경우 $\forall x \ (Q(x) \rightarrow \neg P(x))$는 "x가 임의의 차이면, x가 크면 x는 연비가 좋지 않다." 또는 "모든 큰 차는 연비가 좋지 않다."로 번역된다.

두 번째 관용구는 "P 와 Q 를 충족시키는 x 가 존재한다."를 뜻하므로

$$\exists x \ (P(x) \land Q(x))$$

으로 번역된다.

예 1.6-2.
논의 영역이 모든 음식물의 집합이라고 하고, P(x)가 "x 는 사과다."라는 문장을, 그리고 Q(x)는 "x 는 맛있다."는 문장을 나타낸다고 하자. 이 경우 $\exists x \ (P(x) \land Q(x))$의 자연어 번역은 "맛있는 사과가 있다."가 된다.

세 번째 관용구는 "P 를 충족시키는 x 가 단 하나 존재한다."는 뜻으로, "x 와 y 가 동일하다."는 것을 "x = y"로 표현하면

$$\exists x \ P(x) \land \forall x \forall y \ (P(x) \land P(y) \to x = y)$$

으로 번역된다. 이 논리식에서 첫 번째 연언지는 "P 를 충족시키는 x 가 하나 이상 존재한다."는 것을 뜻하고, 두 번째 연언지는 "P 를 충족시키는 x 가 많아야 하나이다."를 뜻한다. 따라서 이 둘이 합쳐져서 "정확히 하나의 x 만이 P 를 충족시킨다."의 의미를 갖게 된다.

예 1.6-3.
G(x)가 "영희는 x 를 선물로 받았다."를 나타내면

$$\exists x \exists y (G(x) \land G(y) \land \neg (x = y)) \land$$
$$\forall x \forall y \forall z [(G(x) \land G(y) \land G(z)) \to (x = y \lor y = z \lor x = z)]$$

의 자연어 번역은 "영희가 받은 선물의 개수는 2 개이다."가 된다. 그 이유는 논리식의 첫 번째 연언지는 "영희는 최소 2 개의 선물을 받았다."를 뜻하고, 두 번째 연언지는 "영희는 최대 2 개의 선물을 받았다."를 뜻하기 때문이다.

서로 다른 양화사가 이어져 나오는 논리식은 특히 조심스럽게 번역해야 한다.

예 1.6-4.
논의 영역이 실수의 집합이고 P(x, y)가 "x < y"를 나타낼 때, ∀x∃y P(x, y)는 "어떤 수도 그 보다 더 큰 수가 있다."로 번역된다. 반면 ∃y∀x P(x, y)는 "모든 수보다 큰 수가 있다."로 번역된다.

1.7 자연어 문장의 술어 논리의 논리식 표현

이제 반대 방향의 번역을 연습해 보자. 논의 영역이 모든 정수들의 집합이라고 하고 P(x)가 "x 는 짝수이다."를 나타낸다고 하자. 그러면 "짝수와 홀수의 합은 홀수다."라는 문장을 어떻게 논리식으로 표현할 수 있을까? 그러한 논리식을 만들기 위해서, 그 문장의 술어가 서술하는 대상이 모든 정수인지 아니면 어떤 정수인지 먼저 판단해야 한다. 즉, 논리식이 보편양화사로 된 표현되어야 할지 아니면 존재양화사로 된 표현되어야 할지 먼저 판단해야 한다. 위의 명제는 "모든 짝수와 모든 홀수에 대해, 하나의 짝수와 하나의 홀수의 합은 홀수이다."라는 서술이다. 따라서 우리는 임의의 짝수를 위한 변수와 임의의 홀수를 위한 변수가 필요하다. 이들을 각각 x 와 y 라고 하자. 그러면 먼저 "임의의 짝수와 임의의 홀수의 합"은 "x+y"로 번역된다. "정수 z 가 홀수이다."라는 서술은 "정수 z 가 짝수가 아니다."라는 서술과 같은 의미이기 때문에 "정수 z 가 홀수이다."를 ¬P(z)로 나타낼 수 있다. 그러면 전체 문장은

$$\forall x \forall y [(P(x) \wedge \neg P(y)) \to \neg P(x+y)]$$

으로 번역된다. 이 논리식을 직역하여 자연어로 바꾸면, "임의의 정수 x, y 에 대하여, 만일 x 가 짝수이고 y 가 짝수가 아니면, x+y 는 짝수가 아니다."가 된다.

예 1.7-1.

다음과 같이 논의 영역과 상수 및 술어를 정의하자.

U: 태양계의 모든 행성들과 모든 행성의 달(즉, 위성)들의 집합
a: 지구
M(x, y): y는 x의 달이다.

그러면 "지구에는 단 하나의 달이 있다."는 문장을 어떻게 논리식으로 나타낼 수 있을까? 이를 나타내기 위해서는 두 가지 사항을 표현해야 한다. 하나는 "지구는 적어도 하나의 달을 가지고 있다."는 것이고, 다른 하나는 "지구의 달은 많아야 하나이다."라는 것이다. 이와 같이 해야 하는 이유는 술어 논리의 양화사가 직접적으로 "하나"라는 개념을 표현하지 못하기 때문이다. "지구는 적어도 하나의 달을 가지고 있다."는

$$\exists x\ M(a, x)$$

으로 표현할 수 있고, "지구의 달은 많아야 하나이다."는

$$\forall x \forall y\ [(M(a, x) \land M(a, y)) \to x = y]$$

으로 표현할 수 있다. 따라서 "지구에는 단 하나의 달이 있다."는

$$\exists x\ M(a, x) \land \forall x \forall y\ [(M(a, x) \land M(a, y)) \to x = y]$$

으로 표현된다.

제 2 장   의미론

제 1 장에서는 술어 논리 논리식의 허용된 형태에 대하여 논하였다. 이 장에서는 술어 논리 논리식의 의미에 대하여 논한다.

2.1 술어 논리 논리식의 해석

술어 논리의 두 양화사의 의미는 명제 논리로 직관적으로 설명될 수 있다. 예를 들어, 논의 영역 U 가 {철수, 영희, 길동}일 때,

"U 의 모든 원소가 키가 크다."

즉,

"철수, 영희, 길동이 모두 키가 크다."

라고 말하려고 한다. 이를 위해 "Tall(__)"이라는 술어로 "__는 키가 크다."를 나타내기로 하면, 위의 명제를 다음과 같이 표현할 수 있다:

Tall(철수) $\wedge$ Tall(영희) $\wedge$ Tall(길동)

또한 보편양화사를 써서 위의 명제를 표현하면

$\forall$x Tall(x)

가 된다. 왜냐하면 x 의 논의 영역이 {철수, 영희, 길동}이므로, $\forall$x Tall(x)는 Tall(철수), Tall(영희), Tall(길동)이 모두 참임을 말하기 때문이다.

만일 술어 기호를 도입하지 않고 명제 논리를 사용하기 위해,

P: "철수는 키가 크다."
Q: "영희는 키가 크다."
R: "길동은 키가 크다."

라고 하면, 위의 명제는

P ∧ Q ∧ R

로 나타낼 수 있다. 즉, 이 예의 동일한 명제를 술어 논리를 써서 나타낼 수도 있고 명제 논리를 써서 나타낼 수도 있다. 마찬가지로

"U 의 어떤 원소는 키가 크다."

즉,

"철수, 영희, 길동 중 적어도 한 경은 키가 크다."

는 다음과 같이 표현할 수 있다:

Tall(철수) ∨ Tall(영희) ∨ Tall(길동)

이를 존재양화사를 써서 표현하면

∃x Tall(x)

가 된다. 그리고 이 논리식의 의미는 앞에서 정의한 명제 기호 P, Q, R 을 사용하면

P ∨ Q ∨ R

이다.

논의 영역이 유한하고 그 크기가 작은 경우에는 이와 같이 같은 명제를

제Ⅳ부 술어 논리   107

술어 논리의 논리식으로도 표현할 수도 있고 명제 논리의 논리식으로 표현할 수도 있다. 그러나 논의 영역이 크거나 무한하면 명제 논리를 사용한 표현은 한계에 부딪히게 된다. 크기가 큰 경우에는 명제 논리의 논리식으로 나타내는 것이 현실적으로 어렵고, 크기가 무한한 경우에는 아예 불가능하다. 예를 들어 앞의 예에서 U가 1,000명으로 이루어진 논의 영역이면 위의 명제에 대하여 명제 논리 표현은 각각 1,000개의 연언지와 1,000개의 선언지가 필요하지만, 술어 논리 표현은 달라지지 않는다. 논의 영역이 U = {p1, p2, p3, ⋯}와 같은 무한 집합이면, 의도된 명제를 명제 논리로 표현하는 것은 불가능하다. 예를 들어 "U의 모든 원소가 키가 크다."는 명제 논리로

$$\text{Tall}(p1) \land \text{Tall}(p2) \land \text{Tall}(p3) \land \cdots$$

으로 표현이 되고, "U의 어떤 원소는 키가 크다."는

$$\text{Tall}(p1) \lor \text{Tall}(p2) \lor \text{Tall}(p3) \lor \cdots$$

으로 표현될 수 있을 것이다. 즉, 무한한 수의 연언지를 가진 연언문 혹은 무한한 수의 선언지를 가진 선언문에 상응하지만, 그러한 표현들은 명제 논리의 문법에 맞는 표현이 아니다. 그러나 술어 논리로는 논의 영역이 유한 집합인 경우와 마찬가지로 "U의 모든 원소가 키가 크다."는 $\forall x\, \text{Tall}(x)$로, "U의 어떤 원소는 키가 크다."는 $\exists x\, \text{Tall}(x)$로 표현된다.

2.2 양화사의 순서

논리식 $\forall x \forall y\, P(x, y)$는 논리식 $\forall y \forall x\, P(x, y)$와 보편양화사 $\forall y$와 $\forall x$가 나오는 순서가 다르지만 같은 의미를 갖는다. 왜냐하면 "모든 x에 대하여 y값이 무엇이건 P(x, y)가 참이다."라는 명제는 "모든 y에 대하여 x값이 무엇이건 P(x, y)가 참이다."라는 명제와 의미상 다르지 않기 때문이다. 마찬가지로 세 개 이상의 보편양화사가 연속적으로 나타날 경우에 이들의 순서를 바꾸어도 논리식의 의미가 바뀌지 않는다. 존재양화사의 경우에도 같은 이유로

$$\exists x \exists y\ P(x, y) \equiv \exists y \exists x\ P(x, y)$$

이며, 세 개 이상의 존재양화사가 연속적으로 나타날 경우에도 역시 이들의 순서를 바꾸어도 논리식의 의미가 바뀌지 않는다. 그 이유로 연언과 선언에서 교환법칙이 성립한다는 것과, 제 2.1 절에서 본 것처럼, 술어 논리의 논리식이 어떻게 명제 논리의 논리식으로 풀어서 표현될 수 있는지 상기하자.

그러나 논리식에 보편양화사와 존재양화사가 교차하여 나타날 때에는 그 순서를 바꾸면 논리식의 의미도 달라지게 된다.

예 2.2-1.
다음 두 개의 논리식은 두 개의 양화사의 순서가 다르다는 것을 제외하면 동일하다.

$$\forall y \exists x\ P(x, y)$$
$$\exists x \forall y\ P(x, y)$$

그러나 이 두 논리식은 의미가 서로 다르다. 만일 P(x, y)가 "x > y"를 나타내면, $\forall y \exists x\ P(x, y)$는 "어떤 수도 그 보다 더 큰 수가 있다."로 번역되고, $\exists x \forall y\ P(x, y)$는 "모든 수보다도 더 큰 수가 존재한다."로 번역되는데, 첫 번째 명제는 참이고 두 번째 명제는 거짓이다.[73]

2.3 자유 변수의 해석[74]

제 1 장 1.4 절에서 자유 변수와 결합 변수의 개념을 소개하였다. 수학에서는

$$(x + y)^2 = x^2 + 2xy + y^2 \qquad \text{--(1)}$$
$$x^2 + 2 = 3x \qquad \text{--(2)}$$

와 같이 자유 변수를 포함하는 수식을 사용한다. (1)식은 어떤 수 x, y 도

---

[73] 제 3 장 예 3.1.3-3 에서는 이 두 논리식이 동치가 아님을 증명한다.
[74] 이 절의 내용의 많은 부분을 [Kleene 52]pp.148~151 에서 가져왔다.

이 수식을 만족시킨다는 서술이지만, (2)식은 모든 x 가 이 수식을 만족시킨다는 서술이 아니라 (1)식을 만족시키는 어떤 x 에 관한 서술이다. 따라서 (1)식과 (2)식의 의미는 각각 다음과 같다.

$$\forall x \forall y \ [(x+y)^2 = x^2 + 2xy + y^2] \quad \cdots (1')$$
$$\exists x \ (x^2 + 2 = 3x) \quad \cdots (2')$$

따라서 (1)식의 변수들은 변수의 논의 영역의 "모든 값"의 의미를 갖고 (2)식의 변수는 변수의 논의 영역의 "어떤 값"의 의미를 갖는다. (1)식에서와 같은 자유 변수의 해석을 *일반적 해석*(generality interpretation)이라고 하고, (2)식에서와 같은 자유 변수의 해석을 *조건적 해석*(conditional interpretation)이라고 한다. 이러한 추론은 수학의 증명에서 흔히 볼 수 있다. 다음은 자유 변수의 일반적 해석의 예이다.

예 2.3-1.
"모든 정수 a, b, c 에 대해, 만일 b 가 a 로 나누어 떨어지고 c 가 a 로 나누어 떨어지면, (b + c)는 a 로 나누어 떨어진다."는 명제를 증명하고자 한다. "n 이 m 으로 나누어 떨어진다."를 "m | n"으로 나타내면, 이 명제는 (3)과 같은 술어 논리식으로 번역된다.

$$\forall a \ \forall b \ \forall c \ [(a\,|\,b) \wedge (a\,|\,c) \rightarrow a\,|\,(b+c)] \quad \cdots (3)$$

이 논리식을 증명하기 위해서, 우리는 먼저 a, b, c 가 임의의 정수라고 가정하고 다음을 증명하려 할 것이다.

$$(a\,|\,b) \wedge (a\,|\,c) \rightarrow a\,|\,(b+c) \quad \cdots (4)$$

이제 우리의 수학적 지식을 동원하여 (4)를 증명하면, 그 다음으로는 (4)에서 a, b, c 가 임의의 변수이기 때문에 자유 변수 a, b, c 에 대한 일반적 해석을 총 세 번하여 (3)에 도달할 수 있다.

그러나 자유 변수의 일반적 해석을 할 때에는 주의해야 한다. 다음 두 개의 문장을 고려하자:

(Ⅰ) "논의 영역 U 의 임의의 원소 x 에 대해 $A(x)$이다."
(Ⅱ) "논의 영역 U 의 원소 x 에 대해 $A(x)$이다."

이 두 문장에서 "논의 영역 U 의 (임의의) 원소 x 에 대해"라는 표현을 감추면, (Ⅰ)과 (Ⅱ)는 둘 다 $A(x)$로 번역된다. 그러면 아래의 표 2.3-1 과 같이 이 두 경우에 도두 $A(x)$로부터 자유 변수 x 의 일반적 해석을 해서 $\forall x\, A(x)$를 도출할 수 있을 것이다.

표 2.3-1. 논의 영역을 반영하지 않은 추론

(Ⅰ) 논의 영역 U 의 임의의 원소 x 에 대해 $A(x)$이다.
[추론 1] $A(x)$ $\overline{\forall x\ A(x)}$
(Ⅱ) 논의 영역 U 의 원소 x 에 대해 $A(x)$이다.
[추론 2] $A(x)$ $\overline{\forall x\ A(x)}$

그러나 표 2.3-1 에서 추론 1 은 타당하지만 추론 2 는 부당하다. 그 이유는 x 가 추론 1 에서는 임의의 변수이지만 추론 2 에서는 임의의 변수가 아니기 때문이다. 표 2.3-1 에서 감추어진 변수들의 논의 영역에 대한 표현을 표 2.3-2 와 같이 회복시키면 두 개의 추론에서 $A(x)$의 의미가 어떻게 다른지 분명히 볼 수 있다.

표 2.3-2. 논의 영역을 반영한 추론

(Ⅰ´) 논의 영역 U 의 원소 x 는 $A(x)$를 충족시킨다.		
$\dfrac{A(x)}{\forall x\ A(x)}$ →	[추론 1´] $\dfrac{x \in U \to A(x)}{\forall x \in U\ (A(x))}$	논의 영역의 임의의 원소 x 는 A를 충족시키므로, 이 추론은 타당하다.
(Ⅱ´) x 는 $A(x)$를 충족시키는 논의 영역 U 의 원소이다.		
$\dfrac{A(x)}{\forall x\ A(x)}$ →	[추론 2´] $\dfrac{x \in U \land A(x)}{\forall x \in U\ (A(x))}$	x 는 논의 영역의 임의의 원소가 아니라 A를 충족시키는 원소이고, 이 추론은 부당하다.

제Ⅳ부 술어 논리

먼저 $\forall x\, A(x)$에서 변수 x 의 논의 영역이 U 라는 것을 명시적으로 나타내어 이를 $\forall x \in U\, (A(x))$[75]으로 표현할 수 있다. 표 2.3-2 의 [추론 1']의 전제는 "논의 영역에 있는 어떠한 x 도 A 를 충족시킨다"라고 말하는 반면, [추론 2']의 전제는 "논의 영역의 어떤 x 가 $A(x)$를 충족시킨다"는 것을 말하고 있는데, 후자의 경우 $A(x)$를 충족시키는 x 가 논의 영역의 모든 x 로 일반화되지 않는다. 즉, 두 번째 추론에서 x 는 임의의 변수가 아니므로 일반적 해석을 할 수 없다. 제 3 장 3.1.3 절에서는 자유 변수의 일반적 해석을 $\forall$-도입 규칙으로 정형화한다.

---

[75] 변수의 논의 영역을 이와 같이 표현하는 방식은 이 책의 술어 논리의 문법에 맞지 않기 때문에 이 책에서는 사용하지 않는다. 그러나 이는 이 책의 술어 논리의 문법에 맞게

$\forall x\, (x \in U \rightarrow A(x))$

로 표현될 수 있다.

제 3 장　술어 논리에서의 논증의 증명과 반박

"…, (고전즉) 술어 논리에서는, 타당성의 정의를 직접 적용하는 것은 간단하지 않다. 왜냐하면, 진리표를 사용하여 타당성을 증명하는 것이 더 이상 순전히 기계적이지 않고, 모든 (공집합이 아닌) 논의 영역 D뿐 아니라 무한한 D들에 대한 진리표들에 대한 일반적 추리를 요구하기 때문이다.

　　따라서 술어 논리에서는, 증명 방식이 모델 구축 방식보다 편리할 뿐 아니라 훨씬 더 구체적이라는 장점을 가진다."[76]

스티븐 클리니[77] (Mathematical Logic, 1967)

이 장에서는 술어 논리의 논증을 증명하는 방법을 제 3.1 절에서, 반박하는 방법을 제 3.2 절에서 소개한다.

3.1 추론 규칙을 이용한 논증의 증명

이 절에서는 논증의 증명에 사용하는 추론 규칙들을 소개하고 술어 논리 논증의 증명 예를 보인다. 제 3.1.1 절에서는 명제 논리 추론 규칙들이 대상으로 하는 논리식이 술어 논리의 논리식으로 확장되어도 왜 여전히 타당한지 설명하고, 제 3.1.2 절에서는 술어 논리 추론 규칙의 가장 기본적인 추론 규칙으로 전건긍정(MP2)를 소개한다. 제 3.1.3 절에서는 양화사를 도입하고 제거하는 추론 규칙을, 제 3.1.4 절에서 동치 법칙을 소개한다. 끝으로 제 3.1.5 절에서는 술어 논리를 사용한 논증의 증명 예를 본다.

---

[76] [Kleene 67]p.117
[77] Steven C. Kleene(1909~1994)

3.1.1 명제 논리 추론 규칙의 술어 논리에서의 타당성

제Ⅳ부에서 논리 언어가 명제 논리에서 술어 논리로 확장되었으므로 제Ⅲ부 명제 논리에서 소개한 (I) 타당한 논리식 형태들(표 3.2.1-1)과 (II)동치 법칙들(표 3.2.1-2)이 여전히 술어 논리의 규칙들로 사용되기 위해서는 이들이 술어 논리에서도 타당하다는 것이 증명되어야 한다.

 우리는 그것을 진리표 분석을 이용하여, 이 규칙들에 나오는 논리식 변수 A, B, C에 술어 논리의 논리식을 대입하면 규칙들이 여전히 타당하다는 것을 확인할 수 있다. 이러한 진리표 분석은 논의 영역의 원소의 수에 관계없이 성립한다. 이러한 증명은 제1장 1.5절의 대입정리들의 증명이나 이 장의 제3.1.3절에 나오는 양화사에 관련된 추론 규칙들의 증명에서 그 예를 찾아볼 수 있다. 따라서 모든 타당한 논리식 형태 안에 나오는 논리식 변수들에 술어 논리의 논리식들이 대입될 때에도 해당 형태의 논리식은 타당하다. 또한 같은 이유로 (III) 명제 논리의 추론 규칙들(표 3.2.3-1)의 논리식 변수들에 술어 논리의 논리식들이 대입될 때에도 해당 추론 규칙은 타당하다.[78]

3.1.2 술어 논리에서의 전건긍정 추론 규칙 MP2

술어 논리에서의 전건긍정 추론 규칙 MP2를 소개하고 증명하기에 앞서, 표 3.1.2-1은 지금까지 우리가 명제 논리로부터 알고 있는 사실들을 정리해 보여준다. 표 3.1.2-1에서 (1), (2)는 A, B가 어떤 논리식이냐에 따라 성립할 수도 있고 성립하지 않을 수도 있는 표현이지만, (3), (4), (5)는 항상 성립하는 규칙이다.

---

[78] [Kleene 67]p.93

표 3.1.2-1. 명제 논리의 사실들

기호적 표현	의미
(1) $A \vDash B$	진리표의 A가 T인 행에서 B도 T이다.
(2) 만일 $\vDash A$이면 $\vDash B$이다.	진리표에서 A의 열이 모두 T이면 B의 열도 모두 T이다.
(3) 만일 $\vDash A$이고 $\vDash A \to B$이면 $\vDash B$이다.[79]	진리표의 A의 열이 모두 T이고 $A \to B$의 열이 모두 T이면, B의 열도 모두 T이다.
(4) $A, A \to B \vDash B$ (MP1은 타당하다.)	진리표의 A와 $A \to B$가 둘 다 T인 행에서 B는 T이다.
(5) $A, A \to B \vdash B$ (MP1)	A와 $A \to B$가 주어지면 이로부터 B를 도출할 수 있다.

표 3.1.2-1 으로부터 특히 다음 사항에 주목할 필요가 있다. (1)이 참이면 (2)도 참이지만, (2)가 참이어도 (1)이 참이 아닐 수 있다. 이는 (1)이 (2)보다 강한 주장이다. 마찬가지로 (4)는 (3)보다 더 강한 주장이다. (4)는 정형적 증명에서 (5)으 추론 규칙을 사용할 수 있는 이유이다.

이제 술어 논리를 위한 MP1 추론 규칙을 MP2로 부르기로 한다. 아래 MP2 추론 규칙에서 A, B는 술어 논리의 논리식을 나타낸다.

---

1. MP2

$A, A \to B$
B

MP2의 증명
MP2는 제 3.1.1 절에서 논의한 이유로 타당하다.

3.1.3 양화사를 도입하고 제거하는 추론 규칙들

술어 논리를 위한 추론 규칙들은 제Ⅲ부 3장 표 3.2.1-1의 명제 논리의 타당한 논리식 형태들, 표 3.2.1-2의 동치 법칙들, 그리고 아래의 표

---

[79] [Kleene 67] p.38 Theorem 3

3.1.3-1 의 추론 규칙들로 이루어진다. 술어 논리에서 새로이 도입된 연산자는 양화사들로, 두 개의 양화사 각각에 대한 도입 규칙과 제거 규칙의 총 4개의 추론 규칙들, 즉, →∀규칙, ∀→규칙, →∃규칙, ∃→규칙이 술어 논리의 추론 규칙으로 새로이 포함된다. 이 규칙들은 제Ⅴ부 3장 3.1절에서 소개될 자연연역의 ∀-도입 규칙, ∀-제거 규칙, ∃-도입 규칙, ∃-제거 규칙과 각각 동등한 규칙이나, 이 규칙들은 의미론적으로 타당한 추론 규칙들이고 자연연역의 추론 규칙들은 이 규칙들에 근거한 정형적 추론 규칙들이다. 표 3.1.3-1 에서 이 규칙들의 이름은 자연연역의 추론 규칙들의 이름과 구별이 되도록 명명하였다. 이들 추론 규칙의 이름은 양화사와 양화사가 나오는 논리식에서의 '→'의 상대적 위치로 구성하였다.

표 3.1.3-1 양화사를 도입하고 제거하는 추론 규칙들[80]

→∀규칙	∀→규칙
⊨ $C \to A(x)$ ⊨ $C \to \forall x\ A(x)$	⊨ $\forall x\ A(x) \to A(r)$
→∃규칙	∃→규칙
⊨ $A(r) \to \exists x\ A(x)$	⊨ $A(x) \to C$ ⊨ $\exists x\ A(x) \to C$

제약사항 1) $A(r)$은 A 의 자유 변수 x 에 항 r 을 대입한 결과이다.
제약사항 2) 항 r 은 $A(x)$의 x 에 대입하여 자유롭다(즉, 대입에 의해 결합되지 않는다).
제약사항 3) C 는 x 를 자유롭게 포함하지 않는 임의의 논리식이다.

표 3.1.3-1 의 규칙들은, 제 2 장 2.3 절에서 논의한 바와 같이 자유변수가 두 가지로 해석될 수 있기 때문에 규칙을 적용하는 과정에 자유변수의 해석이 달라지지 않도록 하기 위한 제약조건들(제약사항 1~제약사항 3)을 가진다.

양화사를 도입하고 제거하는 추론 규칙들의 증명*

> **→∃규칙의 증명**
> →∃규칙이 타당함을 확인하기에 앞서 먼저 A 가 원자식일 때를 고려해 보자. A 가 원자식일 때 이 규칙은 타당하다. 다음 예는 ⊨ $P(y) \to \exists x\ P(x)$를 보인다.

---
[80] 출처: [Kleene 67]pp.94~96. 그러나 표 3.1.3-1 에 나오는 이 네 규칙의 이름은 새로운 이름이다.

예 3.1.3-1.[81]

D={1, 2, 3}라고 하면 아래 표와 같이 P(x)에 대한 여덟 가지의 해석 (I_1~I_8)이 가능하다. 표의 마지막 행은 각 해석의 경우 ∃x P(x)의 진리값을 보여준다. $I_1(x)$~$I_7(x)$의 경우 ∃x P(x)가 T 이기 때문에 P(y) → ∃x P(x)는 T 이고 $I_8(x)$의 경우에는 ∃x P(x)가 F 이지만 P(y) 역시 항상 F 여서 ⊨ P(y) → ∃x P(x)이다.

x	$I_1(x)$	$I_2(x)$	$I_3(x)$	$I_4(x)$	$I_5(x)$	$I_6(x)$	$I_7(x)$	$I_8(x)$
1	T	T	T	T	F	F	F	F
2	T	T	F	F	T	T	F	F
3	T	F	T	F	T	F	T	F
∃x P(x)	T	T	T	T	T	T	T	F

그러나 A가 원자식이 아닌 경우에는 $A(r) \to \exists x\, A(x)$가 타당하지 않을 수 있다.[82] $A(x)$가 $\forall z\, (Q(x) \vee \forall x\, P(x, y) \vee P(z, x))$라고 하자. 만일 $r=y$를 x에 대입하면 $A(r)$은

$$\forall z\, (Q(y) \vee \forall x\, P(x, y) \vee P(z, y))$$

이 되고 ⊨ $A(r) \to \exists x\, A(x)$이다. 그러나 $r=z$를 x에 대입하면 $A(r)$은

$$\forall z\, (Q(z) \vee \forall x\, P(x, y) \vee P(z, z))$$

이 되고 $A(r) \to \exists x\, A(x)$는 타당하지 않다. 그 이유는 z는 A에서 x에 대해 자유로운 항이 아니어서 대입 후에 (그 항의 자유변수 z 가) 결합되기 때문이다. 다음은 이 예를 보여준다.

---

81 [Kleene 67]pp.92~93
82 [Kleene 67]p.95 Examples 5, 6

예 3.1.3-2.[83]

$A(x)$가 $\forall z\ (Q(x) \lor \forall x\ P(x, y) \lor P(z, x))$라고 하고 다음과 같이 해석한다(해석 I).

$D = \{1, 2\}$
$Q(x)$: $I_4(x)$
$P(x, y)$: $I_7(x, y)$
y: 2

x	$I_1(x)$	$I_2(x)$	$I_3(x)$	$I_4(x)$
1	T	T	F	F
2	T	F	T	F

x	y	$I_1(x,y)$	I_2	I_3	I_4	I_5	I_6	I_7	I_8	I_9	I_{10}	I_{11}	I_{12}	I_{13}	I_{14}	I_{15}	I_{16}
1	1	T	T	T	T	T	T	T	T	F	F	F	F	F	F	F	F
1	2	T	T	T	T	F	F	F	F	T	T	T	T	F	F	F	F
2	1	T	T	F	F	T	T	F	F	T	T	F	F	T	T	F	F
2	2	T	F	T	F	T	F	T	F	T	F	T	F	T	F	T	F

그러면

$A(1)$: $\forall z\ (I_4(1) \lor \forall x\ I_7(x, 2) \lor I_7(z, 1))$
$\quad \equiv \forall z\ (F \lor F \lor I_7(z, 1)) \equiv F$
$A(2)$: $\forall z\ (I_4(2) \lor \forall x\ I_7(x, 2) \lor I_7(z, 2))$
$\quad \equiv \forall z\ (F \lor F \lor I_7(z, 2)) \equiv F$

이다. $A(x)$의 x에 $r=y$를 대입하면 $A(x)$는 $\forall z\ (Q(y) \lor \forall x\ P(x, y) \lor P(z, y))$가 되어 $A(r)$은 $\forall z\ (I_4(2) \lor \forall x\ I_7(x, 2) \lor I_7(z, 2)) \equiv A(2)$가 되고, 다음 표와 같이 $A(y) \to \exists x\ A(x)$는 타당하다.

y	$A(y)$	$\exists x\ A(x)$	$A(r)$	$A(r) \to \exists x\ A(x)$
1	F	F		
2	F	F	F	T

---

[83] [Kleene 67]p.92 Example 4

여기서 P(x, y)를 $I_6(x, y)$로 해석한 경우에는(해석 II)

$A(1)$: $\forall z\ (I_4(1) \lor \forall x\ I_6(x, 2) \lor I_6(z, 1))$
$\equiv \forall z\ (F \lor F \lor I_6(z, 1)) \equiv T$
$A(2)$: $\forall z\ (I_4(2) \lor \forall x\ I_6(x, 2) \lor I_6(z, 2))$
$\equiv \forall z\ (F \lor F \lor I_6(z, 2)) \equiv F$

이다. $A(x)$의 x에 r=y를 대입하면 $A(x)$는 $\forall z\ (Q(y) \lor \forall x\ P(x, y) \lor P(z, y))$가 되어 $A(r)$은 여전히 $\forall z\ (I_4(2) \lor \forall x\ I_6(x, 2) \lor I_6(z, 2)) \equiv A(2)$가 되고, 다음 표와 같이 $A(y) \to \exists x\ A(x)$는 타당하다.

y	$A(y)$	$\exists x\ A(x)$	$A(r)$	$A(r) \to \exists x\ A(x)$
1	T	T		
2	F	T	F	T

따라서 $A(r) \to \exists x\ A(x)$는 타당하다.

그러나 만일 $A(x)$의 x에 r=z를 대입하면 $A(r)$이 $\forall z\ (Q(z) \lor \forall x\ P(x, y) \lor P(z, z))$이 되어 상황이 달라진다. 위의 해석 I을 다시 채택하자. 그러면 $A(1)$과 $A(2)$는 위와 동일하게 평가되지만, $A(r)$이

$\forall z\ (I_4(2) \lor \forall x\ I_7(x, 2) \lor I_7(z, z)) \equiv \forall z\ (F \lor F \lor I_7(z, z)) \equiv T$

로 평가되고, 다음 표와 같이 $A(r) \to \exists x\ A(x)$는 타당하지 않다.

y	$A(y)$	$\exists x\ A(x)$	$A(r)$	$A(r) \to \exists x\ A(x)$
1	F	F		
2	F	F	T	F

그러나 표 3.1.3-1의 제약사항 2에 의해 →크규칙이 올바로 적용될 경우에는, $A(r)$의 r은 $A(x)$의 x의 대입에 자유롭기 때문에 위 예의 부당한 경우는 발생하지 않고, 이 규칙은 타당하다.

∃→규칙의 증명[84]

x가 C에서 자유롭지 않은 변수일 때 ⊨ $A(x) \to C$를 가정하고 ⊨ $\exists x\ A(x) \to C$를 증명해야 한다. 증명을 위하여 D가 임의의 논의 영역, 해석 I이 $\exists x\ A(x) \to C$에 나오는 모든 술어, 자유 변수 및 상수에 대한 임의의 해석을 한다고 하자. 해석 I에서 C는 T이거나 F이다.
해석 I에서 C가 T인 경우 →의 진리표에 의해 ⊨ $\exists x\ A(x) \to C$이다.
해석 I에서 C가 F인 경우의 증명은 다음과 같다. x가 C에서 자유롭지 않기 때문에 해석 I는 x에 대한 D의 원소 할당을 포함하지 않는다. 해석 I에 추가적으로 x에 대한 D의 임의의 원소를 할당한 해석 I′을 고려하자. 해석 I′에서 가정에 의해 $A(x) \to C$가 T이고 C가 F인 경우를 고려하고 있으므로 $A(x)$는 F이다. x에 D의 임의의 원소가 할당되었을 때 $A(x)$가 F이므로 $\exists x\ A(x)$는 F이다. 따라서 C가 F이므로 →의 진리표에 의해 ⊨ $\exists x\ A(x) \to C$이다.

→∀규칙의 증명[85]

x가 C에서 자유롭지 않은 변수일 때 ⊨ $C \to A(x)$를 가정하고 ⊨ $C \to \forall x\ A(x)$를 증명해야 한다. 증명을 위하여 D가 임의의 논의 영역, 해석 I가 $C \to \forall x\ A(x)$에 나오는 모든 술어, 자유 변수 및 상수에 대한 임의의 해석이라고 하자. 해석 I에서 C는 T이거나 F이다.
해석 I에서 C가 F인 경우 →의 진리표에 의해 ⊨ $C \to \forall x\ A(x)$이다.
해석 I에서 C가 T인 경우의 증명은 다음과 같다. x가 C에서 자유롭지 않기 때문에 해석 I는 x에 대한 D의 원소 할당은 포함하지 않는다. 해석 I에 추가적으로 x에 대한 D의 임의의 원소를 할당한 해석 I′을 고려하자. 해석 I′에서 가정에 의해 $C \to A(x)$가 T이고 C가 T인 경우를 고려하고 있으므로 $A(x)$는 T이다. x에 D의 임의의 원소가 할당되었을 때 $A(x)$가 T이므로 $\forall x\ A(x)$는 T이다. 따라서 C가 T이므로 →의 진리표에 의해 ⊨ $C \to \forall x\ A(x)$이다.

∀→규칙의 증명

$\forall x\ A(x) \to A(r)$이 타당함을 보기 위해, 예를 들어 D={1, 2}라 하면 예 3.1.3-2의 첫번째 표와 같이 $A(x)$에 대한 네 가지 해석이 가능하다. $\forall x\ A(x)$는 $I_1(x)$인 경우에 T이고 그 나머지 세 경우에는 F이다. $\forall x\ A(x)$가 F인 경우에는 ⊨ $\forall x\ A(x) \to A(r)$이다. $\forall x\ A(x)$가 T인 경우에는 A(1)과 A(2) 모두가 T이어서 $\forall x\ A(x) \to A(r)$은 T이다. 따라서 ⊨ $\forall x\ A(x) \to A(r)$이다.

---

84 [Kleene 67]p.96
85 [Kleene 67]p.96

3.1.4 동치 법칙

술어 논리 논증의 증명에 사용될 수 있는 동치 법칙들로 제Ⅲ부 3장 표 3.2.1-2에 나와 있는 동치 법칙들에 추가적으로 표 3.1.4-1의 동치 법칙들이 포함된다.

표 3.1.4-1. 술어 논리의 동치 법칙들

	동치 법칙	이름
1	$\forall x \forall y\ A(x, y) \equiv \forall y \forall x\ A(x, y)$	보편양화사의 교환법칙
2	$\exists x \exists y\ A(x, y) \equiv \exists y \exists x\ A(x, y)$	존재양화사의 교환법칙
3	$\forall x\ (A(x) \land B(x)) \equiv \forall x\ A(x) \land \forall x\ B(x)$	($\forall$의 $\land$에 대한) 분배법칙 (distributivity of $\forall$ over $\land$)
4	$\exists x\ (A(x) \lor B(x)) \equiv \exists x\ A(x) \lor \exists x\ B(x)$	($\exists$의 $\lor$에 대한) 분배법칙 (distributivity of $\exists$ over $\lor$)
5	$\neg \forall x\ A(x) \equiv \exists x\ \neg A(x)$	보편부정법칙($\forall$ negation law)
6	$\neg \exists x\ A(x) \equiv \forall x\ \neg A(x)$	존재부정법칙($\exists$ negation law)

　　동치 법칙 1과 2는 보편양화사나 존재양화사가 연이어 나올 때 순서가 바뀌어도 의미가 달라지지 않는다는 것을 말하는 법칙으로 제Ⅳ부 2장 2.2절에서 그 이유를 설명하였다. 제2장 2.1절에서는 보편양화 논리식을 보편양화된 변수 대신 도메인의 각 원소가 들어간 논리식들이 연언으로 연결된 연언문으로, 존재양화된 논리식은 존재양화된 변수 대신 도메인의 각 원소가 들어간 논리식들의 선언으로 연결된 선언문으로 볼 수 있다는 것을 보았다. 이로부터 연언과 선언의 교환법칙 결합법칙에 의해 동치 법칙 3과 4가 성립됨을 알 수 있다. 동치 법칙 3은 연언문의 보편양화사를 연언지로 변환할 수 있게 해주고, 동치 법칙 4는 선언문의 존재양화사를 선언지로 변환할 수 있게 해 준다.

　　보편양화사와 존재양화사가 각각 연언과 선언에 해당되고 연언과 선언에는 드모건의 법칙이 성립되기 때문에, 동치 법칙 5와 6이 성립됨을 알 수 있다. 동치 법칙 5와 6을 보면 술어 논리 언어에서 도입한 두 개의 양화사가 반드시 모두 있어야 하는 것은 아님을 알 수 있다. 동치 법칙 5에 따르면 존재양화 논리식을 (동치 법칙의 우변에 이중부정법칙을 적용한 후)

동치인 보편양화 논리식으로 바꿀 수 있고, 동치 법칙 6에 따르면 보편양화 논리식을 (동치 법칙의 우변에 이중부정법칙을 적용한 후) 동치인 존재양화 논리식으로 바꿀 수 있기 때문이다. 따라서 $\forall x\ A(x)$를 부정하면 그 결과는 $\exists x\ \neg A(x)$와 동등하고, $\exists x\ A(x)$를 부정하면 그 결과는 $\forall x\ \neg A(x)$와 동등하다.

예 3.1.4-1.
다음 자연어 논증을 고려하자:

<u>모든 영화가 재미 있고 유익한 것은 아니다.</u>
재미없는 영화가 있거나 유익하지 않은 영화가 있다.

이 자연어 논증을 논리식 논증으로 바꾸기 위해 다음과 같이 술어 기호를 정의한다.

$P(x)$: x는 재미 있는 영화이다.
$Q(x)$: x는 유익한 영화이다.

이 정의를 이용하여 위의 자연어 논증을 번역하면 다음 논리식 논증을 얻는다.

$$\frac{\neg \forall x\ (P(x) \land Q(x))}{\exists x\ \neg P(x) \lor \exists x\ \neg Q(x)}$$

제Ⅲ부 3장 표 3.2.1-2의 동치 법칙들과 표 3.1.4-1의 동치 법칙들을 사용하여 위의 논리식 논증을 다음과 같이 증명할 수 있다.

$$\begin{aligned}
\neg \forall x\ (P(x) \land Q(x)) &\equiv \exists x\ \neg(P(x) \land Q(x)) & \text{-- 보편부정법칙} \\
&\equiv \exists x\ (\neg P(x) \lor \neg Q(x)) & \text{-- 드모건법칙} \\
&\equiv \exists x\ \neg P(x) \lor \exists x\ \neg Q(x) & \\
& & \text{-- (}\exists\text{의 } \lor \text{에 대한) 분배법칙}
\end{aligned}$$

술어 논리 동치 법칙들의 증명*

동치 법칙들의 증명은 양화사의 도입 규칙과 제거 규칙에 대한 정확한 이해를 요구하기 때문에 추론 규칙들을 사용해 보는 좋은 연습 문제들이다. 아래 각 증명에서는, 동치식의 좌변으로부터 우변을 도출할 수 있고 또한 우변으로부터 좌변을 도출할 수 있다는 것을 각각 보임으로써 동치를 증명한다.

1. 보편양화사 교환법칙의 증명86

    $\forall x \forall y\ A(x, y) \equiv \forall y \forall x\ A(x, y)$

    (=>)
    1. $\forall x \forall y\ A(x, y)$ -- 전제
    2. $\forall x \forall y\ A(x, y) \rightarrow \forall y\ A(a, y)$ -- $\forall \rightarrow$
    3. $\forall y\ A(a, y) \rightarrow A(a, b)$ -- $\forall \rightarrow$
    4. $\forall x\ \forall y\ A(x, y) \rightarrow A(a, b)$ -- TR2, 2, 3
    5. $\forall x\ \forall y\ A(x, y) \rightarrow \forall x\ A(x, b)$ -- $\rightarrow \forall$, 4
    6. $\forall x\ \forall y\ A(x, y) \rightarrow \forall y \forall x\ A(x, y)$ -- $\rightarrow \forall$, 5
    7. $\forall y \forall x\ A(x, y)$ -- MP2, 1, 6

    (<=)
    =>의 경우와 유사하다.

2. 존재양화사 교환법칙의 증명

    $\exists x \exists y\ A(x, y) \equiv \exists y \exists x\ A(x, y)$

    (=>)
    1. $\exists x \exists y\ A(x, y)$ -- 전제
    2. $\exists y\ A(a, y) \rightarrow \exists x\ \exists y\ A(x, y)$ -- $\rightarrow \exists$
    3. $A(a, b) \rightarrow \exists y\ A(a, y)$ -- $\rightarrow \exists$
    4. $A(a, b) \rightarrow \exists x\ \exists y\ A(x, y)$ -- TR2, 2, 3
    5. $\exists x\ A(x, b) \rightarrow \exists x\ \exists y\ A(x, y)$ -- $\exists \rightarrow$, 4
    6. $\exists x\ \exists y\ A(x, y) \rightarrow \exists y \exists x\ A(x, y)$ -- $\exists \rightarrow$, 5
    7. $\exists y \exists x\ A(x, y)$ -- MP2, 1, 6

    (<=)
    =>의 경우와 유사하다.

---

[86] 보편양화사의 교환법칙과 이어지는 존재양화사의 교환법칙이 성립함을 제Ⅳ부 2장 2.2절에서 이미 보였으나, 여기서는 이 법칙들이 술어논리의 추론 규칙들을 사용하여 증명될 수 있음을 보인다.

3. (∀의 ∧에 대한) 분배법칙의 증명
   ∀x (A(x) ∧ B(x)) ≡ ∀x A(x) ∧ ∀x B(x)
   (=>)
   1. ∀x (A(x) ∧ B(x))   -- 전제
   2. ∀x (A(x) ∧ B(x)) → (A(x) ∧ B(x))   -- ∀→, 1
   3. A(x) ∧ B(x)   -- MP2, 1, 2
   4. A(x)   -- CE2, 3
   5. V   -- 자유변수 x 가 없는 타당한 논리식
   6. V → A(x)   -- II2, 4
   7. V → ∀x A(x)   -- →∀, 6
   8. ∀x A(x)   -- MP2, 5, 7
   9. B(x)   -- CE2, 3
   10. V → B(x)   -- II2, 9
   11. V → ∀x B(x)   -- →∀, 10
   12. ∀x B(x)   -- MP2, 5, 11
   13. ∀x A(x) ∧ ∀x B(x)   -- CA, 8, 12

   (<=)
   1. ∀x A(x) ∧ ∀x B(x)   -- 전제
   2. ∀x A(x)   -- CE2, 1
   3. ∀x B(x)   -- CE2, 1
   4. ∀x A(x) → A(x)   -- ∀→
   5. A(x)   -- MP2, 2, 4
   6. ∀x B(x) → B(x)   -- ∀→
   7. B(x)   -- MP2, 3, 6
   8. A(x) ∧ B(x)   -- CA2, 5, 7
   9. V   -- 자유변수 x 가 없는 타당한 논리식
   10. V → (A(x) ∧ B(x))   -- II2, 8
   11. V → ∀x (A(x) ∧ B(x))   -- →∀, 10
   12. ∀x (A(x) ∧ B(x))   -- MP2, 9, 11

4. (∃의 ∨에 대한) 분배법칙의 증명
   ∃x (A(x) ∨ B(x)) ≡ ∃x A(x) ∨ ∃x B(x)
   (=>)
   1. ∃x (A(x) ∨ B(x))
   2. (A(a) ∨ B(a)) → ∃x (A(x) ∨ B(x))   -- →∃
   3. ∃x (A(x) ∨ B(x)) → (∃x A(x) ∨ ∃x B(x))   -- 아래 (<=)의 증명
   4. (A(a) ∨ B(a)) → (∃x A(x) ∨ ∃x B(x))   -- TR2, 2, 3
   5. ¬(∃x A(x) ∨ ∃x B(x)) → ¬(A(a) ∨ B(a))   -- CP2, 4
   6. ¬(A(a) ∨ B(a)) → ∃x (A(x) ∨ B(x))   -- II2, 1

7. $\neg \exists x\ (A(x) \lor B(x)) \rightarrow \neg\neg (A(a) \lor B(a))$ -- CP2, 6
8. $\neg\neg (A(a) \lor B(a)) \rightarrow (A(a) \lor B(a))$ -- AS08a
9. $\neg(\exists x\ A(x) \lor \exists x\ B(x)) \rightarrow (A(a) \lor B(a))$ -- TR2, 7, 8
10. $\neg\neg(\exists x\ A(x) \lor \exists x\ B(x))$ -- PC2, 5, 9
11. $\neg\neg(\exists x\ A(x) \lor \exists x\ B(x)) \rightarrow (\exists x\ A(x) \lor \exists x\ B(x))$ -- AS08a
12. $\exists x\ A(x) \lor \exists x\ B(x)$ -- MP2, 10, 11

(<=)
1. $\exists x\ A(x) \lor \exists x\ B(x)$
2. $A(a) \rightarrow (A(a) \lor B(a))$ -- AS05a
3. $(A(a) \lor B(a)) \rightarrow \exists x\ (A(x) \lor B(x))$ -- $\rightarrow \exists$
4. $A(a) \rightarrow \exists x\ (A(x) \lor B(x))$ -- TR2, 2, 3
5. $\exists x\ A(x) \rightarrow \exists x\ (A(x) \lor B(x))$ -- $\exists \rightarrow$, 4
6. $B(a) \rightarrow (A(a) \lor B(a))$ -- AS05a
7. $B(a) \rightarrow \exists x\ (A(x) \lor B(x))$ -- TR2, 6, 3
8. $\exists x\ B(x) \rightarrow \exists x\ (A(x) \lor B(x))$ -- $\exists \rightarrow$, 7
9. $(\exists x\ A(x) \rightarrow \exists x\ (A(x) \lor B(x)))$ -- AS06
  $\rightarrow [\{\exists x\ B(x) \rightarrow \exists x\ (A(x) \lor B(x))\}$
  $\rightarrow \{(\exists x\ A(x) \lor \exists x\ B(x)) \rightarrow \exists x\ (A(x) \lor B(x))\}]$
10. $(\exists x\ B(x) \rightarrow \exists x\ (A(x) \lor B(x)))$ -- MP2, 5, 9
  $\rightarrow \{(\exists x\ A(x) \lor \exists x\ B(x)) \rightarrow \exists x\ (A(x) \lor B(x))\}$
11. $(\exists x\ A(x) \lor \exists x\ B(x)) \rightarrow \exists x\ (A(x) \lor B(x))$ -- MP2, 8, 10
12. $\exists x\ (A(x) \lor B(x))$ -- MP2, 1, 11

5. 보편부정법칙의 증명
  $\neg \forall x\ A(x) \equiv \exists x\ \neg A(x)$
  (=>)
  1. $\neg \forall x\ A(x)$ -- 전제
  2. $\neg A(a) \rightarrow \exists x\ \neg A(x)$ -- $\rightarrow \exists$
  3. $\neg \exists x\ \neg A(x) \rightarrow \neg\neg A(a)$ -- CP2, 2
  4. $\neg\neg A(a) \rightarrow A(a)$ -- AS08a
  5. $\neg \exists x\ \neg A(x) \rightarrow A(a)$ -- TR2, 3, 4
  6. $\neg \exists x\ \neg A(x) \rightarrow \forall x\ A(x)$ -- $\rightarrow \forall$, 5
  7. $\neg \forall x\ A(x) \rightarrow \neg\neg \exists x\ \neg A(x)$ -- CP2, 6
  8. $\neg\neg \exists x\ \neg A(x) \rightarrow \exists x\ \neg A(x)$ -- AS08a
  9. $\neg \forall x\ A(x) \rightarrow \exists x\ \neg A(x)$ -- TR2, 7, 8
  10. $\exists x\ \neg A(x)$ -- MP2, 1, 9

(<=)
1. $\exists x \neg A(x)$ -- 전제
2. $\forall x\, A(x) \to A(a)$ -- $\forall \to$
3. $\neg A(a) \to \neg \forall x\, A(x)$ -- CP2, 2
4. $\exists x \neg A(x) \to \neg \forall x\, A(x)$ -- $\exists \to$
5. $\neg \forall x\, A(x)$ -- MP2, 1, 4

6. 존재부정법칙의 증명
$\neg \exists x\, A(x) \equiv \forall x \neg A(x)$
(=>)
1. $\neg \exists x\, A(x)$ -- 전제
2. $A(x) \to \exists x\, A(x)$ -- $\to \exists$
3. $\neg \exists x\, A(x) \to \neg A(x)$ -- CP2, 2
4. $\neg \exists x\, A(x) \to \forall x \neg A(x)$ -- $\to \forall$, 3
5. $\forall x \neg A(x)$ -- MP2, 1, 4

(<=)
1. $\forall x \neg A(x)$ -- 전제
2. $A(x) \to \forall x \neg A(x)$ -- II2, 1
3. $\exists x\, A(x) \to \forall x \neg A(x)$ -- $\exists \to$, 2
4. $\forall x \neg A(x) \to \neg A(x)$ -- $\forall \to$
5. $\neg\neg A(x) \to \neg \forall x \neg A(x)$ -- CP2, 4
6. $A(x) \to \neg\neg A(x)$ -- AS08b
7. $A(x) \to \neg \forall x \neg A(x)$ -- TR2, 6, 5
8. $\exists x\, A(x) \to \neg \forall x \neg A(x)$ -- $\exists \to$, 7
9. $\neg \exists x\, A(x)$ -- PC2, 3, 8

3.1.5 논증 증명의 예

이 절에서는 논증을 증명하는 예들을 보인다. 첫 번째 예는 제IV부 서두 예 1에 나오는 논증의 증명이다.

예 3.1.5-1. (논증의 증명)
다음 논증을 고려하자:

모든 사람은 죽는다.   -- 전제 1
홍길동은 사람이다.   -- 전제 2
―――――――――――――――――
홍길동은 죽는다.   -- 결론

이 자연어 논증을 논리식 논증으로 바꾸기 위한 논의 영역과 술어 기호의 정의는 다음과 같다.

논의 영역: 모든 개체들의 집합
Human(__): "__는 사람이다."
Dies(__):   "__는 죽는다."

이 정의를 이용하여 위의 자연어 논증을 번역하면 다음 논리식 논증을 얻는다.

$\forall x\ (Human(x) \rightarrow Dies(x))$ -- 전제 1
$Human(홍길동)$ -- 전제 2
―――――――――――――――――
$Dies(홍길동)$ -- 결론

이제 이 논리식 논증의 증명을 다음과 같이 시작할 수 있다.

1 | $\forall x\ (Human(x) \rightarrow Dies(x))$ -- 전제 1
2 | $Human(홍길동)$ -- 전제 2
... | ...
n | $Dies(홍길동)$

먼저 두 개의 전제는 각각 1줄과 2줄이 되고, 결론은 n줄이 된다. 그 다음에는 무엇을 해야 할까? 만일 1줄에 $\forall$-제거 규칙을 적용하면 전건이 "Human(__)"을 술어로 갖는 함의를 얻게 된다. 두 번째 전제도 또한 술어 "Human(__)"을 갖고 있으므로, 1 줄의 x 자리에 "홍길동"을 대입하면, 결론에 전건긍정을 적용할 수 있다. 따라서 마지막 열의 근거는 3 줄과 2 줄에 대한 전건긍정의 적용이다. 그러면, 3 줄은 이를 근거로 "Human(홍길동) → Dies(홍길동)"을 얻을 수 있다. 이렇게 진행된 증명의 최종적인 모습은 다음과 같다.

```
1  │ ∀x (Human(x) → Dies(x))              -- 전제 1
2  │ Human(홍길동)                          -- 전제 2
3  │ ∀x (Human(x) → Dies(x))              -- ∀→
   │  → (Human(홍길동) → Dies(홍길동))
4  │ Human(홍길동) → Dies(홍길동)            -- MP2, 1, 3
5  │ Dies(홍길동)                            -- MP2, 2, 4
```

제Ⅳ부 서두 예 2 의 논증은 제Ⅲ부와 제Ⅳ부에서 소개된 추론 규칙으로는 증명이 다소 길어지기 때문에 제Ⅴ부 3 장 예 3.3-2 에서 자연연역의 추론 규칙들을 이용하여 쉽게 증명할 수 있음을 보인다.

논증 증명의 또 다른 예로 다음 자연어 논증을 고려하자.

예 3.1.5-2. (논증의 증명)

```
가난한 사람이라고 다 행복하지 않은 것은 아니다.   -- 전제 1
행복하지만 가난한 사람이 있다.                    -- 결론
```

이 자연어 논증을 논리식 논증으로 바꾸기 위한 술어 기호들을 다음과 같이 정의한다.

논의 영역: 모든 사람들의 집합
$P(x)$: "x 는 행복하다."
$Q(x)$: "x 는 가난하다."

이 정의를 이용하여 위의 자연어 논증을 번역하면 다음 논리식 논증을 얻는다.

```
¬∀x (Q(x) → ¬P(x))        -- 전제 1
∃x (P(x) ∧ Q(x))           -- 결론
```

이제 이 논리식 논증의 증명을 다음과 같이 시작할 수 있다.

$$
\begin{array}{l|l}
1 & \neg \forall x\ (Q(x) \rightarrow \neg P(x)) \qquad \text{-- 전제 1} \\
\cdots & \cdots \\
n & \exists x\ (P(x) \wedge Q(x))
\end{array}
$$

이 논리식 논증의 전제로부터 결론을 어떻게 증명할 수 있을까? 이 논증의 경우 어떻게 결론으로부터 뒤에서부터 증명을 진행할지 자명하지 않다. 따라서 전제로부터 앞으로 나갈 수 있는지 브기로 한다. 전제에 보편부정법칙의 동치를 적용하면, 1줄로부터 증명의 2줄과 같이 $\exists x\ \neg (Q(x) \rightarrow \neg P(x))$를 도출할 수 있다. 2줄과 n줄이 모두 같은 변수 x를 가진 존재양화된 표현이므로 이것은 큰 진전을 이룬 것이다.

$$
\begin{array}{l|l}
1 & \neg \forall x\ (Q(x) \rightarrow \neg P(x)) \qquad \text{-- 전제 1} \\
2 & \exists x\ \neg (Q(x) \rightarrow \neg P(x)) \qquad \text{-- 보편부정법칙, 1} \\
\cdots & \cdots \\
n & \exists x\ (P(x) \wedge Q(x))
\end{array}
$$

이제 $\neg (Q(x) \rightarrow \neg P(x))$로부터 $P(x) \wedge Q(x)$을 도출할 수 있는지 보자. 명제 논리의 함의 규칙을 상기해 보면, 이 법칙은 $\neg (Q(x) \rightarrow \neg P(x))$로부터 $\neg (\neg Q(x) \vee \neg P(x))$를 도출할 수 있게 해 준다. 그러면 드모건법칙이 적용될 수 있고, 그 결과는 다음과 같다.

$$
\begin{array}{l|l}
1 & \neg \forall x\ (Q(x) \rightarrow \neg P(x)) \qquad \text{-- 전제 1} \\
2 & \exists x\ \neg (Q(x) \rightarrow \neg P(x)) \qquad \text{-- 보편부정법칙, 1} \\
3 & \exists x\ \neg (\neg Q(x) \vee \neg P(x)) \qquad \text{-- 함의법칙, 2} \\
4 & \exists x\ (\neg\neg Q(x) \wedge \neg\neg P(x)) \qquad \text{-- 드모건법칙, 3} \\
\cdots & \cdots \\
n & \exists x\ (P(x) \wedge Q(x))
\end{array}
$$

이제 n줄에 도달하기 위하여 이중부정 규칙이 두 번 적용되어야 한다는 것은 명백하다. 최종적으로 n줄에 대한 근거를 채워 넣고 n을 6으로 바꾸면 증명이 완료된다. 이와 같이 진행된 증명의 최종적인 모습은 다음과 같다.

제Ⅳ부 술어 논리

1	$\neg \forall x\ (Q(x) \to \neg P(x))$	-- 전제 1
2	$\exists x\ \neg (Q(x) \to \neg P(x))$	-- 보편부정법칙, 1
3	$\exists x\ \neg (\neg Q(x) \vee \neg P(x))$	-- 함의법칙, 2
4	$\exists x\ (\neg\neg Q(x) \wedge \neg\neg P(x))$	-- 드모건법칙, 3
5	$\exists x\ (Q(x) \wedge P(x))$	-- 이중부정법칙(두 번 적용), 4
6	$\exists x\ (P(x) \wedge Q(x))$	-- 교환법칙, 5

예 3.1.5-3. (논리식 논증의 증명)

다음을 증명하려 한다.

$\exists x\ T(x),\ \forall x\ (T(x) \to P(x)) \vdash \exists y\ (T(y) \wedge P(y))$

이 증명은 다음과 같이 수행될 수 있다.

1	$\exists x\ T(x)$	-- 전제 1
2	$\forall x\ (T(x) \to P(x))$	-- 전제 2
3	$T(a) \to \exists x\ T(x)$	-- $\to \exists$
4	$[\forall x\ (T(x) \to P(x)) \to (T(a) \to P(a))]$	-- $\forall \to$
5	$[\forall x\ (T(x) \to P(x)) \to (T(a) \to P(a))]$ $\to \{T(a) \to [\forall x\ (T(x) \to P(x)) \to (T(a) \to P(a))]\}$	-- AS01a
6	$T(a) \to [\forall x\ (T(x) \to P(x)) \to (T(a) \to P(a))]$	-- MP2, 4, 5
	6.1 $\forall x\ (T(x) \to P(x)) \to$ $[T(a) \to \forall x\ (T(x) \to P(x))]$	-- AS01a
	6.2 $T(a) \to \forall x\ (T(x) \to P(x))$	-- MP2, 2, 6.1
7	$T(a) \to (T(a) \to P(a))$	-- MP2, 6.2, 6
8	$T(a) \to P(a)$	-- MP2, 2, 4
	8.1 $T(a) \to (P(a) \to (T(a) \wedge P(a)))$	-- AS03
9	$T(a) \to (T(a) \wedge P(a))$	-- MP2, 3, 5
	9.1 $[(T(a) \wedge P(a)) \to \exists y\ (T(y) \wedge P(y))]$	-- $\to \exists$
	9.2 $[(T(a) \wedge P(a)) \to \exists y\ (T(y) \wedge P(y))]$ $\to \{T(a) \to [(T(a) \wedge P(a)) \to \exists y\ (T(y) \wedge P(y))]\}$	-- 타당한 논리식
10	$T(a) \to [(T(a) \wedge P(a)) \to \exists y\ (T(y) \wedge P(y))]$	-- MP2, 9.1, 9.2
11	$T(a) \to \exists y\ (T(y) \wedge P(y))$	-- MP2, 9, 10
12	$\exists x\ T(x) \to \exists y\ (T(y) \wedge P(y))$	-- $\exists \to$, 11
13	$\exists y\ (T(y) \wedge P(y))$	-- MP2, 1, 12

위의 증명에서 볼 수 있는 바와 같이 MP2 이라는 파생 추론 규칙을 이용했는데도 불구하고, 증명의 단계가 많고 복잡하다. 이는 우리가 추리하는 단위의 크기보다 추론 규칙의 단위의 크기가 작기 때문이다. 제Ⅴ부에서는 제Ⅳ부에서 소개한 추론 체계보다 우리가 일상적으로 추리하는 단위에 더 근접한 추론 규칙들로 이루어진 추론 체계인 자연연역을 소개한다.

3.2 모델 구축에 의한 논증의 반박[87]

제Ⅰ부 5 장에서 논의하였듯이, 모델 구축을 통해 논증을 반박하기 위해서는 논증의 전제들은 참이지만 결론은 거짓인 모델을 구축해야 한다.

3.2.1 모델의 구축

논증의 반박을 위한 모델 구축 절차는 그림 3.2.1-1 과 같다.

모델의 구성 요소
(1) 논의 영역 U 를 자연수 0 으로부터 시작하여 한 개 이상의 자연수로 이루어진 유한집합으로 정의한다.
(2) 논증에 나오는 각 술어 기호에 대하여 논의 영역의 부분집합[88]을 할당한다.
(3) 논증에 상수가 존재하면, 서로 다른 상수에 서로 다른 자연수를 할당한다.

모델 구축 절차
단계 1) 원소의 개수가 1 개인 논의 영역에 대해 논증의 전제들을 참으로 만들고 결론을 거짓으로 만드는 모델을 찾는다. 그런 모델이 발견되면 절차를 종료하고 발견되지 않으면 단계 2 를 수행한다.
단계 2) 논의 영역의 원소의 개수를 하나 늘려 논증의 전제들을 참으로 만들고 결론을 거짓으로 만드는 모델을 찾는다. 모델이 발견되면 절차를 종료하고, 모델이 발견되지 않으면 모델이 발견될 때까지 단계 2 를 반복한다.

그림 3.2.1-1. 모델 구축 절차

---

[87] 이 절의 내용은 [Kalish 80]pp.177~180 을 참고하였다.
[88] 이를 해당 술어의 외연(extension)이라고 부른다.

알고리즘(algorithm)은 단계를 하나씩 따라가면 올바른 결과가 나오는 절차를 말한다. 따라서 알고리즘의 바람직한 성질로 (1) 항상 종료하며, (2) 종료 시에 올바른 답을 주는 것이다. 그림 3.2.1-1 의 모델 구축 절차는 하나의 알고리즘이고, 그러면 이 알고리즘이 우리가 원하는 성질을 갖는지 물을 수 있다. 우선 이 절차가 논의 영역의 원소의 개수가 1 인 경우부터 원소의 개수를 하나씩 늘려가며 모델을 찾아가도록 설계되어 있다는 데 주목하자. 논의 영역의 원소의 개수가 유한한 모델을 *유한 모델*(finite model)이라고 하고 무한한 모델을 *무한 모델*(infinite model)이라고 한다. 그림 3.2.1-1 의 모델 구축 절차는 유한 모델이 존재하는 경우에만 모델을 찾을 수 있는 절차이다. 유한 모델이 존재할 경우에는 술어들을 정의하는 경우의 수가 유한하기 때문에 이 절차를 따라 구축한 모델이 올바른 모델인지 올바르지 않은 모델인지 항상 판단할 수 있다. 그러나 해당 논증의 모든 전제들을 참으로 만들고 결론을 거짓으로 만드는 유한 모델은 존재하지 않고 오직 무한 모델만 존재한다면 이 절차는 종료되지 않는다. 논증이 타당하여 아예 모델이 존재하지 않는 경우에도 위 절차는 종료하지 않는다.

다음은 그림 3.2.1-1 의 모델 구축 절차를 따라 구축한 모델의 예를 보인다.

예 3.2.1-1. (모델 구축의 예)
다음 논증을 고려하자.

$$\frac{\forall x \exists y \ (P(x) \leftrightarrow \neg P(y))}{\exists x \ (P(x) \leftrightarrow \neg P(x))} \quad \text{-- 전제} \\ \text{-- 결론}$$

이 논증에 대하여 그림 3.2.1-1 의 모델 구축 절차를 적용하면 다음의 모델을 얻을 수 있다:

모델: $U = \{0, 1\}$, $P = \{0\}$

이 모델에서는 $P(0) \equiv T$, $P(1) \equiv F$ 가 되어 이 모델을 위의 논증의 반박에 사용할 수 있는데 위의 논증의 반박은 예 3.2.2-1 에서 수행한다.

3.2.2 논증의 반박

이 절에서는 논증의 전제가 참이고 결론이 거짓인 모델을 제시하여 논증을 반박하는 예를 보인다.

예 3.2.2-1. (논증의 반박)
예 3.2.1-1 의 모델은 경우 $P(0) \equiv \mathsf{T}$, $P(1) \equiv \mathsf{F}$ 가 되어 예 3.2.1-1 의 논증의 전제는 다음과 같이 참이 된다.

$\forall x \exists y \ (P(x) \leftrightarrow \neg P(y))$
$\equiv \exists y \ (P(0) \leftrightarrow \neg P(y)) \land \exists y \ (P(1) \leftrightarrow \neg P(y))$
$\equiv \{(P(0) \leftrightarrow \neg P(0)) \lor (P(0) \leftrightarrow \neg P(1))\} \land$
$\quad \{(P(1) \leftrightarrow \neg P(0)) \lor (P(1) \leftrightarrow \neg P(1))\}$
$\equiv \{(\mathsf{T} \leftrightarrow \neg \mathsf{T}) \lor (\mathsf{T} \leftrightarrow \neg \mathsf{F})\} \land \{(\mathsf{F} \leftrightarrow \neg \mathsf{T}) \lor (\mathsf{F} \leftrightarrow \neg \mathsf{F})\}$
$\equiv \{\mathsf{F} \lor \mathsf{T}\} \land \{\mathsf{T} \lor \mathsf{F}\}$
$\equiv \mathsf{T} \land \mathsf{T}$
$\equiv \mathsf{T}$

반면, 예 3.2.1-1 의 논증의 결론은 다음과 같이 거짓이 된다.

$\exists x \ (P(x) \leftrightarrow \neg P(x))$
$\equiv (P(0) \leftrightarrow \neg P(0)) \lor (P(1) \leftrightarrow \neg P(1))$
$\equiv (\mathsf{T} \leftrightarrow \neg \mathsf{T}) \lor (\mathsf{F} \leftrightarrow \neg \mathsf{F})$
$\equiv \mathsf{F} \lor \mathsf{F}$
$\equiv \mathsf{F}$

따라서 예 3.2.1-1 의 논증은 부당하다.

예 3.2.1-1 의 논증의 부당성은 논의 영역의 원소가 1 개인 모델로는 증명될 수 없다. 왜냐하면 그 경우 가능한 모델은 U = {아}일 때 P = {아}이거나 P = { }이지만, P = ·아인 경우에는

$$\forall x \exists y \ (P(x) \leftrightarrow \neg P(y))$$
$$\equiv \exists y \ (P(0) \leftrightarrow \neg P(y)))$$
$$\equiv (P(0) \leftrightarrow \neg P(0))$$
$$\equiv (T \leftrightarrow \neg T)$$
$$\equiv F$$

이고, P={ }인 경우에는

$$\forall x \exists y \ (P(x) \leftrightarrow \neg P(y))$$
$$\equiv \exists y \ (P(0) \leftrightarrow \neg P(y)))$$
$$\equiv (P(0) \leftrightarrow \neg P(0))$$
$$\equiv (F \leftrightarrow \neg F)$$
$$\equiv F$$

가 되어, 전제가 참이 되는 경우가 없기 때문이다.

예 3.2.2-1의 논증의 반박을 위하여는 조금 더 복잡한 모델의 구축이 필요했다. 예 3.2.2-2는 논의 영역의 원소의 개수가 2개 이상이 되야 논증을 반박할 수 있는 모델이 구축되는 또 하나의 예를 보여준다.

예 3.2.2-2. (논증의 반박)
다음의 논증을 고려하자.

$$\frac{\forall y \exists x \ P(x, y)}{\exists x \forall y \ P(x, y)} \quad \text{-- 전제} \\ \text{-- 결론}$$

P가 이항 술어이기 때문에 모델의 P를 정확히 정의하기 위해 다음과 같이 P(x, y)를 정의하는 표를 구축하자.

x	y	P(x, y)
0	0	T
0	1	F
1	0	F
1	1	T

그러면 모델은 다음과 같이 정의된다:

모델: U: {0, 1}, P: {(0, 0), (1, 1)}

이제 이 모델에 대하여 전제는

$\forall y \exists x\ P(x, y)$
  $\equiv \exists x\ P(x, 0) \land \exists x\ P(x, 1)$
  $\equiv \{P(0, 0) \lor P(1, 0)\} \land \{P(0, 1) \lor P(1, 1)\}$
  $\equiv \{T \lor F\} \land \{F \lor T\}$
  $\equiv T \land T$
  $\equiv T$

이 되고, 결론은

$\exists x \forall y\ P(x, y)$
  $\equiv \forall y\ P(0, y) \lor \forall y\ P(1, y)$
  $\equiv (P(0, 0) \land P(0, 1)) \lor (P(1, 0) \land P(1, 1))$
  $\equiv (T \land F) \lor (F \land T)$
  $\equiv F \lor F$
  $\equiv F$

이 되어, 위 논증의 부당함이 증명되었다.

모델을 구축할 때 불필요하게 큰 모델을 구축하면 모델의 구축이 어려울 뿐 아니라 그 모델에서 논리식이 참인지 거짓인지 판단하는 작업도 어려워진다. 따라서 최소 크기의 모델을 구축하고 노력해야 한다. 다음 정리는 모델 구축에 필요한 원소의 개수에 대한 상한선을 제시한다.

> **정리 3.2.2-1. (모델에 필요한 원소의 수)**
> n 개의 서로 다른 술어 기호를 가진 논증이 부당한 경우, 전제들을 참으로 만들고 결론을 거짓으로 만드는 모델은 최대 2^n 개의 원소를 가진다.[89]

---

89 [Kalish 80]p.180

연습문제

문법

1. 다음의 술어 정의를 가정하자.

   N(x): "x 는 자연수이다."

   아래 논리식에서 밑줄 그은 x 와 y 의 등장들 중 어느 것이 "자유 변수"이고 어느 것이 "결합 변수"인가? (힌트: 하나의 논리식에서 변수가 동시에 "자유 변수"이고 "결합 변수"일 수도 있다.)
   (a) $\exists y\ (N(x) \to \underline{y} > 2) \land \forall x\ (N(x) \to \underline{x} + 1 > \underline{x})$
   (b) $\underline{x} = 2 * \underline{y}$
   (c) $\exists y\ (N(y) \to \underline{y} > 2) \land \forall x\ (N(x) \to \underline{x} > \underline{y})$
   (d) $\forall x\ (N(x) \to \exists y\ (N(y) \to \underline{y} > \underline{x}) \land \underline{x} = 2 * \underline{y})$

2. 논의 영역이 모든 펭귄들의 집합이고 D(x)가 "x 는 위험하다."라는 술어라고 할 때, 다음 논리식을 자연어로 옮기시오.
   (a) $\forall x\ D(x)$
   (b) $\exists x\ D(x)$
   (c) $\neg \exists x\ D(x)$
   (d) $\exists x\ \neg D(x)$

3. 논의 영역이 모든 동물들의 집합일 때, 다음과 같이 술어 기호를 정의하자.

   L(x): "x 는 사자이다."
   F(x): "x 는 솜털이 있다."

   위의 술어 기호를 사용하여 다음 명제들을 술어 논리의 논리식으로 번역하시오.
   (a) 모든 사자는 솜털이 있다.
   (b) 어떤 사자들은 솜털이 있다.

4. 다음 술어의 변수들의 논의 영역은 1 보다 큰 모든 자연수이다.

   P(x): "x 는 소수이다."
   Q(x, y): "x 는 y 를 나눈다." 즉 "y 는 x 로 나누어 떨어진다."

   다음 명제를 고려하자.

   "소수가 아닌 모든 x 는 x 를 나누는 소수 y 가 존재한다."

   (a) 위의 명제를 술어 논리의 논리식으로 옮기시오.
   (b) (a)의 논리식을 부정하시오.
   (c) (b)의 부정된 논리식을 자연어로 옮기시오.

5. P 가 T 의 요소들에 대한 술어라고 하자. T 의 두 요소에 대하여 그들이 동일한지를 판별할 수 있고 그 여부를 "="를 사용하여 표현하기로 한다. 다음 문장들을 논리식으로 옮기시오.
   (a) P 를 충족시키는 요소가 T 에 정확히 하나 들어 있다.
   (b) P 를 충족시키는 요소가 T 에 정확히 두 개 들어 있다.

6. 다음과 같이 상수와 술어를 정의하자.

   H: 홈즈(셜록 홈즈)
   M: 모리아티
   C(x, y): "x 가 y 를 잡을 수 있다."

   다음을 논리식으로 표현하시오.
   (a) "홈즈는 모리아티가 잡을 수 있는 사람은 다 잡을 수 있다."
   (b) "누군가가 모리아티를 잡을 수 있으면 홈즈도 잡을 수 있다."
   (c) "홈즈를 잡을 수 있는 사람은 모리아티를 잡을 수 있다."
   (d) "누구나 모리아티를 잡을 수 없는 사람을 잡을 수 있다."

7. (a) 논의 영역이 실수들의 집합일 때, 다음 명제를 술어 논리의 논리식으로 옮기시오.

   "만일 x가 유리수이고 y가 무리수이면, x + y는 무리수이다."

   (b) (a)의 답의 논리식을 부정한 뒤 자연어로 번역하시오.

8. 다음 술어의 변수들의 논의 영역이 전부 정수라고 하자.

   $N(x)$: $x \neq 0$
   $P(x, y)$: $xy = 1$

   (a) 다음 명제를 술어 논리의 논리식으로 번역하시오.

   "모든 정수 x에 대하여, $x \neq 0$이면 $xy = 1$인 정수 y가 존재한다."

   (b) (a)의 논리식을 부정하여 적은뒤 ∧ 연산자를 사용하여 답을 간단히 만드시오.
   (c) (b)에 대한 답을 자연어로 번역하시오.
   (d) (a)와 (b) 중 어느 쪽이 정수 논의 영역에서 참인지 설명하시오.

9. 우표수집가가 아프리카의 각 나라별로 정확히 하나의 우표를 수집하려고 한다. 변수 s의 논의 영역이 모든 우표들이고, 변수 c의 논의 영역이 모든 아프리카 국가들일 때

   $I(s)$:   "우표 s는 우표수집가가 수집한 우표이다."
   $F(s, c)$: "우표 s는 c 국가가 발행하였다."

   라고 하고, 위의 우표수집가의 의도를 논리식으로 표현하시오.

10. $Q(x, y)$가 "$x + y = x - y$"를 나타낸다. 만일 x와 y의 논의 영역이 모든 정수이면, 다음 논리식의 진리값은 무엇인가? 그 이유를 설명하시오.
    (a) $\forall x \exists y \ Q(x, y)$
    (b) $\exists y \forall x \ Q(x, y)$
    (c) $\forall y \exists x \ Q(x, y)$

11. 아래의 등식 혹은 부등식에 나오는 변수들은 논의 영역이 모든 실수의 집합이다. 다음 각 논리식이 참인지 거짓인지 답하시오.
    (a) $\forall x \ (x^2 > x)$
    (b) $\exists x \ (x^2 - 2 = 1)$
    (c) $\exists x \ (x^2 + 2 = 1)$
    (d) $\forall x \exists y \ (x^2 + y = 4)$
    (e) $\exists y \forall x \ (x^2 + y = 4)$

12. 다음 논리식에 나오는 모든 변수들의 논의 영역이 양의 정수이고, $P(m, n)$이 "m은 n을 나눈다." (즉, "n은 m으로 나누어 떨어진다.")를 나타낸다고 하자. 다음 각 논리식이 참인지 거짓인지 말하시오.
    (a) $P(4, 5)$
    (b) $P(2, 4)$
    (c) $\forall m \forall n \ P(m, n)$
    (d) $\exists m \forall n \ P(m, n)$
    (e) $\exists n \ \forall m \ P(m, n)$
    (f) $\forall n \ P(1, n)$

13. 술어들을 다음과 같이 정의하자.

    > $T(x, y, z)$: "학생 x는 z 학과의 y 과목을 수강한다."
    > $P(x, y)$: "x는 y의 생물학적 부모이다."

    위의 술어 기호들을 사용해서 다음 문장을 논리식으로 옮기시오:
    (a) "이 반의 모든 학생은 모든 학과의 과목을 적어도 하나 수강한다."
    (b) "모든 사람은 정확히 두 명의 생물학적 부모를 가진다."

14. 다음 논리식에 나오는 변수들의 논의 영역이 정수의 집합일때, 이 논리식이 참인지 거짓인지 말하시오.
    (a) $\forall x \exists y \ (x \times y = 0)$
    (b) $\exists y \forall x \ (x \times y = 1)$
    (c) $\exists y \forall x \ (x \times y = x)$

15. 아래 술어에 나오는 변수 x, y, z의 논의 영역은 정수의 집합이다.

    E(x, y): "x=y"
    G(x, y): "x > y"

    다음 문장을 논리식으로 번역하시오.
    (a) x < z 는 "x < y 이고 y < z"이기 위한 필요 조건이다.
    (b) "x ≤ y 이고 y ≤ x"은 y=x 을 위한 충분 조건이다.
    (c) 만일 x < y 이면 z < 0 인 어떤 z 에 대하여 xz > yz 이다.
    (d) 모든 y 와 z 에 대하여 xy=xz 인 x 가 존재한다.

16. 다음 술어의 변수들의 논의 영역은 모든 수의 집합이다.

    P(x, y): "x 는 y 보다 크다."

    (a) 다음 문장을 위의 술어를 사용하여 논리식으로 옮기시오.

    "모든 수에는 그 보다 더 큰 수가 있다."

    (b) (a)의 답을 부정한 뒤 "¬"의 범위안에 양화사나 연산자가 들어 있지 않도록 단순화하시오.
    (c) (b)의 답을 변수가 들어가지 않은 자연어 문장으로 번역하시오.

17. 다음 술어의 변수의 논의 영역은 모든 식물들의 집합이다.

    P(x): "x 는 독이 있다."
    Q(x): "길동은 x 를 먹었다."

    다음 문장을 술어 논리의 논리식으로 번역하시오.
    (a) 어떤 식물은 독이 있다.
    (b) 길동은 독이 있는 식물을 먹지 않았다.
    (c) 길동이 먹지 않은 독이 있는 식물이 있다.

의미론

1. 다음 논증이 타당한지 답하시오.
   (a) $\forall x \forall y\ P(x, y) \models \forall y \forall x\ P(x, y)$
   (b) $\exists x \exists y\ P(x, y) \models \exists y \exists x\ P(x, y)$

2. (a) ∃x 양화사가 ∧ 연결사에 대해 분배적이지 않음을 보이시오. (힌트: 다음 두 논리식의 변수의 논의 영역과 두 개의 술어 P, Q 의 해석을 제시하여, 그 해석에서 두 논리식의 진리값이 다르다는 것을 보이시오.)

   $\exists x\ (P(x) \wedge Q(x))$ 와 $\exists x\ P(x) \wedge \exists x\ Q(x)$

   (b) 그러나 ∃x 양화사는 ∨ 에 대하여는 분배적이다. 즉

   $\exists x\ (P(x) \vee Q(x))$ 와 $\exists x\ P(x) \vee \exists x\ Q(x)$

   는 동치이다. (a)의 답에서 제시한 해석에서 위의 두 논리식이 모두 참이라는 것을 보이시오.[90]

3. 다음 술어들에 나오는 변수들의 논의 영역이 한국증권시장에서 일하는 증권중개인들이고,

   P(x, y): "x 는 y 보다 돈을 더 번다."
   Q(x, y): "x ≠ y."

   이라고 하자. (a)와 (b)를 자연어로 번역하시오. (직역을 피하고 의역을 하시오.)
   (a) $\forall x \exists y\ P(x, y)$
   (b) $\exists x \forall y\ (Q(x, y) \rightarrow P(x, y))$
   (c) (a)와 (b) 중 어느 명제가 거짓인가? 그 이유를 설명하시오.

---

[90] 위의 두 논리식이 하나의 해석에서 모두 참이라고 하여 두 논리식이 동치임이 증명되는 것은 물론 아니다.

4. 아래의 문장을 다음 술어들을 사용하여 논리식으로 번역하시오. (힌트: 이 문제에 답하기 위해 등식을 나타내는 이항 술어 "___=___"를 사용할 수 있다.)

> A(x): x 는 동물이다.
> G(x): x 는 초록색이다.
> E(x): x 는 코끼리이다.
> N(x, y): x 의 이름은 y 이다.

(a) 어떤 코끼리는 초록색이다.
(b) 모든 코끼리는 초록색이다.
(c) 만일 어떤 동물이 초록색이면 그것은 코끼리이다.
(d) 어떤 초록색 동물도 코끼리가 아니다.
(e) 초록색 코끼리는 단 하나 존재하고 그 이름은 제임스이다.

술어 논리에서의 논증의 증명과 반박

1. 다음 술어에 나오는 변수들의 논의 영역은 모든 삼각형의 집합이다.

> R(x): "x 는 직각 삼각형이다."
> B(x): "x 는 둔각을 갖고 있다."

다음은 위의 술어들을 사용하는 논리식이다.

> S1: $\neg \exists x \, (R(x) \land B(x))$
> S2: $\forall x \, (R(x) \rightarrow \neg B(x))$

(a) S1 과 S2 가 동치임을 증명하시오.
(b) S1 을 자연어로 옮기시오.
(c) S2 를 자연어로 옮기시오.

2. 다음 논증을 증명하시오.

> 세상의 모든 것을 돈으로 살 수 있는 것은 아니다.
> 세상에는 돈으로 살 수 없는 것이 있다.

3. 논증에 P(x, y)와 Q(x, y)의 두 개의 술어만이 나온다고 하자. 변수 x, y의 논의 영역이 {1, 2}라고 하면, 구축 가능한 모델의 개수는 전부 몇 개인가?

4. 다음 명제들이 참인지 거짓인지 말하시오. 거짓인 경우에는 반례를 만드는 P와 Q에 대한 해석을 제시하시오.
   (a) $\forall x\ (P(x) \rightarrow Q(x)) \rightarrow (\forall x\ P(x) \rightarrow \forall x\ Q(x))$
   (b) $(\forall x\ P(x) \rightarrow \forall x\ Q(x)) \rightarrow \forall x\ (P(x) \rightarrow Q(x))$

5. 논증식 논증

   $$\frac{F(a) \leftrightarrow G(a)}{\exists x\ (F(x) \leftrightarrow G(x))}$$

   에서, x는 논의 영역을 U로 갖는 변수이고 a는 U의 하나의 원소를 나타내는 상수이다.
   (a) 위의 논증은 타당한가? ("예" 또는 "아니오"로 답하시오.)
   (b) 위의 (a)에 대한 답이 "예"이면, 위 논증을 증명하시오. (a)에 대한 답이 "아니오"이면, 위 논증이 타당하지 않음을 보이는 모델을 제시하시오.

6. 다음 논증이 타당하지 않음을 보이시오.

   $$\frac{\forall x\ (P(x) \lor Q(x))}{\forall x\ P(x) \lor \forall x\ Q(x)}$$

7. (a) 다음 논리식들을 자연어로 옮기시오.

    $$\forall x \exists y\ P(x, y) \quad --(F1)$$
    $$\exists y \forall x\ P(x, y) \quad --(F2)$$

   (b) 다음 논증은 타당한가? 타당하면 논증의 타당성을 증명하고, 타당하지 않으면 논증이 타당하지 않음을 보이는 반례를 제시하시오.

    $$\frac{\exists x \forall y\ P(x, y)}{\forall y \exists x\ P(x, y)}$$

8. 다음은 논증을 증명하려는 시도이다. 이 시도의 문제점을 찾아 어떤 잘못이 있는지 설명하시오.

    $$\forall x\ (P(x) \vee Q(x))$$
    $$\equiv \neg\ \exists x\ \neg (P(x) \vee Q(x))$$
    $$\equiv \neg\ \exists x\ (\neg P(x) \wedge \neg Q(x))$$
    $$\equiv \neg\ (\exists x\ \neg P(x) \wedge \exists x\ \neg Q(x))$$
    $$\equiv (\neg \exists x\ \neg P(x) \vee \neg \exists x\ \neg Q(x))$$
    $$\equiv \forall x\ P(x) \vee \forall x\ Q(x)$$

9. (a) 논의 영역이 {1, 2}라고 하자.
       다음 명제가 참이 아님을 보이는 반례를 제시하시오.

    $$\exists x\ (P(x) \rightarrow Q(x)) \rightarrow (\exists x\ P(x) \rightarrow \exists x\ Q(x))$$

   (b) 논의 영역이 {1}이라고 하자. 위의 논리식을 거짓으로 만드는 모델이 존재하는가? "예" 또는 "아니오"로 답하시오.
   (c) (b)의 답이 "예"이면, 반례를 보이시오. 그렇지 않으면 왜 그런 모델이 존재하지 않는지 설명하시오.

10. 다음과 같이 술어 기호를 정의하자.

> L(x): "x 는 사자이다."
> F(x): "x 는 무섭다."
> D(x): "x 는 커피를 마신다."

(a) 위의 술어들을 사용하여 다음 논증을 논리식 논증으로 번역하시오.

> 모든 사자들은 무섭다.
> 어떤 사자들은 커피를 마시지 않는다.
> 따라서 커피를 마시는 어떤 동물들은 무섭지 않다.

(b) 위 논증이 타당하다면 논증을 증명하시오. 논증이 타당하지 않으면, 반례가 되는 모델을 제시하시오.

제 V 부 자연연역

> "모든 위대한 과학의 성취는 연역적 결과를 도출하는 출발점이 되는 직관적 지식, 즉 공리들에서 시작한다. …직관은 그러한 공리들을 발견하기 위한 필요조건이다."
>
> — 알버트 아인슈타인[91]

제Ⅲ부와 제Ⅳ부에서는 각각 명제 논리 언어와 술어 논리 언어, 그리고 이들 언어로 적용가능한 논증의 증명과 반박의 기본적인 방법을 소개하였다. 그러나 제Ⅲ부와 제Ⅳ부에서 소개된 방법 외에도, 논증을 증명하고 반박하는 강력한 방법들이 있다. 제Ⅴ부에서는 그런 추론 도구로서 자연연역을 소개한다.

    술어 논리를 위한 여러 추론 체계[92]가 존재한다. 이 장에서는 겐첸[93]과 야스코우스키[94]에 의해 발견된 *자연연역*(Natural Deduction: $\mathcal{ND}$)으로 불리는 추론 체계를 소개한다. 이 추론 체계가 자연연역으로 불리는 이유는 대부분의 추론 규칙들이 일상적인 추론에서 우리가 사용하는 규칙들과 일치하기 때문이다.

---

91 Albert Einstein(1879~1955)
92 제Ⅲ부 3장 3.2절과 제Ⅳ부 3장 3.1절 참조.
93 Gerhard Gentzen(1909~1945)
94 Stanislaw Jáskowski(1906~1965)

제 1 장 논리의 정형화

제Ⅲ부와 제Ⅳ부에서 명제 논리와 술어 논리를 공부할 때 우리는 이미 정형 논리 체계들을 공부한 것이다. 그러나 우리는 이들을 다소 "비정형적인" 방식으로 공부하였다. 즉, 논증을 논리식을 사용하여 나타내고 이를 증명하거나 반박하며 여러 기호를 사용하여 적용한 논리 체계가 "기호적"이기는 했으나, 의미론적 추론 규칙들을 사용하고 모델을 구축하였기 때문에 이들은 완전히 정형화된 논리 체계가 아니었다. 논리 체계가 완전히 정형화되기 위해서는 술어 논리의 논리식을 표현하는 언어와 추론 규칙들이 정형적으로 정의되어야 한다. 이 장에서는 완전히 정형화된 술어 논리 체계로서 자연연역을 소개한다.

1.1 문법적으로 올바른 논리식

정형적 추론 체계의 정의를 위해서는 논리식의 문법을 정확히 정의해야 한다. 이를 위해 먼저 원자식을 정의한다. 우리는 제Ⅳ부 1 장 1.5 절에서 항의 엄밀한 정의를 내렸다. 명제 기호 또는 일련의 항에 술어 기호를 붙여서 만든 표현을 *원자식*(atom)이라고 부른다.

예 1.1-2. (원자식)
t, t1, t2, …가 항이면 P, Q, R, …, P(t), P(t1, t2), …, Q(t), Q(t1, t2), …는 원자식이다.

정형 언어의 문법적으로 올바른 논리식을 *문법적으로 올바른 논리식*(well-formed formula) 또는 줄여서 그 언어의 *wff*라고 한다. wff 는 추론 속에서 어떤 주장을 하는 표현에 해당된다. 술어 논리 언어의 wff 의 집합은 정의 1.1-2와 같다.

> **정의 1.1-2. (술어 논리의 wff)**
> 1) 원자식은 wff 이다.
> 2) α 와 β 가 wff 이면 $(\neg \alpha)$, $(\alpha \wedge \beta)$, $(\alpha \vee \beta)$, $(\alpha \rightarrow \beta)$ 도 wff 이다.
> 3) x 가 변수이고 α 가 wff 이면 $\forall x\ \alpha$ 와 $\exists x\ \alpha$ 도 wff 이다.

위의 wff 의 정의에 따르면 $(\alpha \leftrightarrow \beta)$는 wff 가 아니다. 그러나 $(\alpha \leftrightarrow \beta)$는 $(\alpha \rightarrow \beta) \wedge (\beta \rightarrow \alpha)$와 동치이므로 항상 wff 로 표현할 수 있다. 제Ⅲ부에서는 명제 논리 언어의 표현력을 높이기 위해 연결사로 $\leftrightarrow$를 포함하였으나, 제Ⅴ부에서는 필요한 추론 규칙의 개수를 줄이기 위해 $\leftrightarrow$를 기본적인 연결사에 포함하지 않는다.

1.2 정형적 증명

제Ⅲ부와 제Ⅳ부에서는 논증의 타당성을 보이기 위해 타당한 추론 규칙들을 사용해 논증을 증명했다. *정형적 추론 규칙*(formal inference rule)은 추론 규칙이 문법적으로 엄밀히 정의되어 있어, 해당 추론 규칙을 적용할 때 정의된 문법에 맞게 엄밀히 적용해야 하는 추론 규칙을 말한다. 증명을 수행할 때 특정한 추론 체계의 정형적 추론 규칙만을 사용하는 증명을 *정형적 증명*(formal proof)이라고 하고, 미리 정해진 정형적 추론 규칙들에 제한되지 않고 모든 타당한 추론 규칙의 사용이 허용되는 증명을 *의미론적 증명*(semantic proof)이라고 한다. 따라서 제Ⅲ부와 제Ⅳ부에 나오는 증명들은 의미론적 증명들이었다. 이 절에서는 정형적 증명에 대해 알아본다.

제 2 장 2.1 절과 제 3 장 3.1 절에서 소개될 자연연역 **ND** 의 추론 규칙만을 사용하여 논리식 $P_1, \cdots, P_n$ 으로부터 논리식 C 가 *증명가능*(provable)하면, 이를

$$P_1, \cdots, P_n \vdash_{\mathcal{ND}} C$$

로 나타낸다. "$\vdash_{\mathcal{ND}}$"는 증명가능성을 나타내며 엄밀한 정의는 다음과 같다.

> **정의 1.2-1. (자연연역에 의한 증명가능성 $\vdash_{nD}$)**
> (1) D가 전제 중 하나이면 D는 증명가능하다.
> (2) E가 증명가능하고, D가 E로부터의 자연연역의 추론 규칙의 적용 결과이면 D는 증명가능하다.
> (3) E와 F가 증명가능하고, D가 E와 F로부터의 자연연역의 추론 규칙의 적용 결과이면 D는 증명가능하다.

이 정의에 따르면 정형체계에서의 증명가능성은 전제인 논리식들 P_1, $\cdots$, P_n으로부터 결론인 논리식 C를 최종적인 논리식으로 갖는 일련의 증명가능한 논리식들과 보조 연역들이 존재함을 뜻한다. 이때 일련의 논리식들 혹은 보조 연역들을 P_1, $\cdots$, P_n으로부터 C의 *정형적 증명*(formal proof)이라고 한다.[95]

정형적 증명의 작성 방법은 모든 타당한 추론 규칙을 사용할 수 있는 것이 아니라 정형체계의 정형적 추론 규칙들만을 사용할 수 있다는 점을 제외하고는 의미론적 증명의 작성 방법과 동일하다. 다음은 정형적 증명의 기본적 형태를 도식적으로 보여준다.[96]

```
1       | P₁                   -- 전제 1
...     | ...                  ...
n       | Pₙ                   -- 전제 n
n+1     | D₁                   -- 도출 근거 1
...     | ...                  ...
n+m     | Dₘ                   -- 도출 근거 m
n+m+1   | C                    -- 도출 근거 m+1
```

D_i는 $1 \leq i \leq m$, 제Ⅲ부 3장 3.2.2절에서 설명한 바와 같이 하나의 논리식 또는 정형적 증명인 하나의 보조 연역이다.

---

[95] 논리식 P_1, $\cdots$, P_n로부터 논리식 C를 도출할 때, 제Ⅲ부 3장 정의 3.2.2-1에서와 같이 타당한 추론 규칙들을 전부 적용하는 경우나 혹은 문맥으로부터 적용되는 추론체계가 자명한 경우에는 추론 체계를 명시하지 않고 P_1, $\cdots$, $P_n \vdash C$로 적는다.
[96] 우리는 정형적 증명의 형식을 이미 제Ⅲ부 3장 3.2.2절에서부터 도입하여 사용해 왔다. 제Ⅴ부에서의 자연연역에 대한 논의가 완결성을 갖도록 같은 도식을 여기에 다시 보인다.

제 2 장 명제 논리에서의 논증의 증명

2.1 추론 규칙들

자연연역의 명제 논리를 위한 추론 규칙들이 표 2.1-1 에 나와 있다. 자연연역의 각 추론 규칙들은 제Ⅲ부 3 장 표 3.2.3-1 에서와 마찬가지로, 추론의 전제들을 수평선 위에 적고 결론을 수평선 밑에 적는다. 명제 논리의 추론 규칙은 ¬, ∧, ∨과 → 각각에 대해 한 쌍씩 전부 8 개이다. 이들 각 연결사에 대한 한 쌍의 추론 규칙은 그 연결사의 도입 규칙과 제거 규칙이다. 이들 중 ∨-제거 규칙, →-도입 규칙, ¬-도입 규칙을 제외한 나머지 규칙들은 이미 제Ⅲ부 3 장 표 3.2.3-1 에 나왔던 규칙들이다. 표 2.1-1 에 새로이 나온 이 세 추론 규칙에의 전제로 "$\Sigma, A \vdash B$"가 나오는데, 이는 "Σ와 A로부터의 B의 증명이 존재한다."는 것을 나타낸다.

표 2.1-1. 자연연역의 명제 논리를 위한 추론 규칙들[97]

1. ∧-도입 규칙	2. ∧-제거 규칙	
$\dfrac{A,\ B}{A \wedge B}$	$\dfrac{A \wedge B}{A}$	$\dfrac{A \wedge B}{B}$
3. ∨-도입 규칙	4. ∨-제거 규칙	
$\dfrac{A}{A \vee B}$ $\dfrac{B}{A \vee B}$	$\dfrac{\Sigma,\ A \vdash C \quad \Sigma,\ B \vdash C}{\Sigma,\ A \vee B \vdash C}$	
5. →-도입 규칙	6. →-제거 규칙	
$\dfrac{\Sigma,\ A \vdash B}{\Sigma \vdash A \rightarrow B}$	$\dfrac{A,\ A \rightarrow B}{B}$	
7. ¬-도입 규칙	8. ¬-제거 규칙	
$\dfrac{\Sigma,\ A \vdash B,\ \neg B}{\Sigma \vdash \neg A}$	$\dfrac{\neg \neg A}{A}$	

제약사항 1) Σ는 가정하는 명제 논리 논리식들의 집합이다.

---
[97] 출처: [Kleene 52]pp.98~99

지금부터 표 2.1-1 의 추론 규칙들을 하나씩 설명한다.

2.1.1. ∧ – 도입 규칙

첫 번째 추론 규칙은 ∧-도입 규칙(∧-introduction rule)이다. A 와 B 가 주어졌을 때 즉 A 가 참이고 B 가 참이면 $A \land B$ 를 주장할 수 있다. $A \land B$ 는 전제 A 와 B 에는 들어 있지 않는 새로운 명제이다.

2.1.2. ∧ – 제거 규칙

두 번째 추론 규칙은 ∧-제거 규칙(∧-elimination rule)으로, $A \land B$ 로부터 A 도 도출할 수 있고 또한 B 도 도출할 수 있다.

2.1.3. ∨ – 도입 규칙

세 번째 추론 규칙은 ∨-도입 규칙(∨-introduction rule)으로, 만일 A 가 참이면, $A \lor B$ 와 $B \lor A$ 를 주장할 수 있다. 왜냐하면 후자의 명제들이 A 보다 더 약한 주장들이기 때문이다.

2.1.4. → – 제거 규칙

규칙 6 의 →-제거 규칙은 앞에서 전건긍정 추론 규칙으로 불렸었는데 이 규칙은 적용 후에 전제에 있던 "→"가 없어지기 때문에 →-제거 규칙으로도 불린다.[98] 이 규칙은 제 2.2.1 절에서 증명한다.
    표 2.1-1 의 추론 규칙들 중 규칙 1, 2, 3, 6 은 제Ⅲ부 3 장 3.2.3 절에서 소개했다. 나머지 규칙 4, 5, 7, 8 에 대한 소개는 다음과 같다.

---

98 제Ⅴ부 2 장 2.1 절 표 2.1-1 참조.

2.1.5. ∨ – 제거 규칙

∨-제거 규칙은 *경우에 따른 증명*(proof by cases)으로 알려져 있는 추론 규칙이다. 이 규칙은 규칙에 나오는 두 개의 하위 증명을 달성하면 원래의 증명이 달성된 것이라고 말한다. 즉, Σ와 $A \vee B$로부터 C를 증명하려면 두 개의 하위 증명을 수행하는 것으로 충분하다.

예 2.1-1. (∨-제거 규칙)

주어진 가정 {R, S}와 전제 P ∨ Q로부터 (P ∧ R) ∨ (Q ∧ R)를 증명하려고 한다. 즉 다음의 논증을 증명하려 한다.

```
R                               -- 가정 1
S                               -- 가정 2
P ∨ Q                           -- 전제
─────────────────────
(P ∧ R) ∨ (Q ∧ R)               -- 결론
```

논증의 전제로 선언문이 있기 때문에 이 논증의 증명을 위해서 자연연역의 ∨-제거 규칙은 희망적인 접근방식이다. 따라서 그 규칙을 적용하기로 한다. 이를 위해 우리는 다음을 증명해야 한다:

$\Sigma, A \vee B \vdash C$

즉, 전제의 집합 Σ와 전제 $A \vee B$로부터 C를 증명해야 한다. 이를 위해

Σ: {R, S}
A: P
B: Q

라고 하고, Σ와 $A \vee B$를 가정한 뒤 다음과 같이 C를 증명하자. ∨-제거 규칙을 적용하기 위해서는, 먼저 다음 두 개의 하위 증명들을 수행해야 한다.

```
(하위 증명 1)                          (하위 증명 2)
R                    --가정 1          R                    --가정 1
S                    --가정 2          S                    --가정 2
P                    --전제           Q                    --전제
─────────────                         ─────────────
(P ∧ R) ∨ (Q ∧ R)    --결론          (P ∧ R) ∨ (Q ∧ R)    --결론
```

만일 우리가 하위 증명 1과 하위 증명 2를 제시하는데 성공한다면, ∨-제거 규칙의 적용으로 원하는 대로 C라고 결론 내릴 수 있다. 이 예에서, 증명을 위한 아이디어는 다음과 같다. P ∨ Q에 의해 두 가지 경우 P와 Q가 가능하고 이 두 경우는 모든 가능한 경우를 망라한다. 때문에 각 경우에 C를 증명하는 것으로 충분한다. 왜냐하면 그렇지 않다면 P ∨ Q는 참이 아닐 것이기 때문이다. 따라서 어느 경우가 되든 C가 된다.

2.1.6. →– 도입 규칙

→–제거 규칙과 반대로 논증의 결론에 "→"가 새로이 나타나는 추론 규칙도 있는데 이 규칙을 →–도입 규칙이라고 부른다. →–도입 규칙은 *연역 정리*(Deduction Theorem)로도 알려져 있다. 제Ⅲ부와 제Ⅳ부에서 우리는 명제 논리와 술어 논리에 대한 논의를 빠르게 진행하기 위해 연역 정리를 기본적인 추론 규칙으로 채택하지 않았다.

연역 정리.
Σ라는 가정들의 집합으로부터 $A \rightarrow B$를 증명하기 위해서는, Σ와 A로부터 B를 증명하는 것으로 충분하다.

연역 정리는 Σ라는 가정들의 집합으로부터 $A \rightarrow B$를 증명하기 위해서는, Σ와 A로부터 B를 증명하는 것으로 충분하다는 규칙이다. 연역정리의 증명은 제 2.2.2 절에 나온다. 제Ⅲ부와 Ⅳ부의 여러 추론 규칙들의 증명에서 우리는 간단히 할 수 있을 것 같은 도출이 여러 추론 규칙들을 반복적으로 적용해야 가능한 경우를 자주 볼 수 있었다. 자연연역의 추론 규

칙들은 추론을 직관적으로 할 수 있게 해주는데, 특히 연역정리는 제 2.2.2절의 증명에서 볼 수 있듯이 연역정리가 없다면 매우 길어질 수 있는 증명이 우리의 직관과 부합되게 빠르게 진행될 수 있게 해 준다.

2.1.7. ¬ - 도입 규칙

¬-도입 규칙은 *귀류법*(proof by contradiction)으로 알려진 증명 형식의 정형화된 추론 규칙이다. 이 규칙에 따르면, Σ가 주어졌을 때, A로부터 B와 $\neg B$를 모두 증명할 수 있으면 모순이 발생한 것이고, 그 원인은 A를 참으로 잘못 가정한 데 있다. 그러므로 $\neg A$는 참이라고 결론 내려야 한다.

2.1.8. ¬ - 제거 규칙

¬-제거 규칙은 제Ⅲ부 3장 표 3.2.1-2에서 소개한 동치규칙 중 하나인 이중부정법칙을 이중부정을 제거하는 방향으로만 적용하는 규칙이다.

2.2 추론 규칙의 증명*

자연연역의 명제 논리 추론 규칙들은 기호들의 의미를 고려하지 않고 단지 기호들의 형태와 배열에 따라 주어진 기호열로부터 새로운 기호열을 도출하는 정형적 추론 규칙들이다. 이 규칙들을 논증의 증명에 활용하기에 앞서, 이 절에서는 이들이 의미론적으로 타당함을 증명한다. 이를 위해 명제 논리를 위한 →- 제거 규칙과 →- 도입 규칙을 먼저 증명한 뒤, 이 규칙들을 이용하여 나머지 추론 규칙들을 증명한다.

2.2.1 →- 제거 규칙의 증명*

자연연역 명제 논리의 →-제거 규칙은 명제 논리의 MP1과 동등한 추론 규칙이다.

6. →-제거 규칙
A, $A \to B$
B

이 추론 규칙은 다음과 같이 MP1 을 적용하여 증명된다.

```
1  │ A              -- 전제 1
2  │ A→B            -- 전제 2
3  │ B              -- MP1, 1, 2
```

2.2.2 →- 도입 규칙의 증명*

제Ⅲ부 명제 논리에서는 →- 도입 규칙에 해당하는 추론 규칙을 기본적인 추론 규칙으로 채택하지 않았다.

5. →-도입 규칙
Σ, $A \vdash B$
$\Sigma \vdash A \to B$

　　→-도입 규칙의 증명은 Σ, $A \vdash B$의 증명이 존재하면 언제나 그로부터 동일한 방법을 적용하여 $\Sigma \vdash A \to B$의 증명을 만들어 낼 수 있다는 것을 보이는데 있다.[99] 이 책에서는 이 증명을 제시하는 대신, $\Sigma \vdash A \to B$의 증명을 항상 구축할 수 있는 방법의 예(그림 2.2.2-1)를 보기로 한다. 그림 2.2.2-1 의 왼쪽은 →-도입 규칙이 적용된 증명을, 오른쪽은 →-도입 규칙이 적용되지 않은 증명을 보여준다. 왼쪽 증명의 각 단계를 체계적으로 오른쪽의 대응되는 단계와 같이 수행함으로써 →-도입 규칙이 적용되지 않은 증명을 구축할 수 있다.

---

[99] 연역 정리는 주어진 연역의 증명의 길이에 대해 강한 수학적 귀납법을 적용하여 증명할 수 있다. [Kleene 52]pp.90~98 참조.

$A\to(B\to C), B, A - C$의 증명	$A\to(B\to C), B, \vdash A\to C$의 증명	
	1′. B	-- 전제 2
	2′. $B\to(A\to B)$	-- AS01a
1. B -- 전제 2	3′. $A\to B$	-- →-제거, 1′, 2′
	4′. $A\to(A\to A)$	-- AS01a
	5′. $\{A\to(A\to A)\}\to$ $\{[A\to((A\to A)\to A)]\to(A\to A)\}$	-- AS01b
	6′. $[A\to((A\to A)\to A)]\to(A\to A)$	-- →-제거, 4′, 5′
	7′. $A\to((A\to A)\to A)$	-- AS01a
2. A -- 전제 3	8′. $A\to A$	-- →-제거, 7′, 6′
	9′. $A\to(B\to C)$	-- 전제 1
	10′. $\{A\to(B\to C)\}\to\{A\to(A\to(B\to C))\}$	-- AS01a
3. $A\to(B\to C)$ -- 전제 1	11′. $A\to(A\to(B\to C))$	-- →-제거, 9′, 10′
	12′. $(A\to(B\to C))\to$ $[\{A\to(A\to(B\to C))\}\to(A\to(B\to C))]$	-- AS01a
	13′. $\{A\to(A\to(B\to C))\}\to(A\to(B\to C))$	-- →-제거, 9′, 12′
4. $B\to C$ -- →-제거, 2, 3	14′. $A\to(B\to C)$	-- →-제거, 11′, 13′
	15′. $(A\to B)\to\{(A\to(B\to C))\to(A\to C)\}$	-- AS01b
	16′. $(A\to(B\to C))\to(A\to C)$	-- →-제거, 3′, 15′
5. C -- →-제거, 1, 4	17′. $A\to C$	-- →-제거, 14′, 16′

그림 2.2.2-1. →-도입 규칙의 증명 방법을 보이는 예[100]

---

[100] [Kleene 67]p.41

2.2.3 나머지 추론 규칙들의 증명*

1. ∧-도입 규칙의 증명
1. A -- 전제 1
2. B -- 전제 2
3. $A \to (B \to (A \wedge B))$ -- AS03
4. $B \to (A \wedge B)$ -- →-제거, 1, 3
5. $A \wedge B$ -- →-제거, 2, 4

2. ∧-제거 규칙의 증명
1. $A \wedge B$ -- 전제 1
2. $A \wedge B \to A$ -- AS04a
3. A -- →-제거, 1, 2

1. $A \wedge B$ -- 전제 1
2. $A \wedge B \to B$ -- AS04b
3. B -- →-제거, 1, 2

3. ∨-도입 규칙의 증명
1. A -- 전제 1
2. $A \to A \vee B$ -- AS05a
3. $A \vee B$ -- →-제거, 1, 2

1. B -- 전제 1
2. $B \to A \vee B$ -- AS05b
3. $A \vee B$ -- →-제거, 1, 2

4. ∨-제거 규칙의 증명[101]
1. $\Gamma, A \vdash C$ -- 가정 1
2. $\Gamma, B \vdash C$ -- 가정 2
3. $\Gamma \vdash A \to C$ -- →-도입, 1
4. $\Gamma \vdash B \to C$ -- →-도입, 2
5. $A \to C, B \to C, A \vee B \vdash C$ -- 5.1~5.7
   5.1. $A \to C$ -- 전제 1
   5.2. $(A \to C) \to ((B \to C) \to (A \vee B \to C))$ -- AS06
   5.3. $(B \to C) \to (A \vee B \to C)$ -- →-제거, 5.1, 5.2
   5.4. $B \to C$ -- 전제 2

5.5. $A \vee B \rightarrow C$	-- $\rightarrow$-제거, 5.4, 5.3
5.6. $A \vee B$	-- 전제 3
5.7. C	-- $\rightarrow$-제거, 5.6, 5.5
6. $\Gamma, A \vee B \vdash C$	-- 6.1~6.3, 5
6.1. $\Gamma, A \vee B \vdash A \rightarrow C$	-- 3
6.2. $\Gamma, A \vee B \vdash B \rightarrow C$	-- 4
6.3. $\Gamma, A \vee B \vdash A \vee B$	-- $A \vee B$는 전제

5. $\rightarrow$-도입 규칙은 제 2.2.1 절에서, 6. $\rightarrow$-제거 규칙은 제 2.2.2 절에서 이미 증명했다.

7. ¬-도입 규칙의 증명

1. $\Sigma, A \vdash B, \neg B$	-- 가정
2. $\Sigma, A \vdash B$	-- 1
3. $\Sigma, A \vdash \neg B$	-- 1
4. $\Sigma \vdash A \rightarrow B$	-- $\rightarrow$-도입, 2
5. $A \rightarrow B \vdash \{(A \rightarrow \neg B) \rightarrow \neg A\}$	-- 5.1~5.3
5.1 $A \rightarrow B$	-- 전제
5.2 $(A \rightarrow B) \rightarrow \{(A \rightarrow \neg B) \rightarrow \neg A\}$	-- AS07
5.3 $\{(A \rightarrow \neg B) \rightarrow \neg A\}$	-- $\rightarrow$-제거, 5.1, 5.2
6. $\Sigma \vdash \{(A \rightarrow \neg B) \rightarrow \neg A\}$	-- 4, 5
7. $\Sigma \vdash A \rightarrow \neg B$	-- $\rightarrow$-도입, 3
8. $\Sigma \vdash \neg A$	-- $\rightarrow$-제거, 7, 6

8. ¬-제거 규칙의 증명[102]

1. $\neg\neg A$	-- 전제
2. $\neg\neg A \rightarrow A$	-- AS08a
3. A	-- $\rightarrow$-제거, 1, 2

---

101 [Kleene 67, p.45
102 [Kleene 67, p.45

2.3 논증의 증명

제 2.1 절에서 자연연역의 명제 논리를 위한 모든 추론 규칙들을 보았다. 이제 이 추론 규칙들을 적용하여 논증을 어떻게 증명하는지 알아본다.

다음의 논리식 논증을 증명해 보자.

$$\frac{P \rightarrow Q}{\neg P \vee Q} \quad \text{-- 전제 1}$$
$$\quad \text{-- 결론}$$

아래 도출은 위 논증의 증명의 형태를 보여준다.

$$\begin{array}{l|l} 1 & P \rightarrow Q \quad \text{-- 전제 1} \\ \cdots & \cdots \\ n & \neg P \vee Q \quad \text{-- 결론} \end{array}$$

즉, 이 논증의 유일한 전제인 전제 1 이 1 줄에 나오고 논증의 결론이 증명의 마지막 줄에 나온다. 증명을 시작할 시점에는 마지막 줄의 번호를 알 수 없기 때문에 줄 번호를 n 으로 주었다. 이제 전제로부터 결론에 도달하기 위하여 증명을 어떻게 수행할 수 있을까?

만일 우리가 제Ⅲ부 3 장 표 3.2.1-1 의 명제 논리의 동치 법칙인 함의규칙을 사용하면 전제 1 로부터 결론을 바로 도출할 수 있다. 그러나 함의 규칙은 자연연역의 추론 규칙이 아니기 때문에 자연연역의 증명에서는 적용할 수 없다. 따라서 자연연역의 추론 규칙만을 사용하는 다른 증명을 고안해야 한다.

결론이 선언문이기 때문에 만일 어느 선언지라도 전제로부터 증명할 수 있다면, ∨−도입 규칙의 적용으로 결론에 도달할 수 있을 것이다. 그러나, 전제 1 은 선언문의 어느 한 선언지를 증명할 수 있을 만큼 강력하지 못하다. 따라서 결론의 형태는 증명의 방향을 뚜렷이 보여주지 않는다. 이런 상황에서는 많은 경우 귀류법이 좋은 증명 전략이 될 수 있다.

귀류법을 적용하기 위해서는 ¬−도입 규칙에 나오는 것처럼, 아래와 같이 결론의 부정이 모순을 일으킨다는 것을 보이는 하위 증명이 필요하다. 아래 증명의 하위 증명에서 A 는 명제 함수의 어떤 논리식을 나타낸다.

```
1  │ P→Q                        -- 전제 1
2  │ │ ¬(¬P∨Q)                  -- 전제 2
...│ │ ...
k  │ │ A
...│ │ ...
m  │ │ ¬A
...│
n  │ ¬P∨Q
```

　귀류법이 성공적으로 진행되면 그 결론은 하위 증명의 전제의 부정이 된다. 위의 증명에서 하위 증명의 전제가 부정문이므로, 하위 증명의 결론은 부정문의 부정이 되고, 이 경우 ¬-제거 규칙을 적용하여 n줄과 같이 최종적인 결론에 도달할 수 있다.

```
1    │ P→Q                        -- 전제 1
2    │ │ ¬(¬P∨Q)                  -- 전제 2
...  │ │ ...
k    │ │ A
...  │ │ ...
m    │ │ ¬A
...  │
n-1  │ ¬¬(¬P∨Q)                   -- ¬-도입, n-2
n    │ ¬P∨Q                       -- ¬-제거, n-1
```

　그러면 하위 증명에서 도출해야 하는 모순은 어떤 것일까? 먼저 2줄의 하위 증명의 전제로부터, 드모건법칙의 적용에 의해 P와 ¬Q를 얻을 수 있으리라는 기대를 가질 수 있다. 또한 만일 P를 도출하면, 1줄과 함께 전건긍정에 의해 Q를 얻을 수 있기 때문에, 모순을 만들 수 있다. 그러면 n-1줄에 도달할 수 있고 증명은 완료된다. 아래 도식은 A가 P이고 m이 n-2인 이런 증명과정을 보여준다.

```
1   │P→Q                      --전제 1
2   │ │¬(¬P∨Q)                --전제 2
    │ │ ...
k-1 │ │P
k   │ │Q                      --→-제거, k-1, 1
... │ │ ...
m   │ │¬Q
n-1 │¬¬(¬P∨Q)                 --¬-도입, 2~m, k, m
n   │¬P∨Q                     --¬-제거, n-1
```

따라서 위의 도식에서처럼 이제 목표는 Q와 ¬Q의 도출이 된다. 이를 위해 P를 먼저 증명하면, 전제에서부터 어떻게 진행할지 확실하지 않기 때문에 귀류법을 사용하여 P를 부정하고 이로부터 모순 도출을 시도하자. 이제 전제가 ¬P이므로, ∨-도입 규칙에 의해 ¬P∨Q가 참이고 이는 2줄과 모순을 일으킨다. ¬Q도 유사한 방법으로 얻을 수 있다. 그러면 최종적인 증명은 다음과 같다.

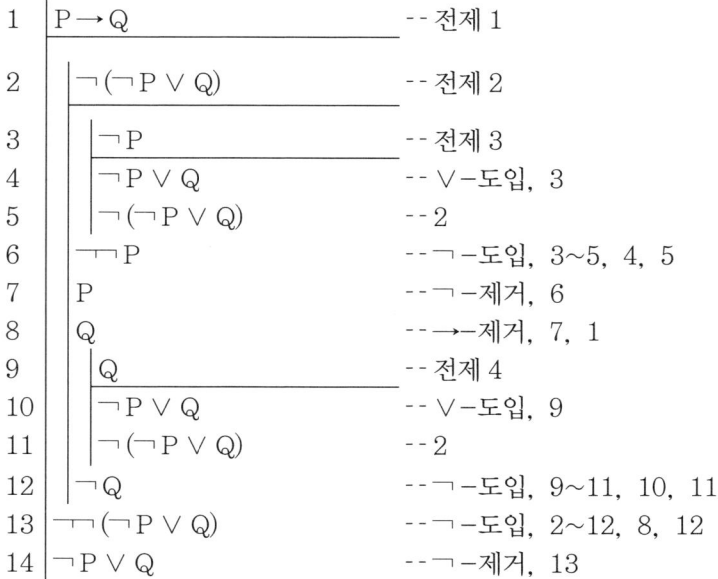

```
1   │P→Q                      --전제 1
2   │ │¬(¬P∨Q)                --전제 2
3   │ │ │¬P                   --전제 3
4   │ │ │¬P∨Q                 --∨-도입, 3
5   │ │ │¬(¬P∨Q)              --2
6   │ │¬¬P                    --¬-도입, 3~5, 4, 5
7   │ │P                      --¬-제거, 6
8   │ │Q                      --→-제거, 7, 1
9   │ │ │Q                    --전제 4
10  │ │ │¬P∨Q                 --∨-도입, 9
11  │ │ │¬(¬P∨Q)              --2
12  │ │¬Q                     --¬-도입, 9~11, 10, 11
13  │¬¬(¬P∨Q)                 --¬-도입, 2~12, 8, 12
14  │¬P∨Q                     --¬-제거, 13
```

예 2.3-1.
다음은 제Ⅲ부 3장 3.2.3절에서 증명한 MT2 추론 규칙을 자연연역의 추론 규칙만을 사용하여 다시 수행한 증명이다.

```
1  ¬P                    -- 전제 1
2  Q→P                   -- 전제 2

3  | Q                   -- 전제 3
4  | P                   -- →-제거, 3, 2
5  | ¬P                  -- 1
6  ¬Q                    -- ¬-도입, 3~5, 4, 5
```

예 2.3-2.
다음은 제Ⅲ부 3장 3.2.4절 예 3.2.4-2의 증명을 자연연역의 추론 규칙만을 사용하여 다시 수행한 증명이다.

```
1  P→¬Q                  -- 전제 1
2  R→Q                   -- 전제 2
3  P                     -- 전제 3
4  ¬Q                    -- →-제거, 3, 1
5  | R                   -- 전제 4
6  | Q                   -- →-제거, 5, 2
7  | ¬Q                  -- 4
8  ¬R                    -- ¬-도입, 5~7, 6, 7
```

제 3 장 술어 논리에서의 논증의 증명

3.1 추론 규칙들

이 절에서는 명제 논리를 위한 자연연역의 추론 체계를 술어 논리를 위한 추론 체계로 확장한다. 제2장 표 2.1-1 에 나오는 자연연역의 명제 논리를 위한 추론 규칙들은 모두 술어 논리를 위한 추론 규칙이 된다. 표 3.1-1 은 제2장 표 2.1-1 에 나오는 자연연역의 명제 논리를 위한 추론 규칙들에 추가되는 술어 논리의 추론 규칙들이다. 이 규칙들은 제Ⅳ부 3 장 표 3.1.3-1 에 나오는 →∀ 규칙과 ∀→ 규칙, →∃ 규칙과 ∃→ 규칙과 동등한 규칙들이다.

표 3.1-1 자연연역의 술어 논리를 위한 추론 규칙[103]

∀-도입 규칙	∀-제거 규칙
$\dfrac{\Sigma \vdash A(x)}{\Gamma \vdash \forall x\, A(x)}$	$\dfrac{\forall x\, A(x)}{A(r)}$
∃-도입 규칙	∃-제거 규칙
$\dfrac{A(r)}{\exists x\, A(x)}$	$\dfrac{\Sigma,\ A(x) \vdash C}{\Sigma,\ \exists x\, A(x) \vdash C}$

제약사항 1) $A(r)$은 A 의 자유 변수 x 에 항 r 을 대입한 결과이다.
제약사항 2) 항 r 은 $A(x)$의 x 에 대입하여 자유롭다(즉, 대입에 의해 결합되지 않는다).
제약사항 3) C는 x 를 자유롭게 포함하지 않는 임의의 논리식이다.
제약사항 4) Σ는 가정하는 논리식들의 집합으로 논리식에 자유 변수 x 가 등장하지 않는다.
주석 1) "⊢" 기호는 이 기호의 왼쪽에 전제들을 열거하고, 오른쪽에 결론을 적어 전제들로부터 결론의 증명이 존재한다는 것을 의미하는 보조 연역을 나타내는 기호이다. 제Ⅲ부 3 장 3.2.2 절 참조.

이제 이 규칙들을 하나씩 들여다보기로 한다.

---
[103] 출처: [Kleene 67]p.118

∀-도입 규칙

∀-도입 규칙에 따르면 x 가 임의의 변수이면 논리식 $A(x)$로부터 $\forall x\, A(x)$를 도출할 수 있다. 여기서 "x 가 임의의 변수이다."라는 것은 x 가 논의 영역의 어떤 원소도 지칭할 수 있다는 뜻이다.[104] 따라서 논의 영역의 모든 원소들에 대해 P 가 참이 된다.

∀-제거 규칙

∀-제거 규칙에 따르면, 변수 x 를 가진 보편양화식에서, x 의 모든 등장을 항 t 로 대치할 수 있다. 단, 표 3.1-1 의 제약사항 2 에 의해 그 과정에 t 안에 있는 자유 변수가 결합되지 않아야 한다.

예 3.1-2.

∀-제거 규칙을 적용하여 $\forall x \exists y\, Q(x, y)$로부터

$\quad \exists y\, Q(z, y) \qquad \qquad$ -- (1)

을 도출할 수 있지만

$\quad \exists y\, Q(y, y) \qquad \qquad$ -- (2)

을 도출할 수 없다.

예 3.1-2 에서 논리식 (1)은 x 대신 z 를 대입한 결과이다. 이것은 문제가 없는데, 왜냐하면 자유 변수 z 가 그 논리식 안에 있는 유일한 양화사인 $\exists y$ 에 의해 결합되지 않기 때문이다. 반면에, x 자리에 y 를 대입하는 것은 허용되지 않는다. 왜냐하면 대입할 경우 자유 변수 y 가 $\exists y$ 에 의해 결합되기 때문이다. 예 3.1-2 에서 x, y 가 자연수 값을 갖는 변수들이라고 하고 $Q(x, y)$가 "$x < y$"라고 하면 $\forall x \exists y\, Q(x, y)$는 "어떠한 자연수가 주어져도 그보다 더 큰 자연수가 있다."는 사실을 말한다. 그러나 그 사실로부터 $\exists y\, Q(z, y)$ 즉 "자연수 z 보다 더 큰 자연수가 있다."는 따르지만 $\exists y\, Q(y, y)$ 즉 "어떤 자연수는 자신보다 더 크다."는 따르지 않는다.

---

[104] ∀-도입규칙 적용을 위한 "x 가 임의의 변수이다."라는 조건은 문법적인 제약 조건이 아니어서 정형규칙으로 적합하지 않지만 직관적으로 쉽게 판단할 수 있는 조건이어서 이 책에서는 채택하였다. 엄밀한 문법적 조건은 [Kleene 52]와 [Leblanc 93]에 나와 있다.

예 3.1-3.
"임의의 정수 w가 짝수이면 (w+1)(w-1)은 짝수가 아니다."라는 명제는 논리식으로

$$\forall w \, [\exists y \, (w=2y) \rightarrow \neg \, \exists z \, ((w-1)(w+1)=2z)]$$

로 번역되는데, 이 식에서 w 자리에 새로운 변수 u를 대입할 수 있지만 y나 z를 대입할 수 없다. 왜냐하면 y는 조건문의 전건의 $\exists y$에 의해 결합되고 z는 후건에 있는 $\exists z$에 의해 결합되기 때문이다.

$\exists$-도입 규칙

$\exists$-도입 규칙은 자명하다. 왜냐하면, 만일 논리식 A를 충족시키는 특정한 개체 t가 있으면, 우리는 A를 충족시키는 어떤 개체가 존재한다고 말할 수 있기 때문이다. 그러나 이 규칙을 적용할 때 표 3.1-1의 제약사항 2에 의해, 도입하는 변수가 다른 양화사와 결합되지 않도록 해야 한다. 다음의 예를 보자.

예 3.1-4.
$\forall x \, Q(y, x)$로부터 $\exists$-도입 규칙을 적용하여 다음 논리식을 도출할 수 있다.

$\quad \exists z \, \forall x \, Q(z, x) \qquad \cdots (3)$

왜냐하면 새로운 변수 z는 $\forall x$에 의해 결합되지 않기 때문이다. 그러나, 다음 논리식을 도출할 수 없다.

$\quad \exists x \, \forall x \, Q(x, x) \qquad \cdots (4)$

왜냐하면 변수 x가 z에 대입될 때 $\forall x$에 의해 결합되기 때문이다. $Q(x, x)$의 x는 $\exists x$와 결합되지 않아, $\exists x$는 없는 것이나 다름없어 의미가 크게 달라졌다.
이 논리식에서 $\exists$-도입 규칙의 $A(t)$는 $\forall x \, Q(t, x)$로 t=y이면 적용결과가 (3)이 되어 규칙의 올바른 적용이고, t=x이면 적용결과가 (4)가 되어 규칙의 잘못된 적용이다.

∀-제거 규칙과 ∃-도입 규칙을 적용할 때 적용 결과 대입되는 항의 자유 변수가 결합되지 않아야 이 규칙의 적용이 타당하기 때문에, 다음과 같은 타당한 논리식의 도출이 일견 가능하지 않게 생각될 수 있다.

∀x∀y P(x, y) → ∀y P(y, y)

이 논리식의 경우 어떤 x, y 값에도 P(x, y)가 참이면 x=y 인 경우에도 참이지만, 다음과 같은 증명은 허용되지 않는다.

```
1 | ∀x∀y P(x, y)              -- 전제 1
2 | ∀y P(y, y)                -- ∀-제거의 잘못된 적용, 1
3 | ∀x∀y P(x, y) → ∀y P(y, y) -- →-도입, 1~2
```

왜냐하면 2 줄에서 변수 x 에 y 을 대입하면서 y 가 결합되어 ∀-제거 규칙은 이를 허용하지 않기 때문이다. 그러나 다음과 같은 우회적인 증명이 가능하다.

```
1 | ∀x∀y P(x, y)              -- 전제 1
2 | ∀x P(x, y)                -- ∀-제거, 1
3 | P(x, y)                   -- ∀-제거, 2
4 | ∀z P(x, z)                -- ∀-도입, 3
5 | ∀x∀z P(x, z)              -- ∀-도입, 4
6 | ∀z P(y, z)                -- ∀-제거, 5
7 | P(y, y)                   -- ∀-제거, 6
8 | ∀y P(y, y)                -- ∀-도입, 7
9 | ∀x∀y P(x, y) → ∀y P(y, y) -- →-도입, 1~8
```

즉, ∀x∀y P(x, y)로부터 바로 ∀y P(y, y)를 도출하려 하는 대신, ∀-제거를 올바르게 적용할 수 있도록 5 줄의 ∀x∀z P(x, z)를 먼저 도출하고 그로부터 ∀y P(y, y)를 도출하는 전략을 택하는 것이다. 여기서 ∀x

∀z P(x, z)는 ∀x∀y P(x, y)의 재명명된 양화 논리식으로, *재명명된 양화 논리식*(alphabetic variant)[105]이란 주어진 논리식의 양화사를 의미가 바뀌지 않게 다른 변수로 바꾼 결과 논리식을 말한다.

∃-제거 규칙

∃-제거 규칙에 따르면, 만일 가정들의 집합 Σ와 전제 $A(x)$로부터 C를 증명할 수 있다면, 그 증명으로부터 동일한 가정들의 집합 Σ와 ∃x $A(x)$로부터 C를 도출할 수 있다. 가정의 집합 Σ의 논리식에 자유변수 x가 허용되는 이유는, ∃x $A(x)$에서 $A(x)$를 충족시키는 x가 Σ의 논리식들을 충족시키는 성질을 갖고 C의 증명에 이용될 수 있도록 하기 위해서이다. 이 규칙을 적용할 수 있는 상황은, A를 충족시키는 어떤 개체의 존재를 아는 것으로부터 C를 증명하고자 할 때이다. C를 증명하기 위해서는 어떤 개체가 존재할 경우 그 개체의 존재를 출발점으로 하는 것보다, 존재하는 개체를 예컨대 x로 지칭하여 x에 대해 논의하는 게 더 편리하기 때문이다. 그리고 증명에 성공하면, 어떤 개체의 존재만이 충분한 조건이라고 말할 수 있다. 이 규칙을 적용하기 위해서는, x가 C에 자유롭게 포함되어 있어서는 안 된다. 왜냐하면 x가 C에 자유롭게 포함되어 있으면, 하위 증명[106]의 결론에 있는 특정한 개체를 나타내는 x가 전체 증명의 결론에 나오는 어떤 개체를 지칭하게 되기 때문이다.[107]

∃-제거 규칙의 적용은 수학의 증명에서 자주 볼 수 있다. 다음은 그 예이다.

예 3.1-4.
다음 명제를 증명하려고 한다.

"만일 ∃y (w = 2y)가 참이면, ¬ ∃z ((w+1)(w−1) = 2z)가 참이다."

이 명제의 뜻은 "만일 w가 짝수이면, (w+1)(w−1)은 짝수가 아니다."이다. 이제

---

105 [Enderton 01]p.126.
106 하위 증명의 정의는 제Ⅴ부 1장 1.2절에 나온다.
107 따라서 변수 x를 선정할 때 다른 곳에 나오지 않는 새로운 변수를 선택하는 것이 좋은 증명 전략이다.

∃y (w=2y)

라고 하고

¬∃z ((w+1)(w−1) = 2z)

의 증명을 시도해보자. 이 증명을 어떻게 진행해야 할까? ¬∃z ((w+1)(w−1)=2z)를 C라고 하고 다음을 증명하면 된다:

∃y (w=2y) ⊢ C --(5)

이를 증명하기 위하여 다음과 같이 진행할 수 있다. w가 짝수이기 때문에 w는 어떤 정수의 두 배이다. 즉, 어떤 정수를 x라고 하면, w=2x이다. 따라서 (5)를 증명하기 위해서는 다음을 증명하는 것으로 충분하다.

w=2 x ⊢ C --(6)

(6)의 증명은 다음과 같이 진행될 수 있다.

$(2x+1)(2x-1) = 4x^2-1$

이므로 (2x+1)(2x−1)은 홀수이고, w=2x 이면 (w+1)(w−1)은 홀수가 되어 C가 따른다.

위 예에서 ∃-제거 규칙이 어떻게 적용되었는지를 보기 위해 증명의 구조를 자세히 들여다보자. 이 증명 전략은 (5)와 같이 ∃y (w=2y)로부터 C를 직접 증명하는 대신, (6)과 같이 ∃y (w=2y)로부터 존재한다는 것을 아는 그 수의 이름을 x로 하여 C를 증명하려 한다. ∃-제거 규칙에 따르면, 새로운 변수 x가 C에 나타나지 않고, 따라서 자유롭게 등장하지 않을 경우에 (6)의 증명으로부터 (5)의 증명이 따른다.[108]

---

[108] C에 x가 등장할 수 있지만, 그 경우 x는 단지 결합되어 등장해야만 한다. 왜냐하면 x는 새로운 변수이기 때문이다.

보조연역에서 주연역으로 돌아올 때 주의할 사항

논증의 전제에 자유 변수가 있는 경우에는 추론 규칙을 적용할 때 자유 변수의 해석이 바뀌지 않도록 추론 규칙을 적용해야 한다. 주어진 연역에서 추론 규칙이 이와 같이 적용될 때 "(해당) 자유 변수는 *고정적*(held constant)이다."라고 말한다. 논증의 전제에 나오는 자유 변수가 결론에 나오는 경우에는 당연히 해석이 바뀌지 않기 때문에 추론 규칙 적용시 해당 자유 변수는 고정적이다. 예 3.1-1 에서 b 가 고정적이어서 1 줄로부터 2 줄을 도출할 수 있다.

예 3.1-1.[109]

```
1  │ b≠0
2  │ a + b≠a            -- b 는 고정적; 실수의 공리들로 증명 가능
3  │ b≠0→a + b≠a        -- →-도입, 1~2
4  │ ∀b (b≠0→a + b≠a)   -- ∀-도입, 3
```

그러나 논증의 전제에 나오는 자유 변수가 결론에 나오지 않는 경우에는 자유 변수는 *비(非)고정적*(not held constant)이고 일반적 해석과 조건적 해석이 모두 가능하다. 이 경우 추론 규칙의 적용 전과 적용 후에 자유 변수의 해석이 달라지지 않도록 주의해야 한다.

예 3.1-2.

```
1  │ │ ∀b (b≠0)
2  │ │ │ b≠0
3  │ │ │ 0≠0              -- b 는 비고정적; 대입 2
4  │ │ 0 ≠0                -- ∀-제거, 1~4
5  │ ∀b (b≠0) → 0≠0       -- →-도입, 2
```

---

[109] 예 3.1-1, 예 3.1-2, 예 3.1-3 은 [Kleene 52]p.149 에서 가져왔다.

예 3.1-2에서 2~4줄에 →-도입 규칙을 바로 적용할 수 없었다. 왜냐하면 그 경우 b의 해석이 달라지기 때문이다. 그러나 ∀-제거 규칙을 적용한 후에는 적용할 수 있다. 예 3.1-3은 1~2줄로부터 →-도입 규칙을 적용하여 3줄을 드출할 수 없다는 것을 보여준다.

예 3.1-3.

```
1 │ │b≠0
2 │ │0≠0                    --b의 일반적 해석을 가정; b는 비고정적임
3 │b≠0→0≠0                 --→-도입 규칙이 1~2줄에 잘못 적용됨
4 │∀b (b≠0→0≠0)            --∀-도입, 3
5 │1≠0→0≠0                 --∀-제거, 4
6 │1≠0                     --공리
7 │0≠0                     --→-제거, 6, 5
```

3.2 추론 규칙의 증명*

술어 논리의 추론 규칙들 중 명제 논리의 추론 규칙에서 가져온 추론 규칙들은 제Ⅳ부 3장 3.1.1절에서 논의한 이유로 논리식 변수 A, B, C에 술어 논리의 논리식을 대입할 때에도 성립한다.

표 3.1-1에 나오는 양화사를 도입하고 제거하는 추론 규칙들을 증명하기 위해 먼저 술어 논리를 위한 →-제거 규칙과 →-도입 규칙을 각각 제 3.2.1절과 3.2.2절에서 증명한다. 끝으로 양화사를 도입하고 제거하는 추론 규칙들을 제 3.2.3절에서 증명한다.

3.2.1 →-제거 규칙의 증명*

→-제거 규칙은 제Ⅳ부 3장 3.1.2절의 MP2와 동등한 추론 규칙이다.

6. →-제거 규칙
A, $A \to B$
B

이 추론 규칙은 다음과 같이 MP2를 적용하여 증명된다.

```
1  │ A              -- 전제 1
2  │ A→B            -- 전제 2
3  │ B              -- MP2, 1, 2
```

3.2.2 →-도입 규칙의 증명*

이 규칙은 술어 논리의 연역 정리이다. →-도입 규칙은 아래와 같이 명제 논리의 →-도입 규칙과 동일하다.

5. →-도입 규칙
Σ, $A \vdash B$
$\Sigma \vdash A \to B$

그러나 이제 A와 B는 술어 논리의 논리식이고 Σ는 술어 논리의 논리식의 집합이다. 제2장 2.2.2절에서와 마찬가지로, →-도입 규칙의 증명은 Σ, $A \vdash B$의 증명이 존재하면 언제나 그로부터 동일한 방법을 적용하여 $\Sigma \vdash A \to B$의 증명을 만들어 낼 수 있다는 것을 보이는데 있다. 역시 제2장 2.2.2절에서와 마찬가지로, 그 증명을 제시하는 대신, $\Sigma \vdash A \to B$의 증명을 항상 구축할 수 있는 방법의 예(그림 3.2.2-1)를 보인다. 그림 3.2.2-1의 왼쪽은 →-도입 규칙이 적용된 증명을, 오른쪽은 →-도입 규칙이 적용되지 않은 증명을 보여준다. 왼쪽 증명의 각 단계를 체계적

으로 오른쪽의 대응되는 단계와 같이 수행함으로써 →-도입 규칙이 적용되지 않은 증명을 구축할 수 있다.

$\forall x\,(P(x) \to Q(x)), \forall x\,P(x)$ $\vdash \forall x\,Q(x)$의 증명	$\forall x\,(P(x) \to Q(x)) \vdash \forall x\,P(x) \to \forall x\,Q(x)$ 의 증명
1. $\forall x\,(P(x) \to Q(x))$ --전제 1	1'. $\forall x\,(P(x) \to Q(x))$ --전제 1
2. $\forall x\,(P(x) \to Q(x))$ $\to (P(x) \to Q(x))$ -- $\forall$→	2'. $\forall x\,(P(x) \to Q(x)) \to (P(x) \to Q(x))$ --$\forall$→
3. $P(x) \to Q(x)$ --→-제거, 1, 2	3'. $P(x) \to Q(x)$ --→-제거, 1, 2
$\forall x\,P(x) \to \forall x\,P(x)$를 C로 나타낸다.	4'. $\forall x\,P(x) \to (\forall x\,P(x) \to \forall x\,P(x))$ $= \forall x\,P(x) \to C$ --AS01a
	5'. $(\forall x\,P(x) \to C)$ $\to [\{\forall x\,P(x) \to (C \to \forall x\,P(x))\}$ $\to (\forall x\,P(x) \to \forall x\,P(x))]$ --AS01b
	6'. $\{\forall x\,P(x) \to (C \to \forall x\,P(x))\}$ $\to (\forall x\,P(x) \to \forall x\,P(x))$ --→-제거, 4', 5'
	7'. $\forall x\,P(x) \to (C \to \forall x\,P(x))$ --AS01a
4. $\forall x\,P(x)$ --전제 2	8'. $\forall x\,P(x) \to \forall x\,P(x)$ --→-제거, 7', 6'
	9'. $\forall x\,P(x) \to P(x)$ --$\forall$→
	10'. $\{\forall x\,P(x) \to P(x) \to$ $\{\forall x\,P(x) \to (\forall x\,P(x) \to P(x))\}$ --AS01a
5. $\forall x\,P(x) \to P(x)$ -- $\forall$→	11'. $\forall x\,P(x) \to (\forall x\,P(x) \to P(x))$ --→-제거, 9', 10'
	12'. $(\forall x\,P(x) \to P(x)) \to [\{\forall x\,P(x) \to (\forall x\,P(x) \to P(x))\} \to (\forall x\,P(x) \to P(x))]$ --AS01a
	13'. $\{\forall x\,P(x) \to (\forall x\,P(x) \to P(x))\}$ $\to (\forall x\,P(x) \to P(x))$ --→-제거, 9', 12'
6. $P(x)$ --→-제거, 4, 5	14'. $\forall x\,P(x) \to P(x)$ --MP2, 11', 13'
	15'. $(P(x) \to Q(x)) \to \{\forall x P(x) \to (P(x) \to Q(x))\}$ --AS01a
	16'. $\forall x P(x) \to (P(x) \to Q(x))$ --→-제거, 3', 15'
	17'. $\{\forall x P(x) \to P(x)\} \to \{\{\forall x P(x) \to (P(x) \to Q(x))\} \to \{\forall x P(x) \to Q(x)\}\}$ --AS01b
	18'. $\{\{\forall x P(x) \to (P(x) \to Q(x))\}$ $\to \{\forall x P(x) \to Q(x)\}\}$ --→-제거, 14', 17'
7. $Q(x)$ --→-제거, 6, 3	19'. $\forall x\,P(x) \to Q(x)$ --→-제거, 16', 18'

	20′. $\{Q(x) \to ((P \to P \lor P) \to Q(x))\}$ --AS01a
	21′. $\{Q(x) \to ((P \to P \lor P) \to Q(x))\} \to$ $[\forall x\, P(x) \to \{Q(x) \to$ $((P \to P \lor P) \to Q(x))\}]$ --AS01a
8. $Q(x) \to ((P \to P \lor P)$ $\to Q(x))$ --AS01a	22′. $\forall x\, P(x) \to \{Q(x) \to$ $((P \to P \lor P) \to Q(x))\}$ $--\to$-제거, 20′, 21′
	23′. $(\forall x\, P(x) \to Q(x)) \to$ $\{[\forall x\, P(x) \to$ $\{Q(x) \to ((P \to P \lor P) \to Q(x))\}] \to$ $\{\forall x\, P(x) \to \{((P \to P \lor P) \to Q(x))\}\}\}$ --AS01b
	24′. $[\forall x\, P(x) \to$ $\{Q(x) \to ((P \to P \lor P) \to Q(x))\}] \to$ $\{\forall x\, P(x) \to ((P \to P \lor P) \to Q(x))\}$ $--\to$-제거, 19′, 23′

9. $(P \to P \lor P) \to Q(x)$
  $--\to$-제거, 7, 8
	25. $\forall x\, P(x) \to \{(P \to P \lor P) \to Q(x)\}$
	  $--\to$-제거, 22′, 24′

	k1′. $(\forall x\, P(x) \land (P \to P \lor P)) \to Q(x)$ --IC1, 25
	k1+1′. $(\forall x\, P(x) \land (P \to P \lor P)) \to \forall x\, Q(x)$ $--\forall$, k1′
10. $(P \to P \lor P) \to \forall x\, Q(x)$ $--\forall$, 9	k2′. $\forall x\, P(x) \to \{(P \to P \lor P) \to \forall x\, Q(x)\}$ --CI1, k1+1′
	k2+1′. $P \to P \lor P$ --AS05
	k2+2′. $(P \to P \lor P) \to \{\forall x\, P(x) \to (P \to P \lor P)\}$ --AS01
11. $(P \to P \lor P)$ --AS05a	k2+3′. $\forall x\, P(x) \to (P \to P \lor P)$ $--\to$-제거, k2+1′, k2+2′
	k2+4′. $\{\forall x\, P(x) \to (P \to P \lor P)\} \to$ $\{[\forall x\, P(x) \to \{(P \to P \lor P) \to \forall x\, Q(x)\}]$ $\to [\forall x\, P(x) \to \forall x\, Q(x)]\}$ --AS01b
	k2+5′. $[\forall x\, P(x) \to \{(P \to P \lor P) \to \forall x\, Q(x)\}]$ $\to [\forall x\, P(x) \to \forall x\, Q(x)]$ $--\to$-제거, k2+3′, k2+4′
12. $\forall x\, Q(x)$ $--\to$-제거, 11, 10	k2+6′. $\forall x\, P(x) \to \forall x\, Q(x)$ □$\to$-제거, k2′, k2+5′

그림 3.2.2-1. $\to$-도입 규칙의 증명 방법을 보이는 예[110]

---

[110] k_1' 줄과 k_1+1' 줄은 [Kleene 67]p.115 에서 주어졌다. 나머지 줄들은 이 책에서 적절한 논리식들로 채워 넣었다.

3.2.3 양화사를 도입하고 제거하는 추론 규칙들의 증명*

양화사를 도입하고 제거하는 자연연역의 추론 규칙들은 제Ⅳ부의 술어 논리의 양화사를 도입하고 제거하는 추론 규칙들, →-제거 규칙과 →-도입 규칙을 사용하여 증명한다.

```
∀-도입 규칙의 증명
1.  | Γ                          -- 전제들의 집합
2.  | A(x)                       -- 가정
3.  | V                          -- 자유변수 x가 없는 타당한 논리식
4.  | V→A(x)                     -- II2, 2
5.  | V→ ∀x A(x)                 -- →∀
6.  | ∀x A(x)                    -- →-제거, 3, 5
```

```
∀-제거 규칙의 증명
1.  | ∀x A(x)                    -- 전제
2.  | ∀x A(x) → A(r)             -- ∀→
3.  | A(r)                       -- →-제거, 1, 2
```

```
∃-도입 규칙의 증명
1.  | A(r)                       -- 전제
2.  | A(r) → ∃x A(x)             -- →∃
3.  | ∃x A(x)                    -- →-제거, 1, 2
```

```
∃-제거 규칙의 증명
1.  | Γ                          -- 전제들의 집합
2.  | ∃x A(x)                    -- 전제
3.  |   | A(x)                   -- 전제
4.  |   | C                      -- 가정
5.  | A(x) → C                   -- →-도입, 3~4
6.  | ∃x A(x) → C                -- ∃→, 5
7.  | C                          -- →-제거, 2, 6
```

3.3 논증의 증명

이 절에서는 양화사의 도입 규칙과 제거 규칙을 적용하는 증명의 예를 보인다.

첫 번째 예에서는 제Ⅳ부 3장 3.1.5절의 예 3.1.5-1의 논리식 논증을 자연연역의 추론 규칙들을 써서 다시 증명한다.

예 3.3-1.

1	$\forall x\ (\text{Human}(x) \to \text{Dies}(x))$	-- 전제 1
2	$\text{Human}(홍길동)$	-- 전제 2
3	$\text{Human}(홍길동) \to \text{Dies}(홍길동)$	-- $\forall$-제거, 1
4	$\text{Dies}(홍길동)$	-- $\to$-제거, 2, 3

예 3.3-2. (논증의 증명)
다음 논증의 타당성을 보이려고 한다.

말은 동물이다.
말의 꼬리는 동물의 꼬리이다.

이 자연어 논증을 논리식 논증으로 바꾸기 위해 술어 기호를 다음과 같이 정의한다:

$H(x)$: x는 말이다.
$A(x)$: x는 동물이다.
$T(x, y)$: x는 y의 꼬리이다.

이 정의를 이용하여 위의 자연어 논증을 번역하면 다음의 논리식 논증을 얻는다.

$$\frac{\forall x\ (H(x) \to A(x))}{\forall x \forall y\ [(H(x) \land T(y, x)) \to (A(x) \land T(y, x))]} \quad \begin{array}{l}\text{-- 전제 1}\\ \text{-- 결론}\end{array}$$

이제 이 논리식 논증을 다음과 같이 증명할 수 있다.

```
1  │ ∀x (H(x) → A(x))                              -- 전제 1
2  │  │ H(x) ∧ T(y, x)                             -- 전제 2
3  │  │ H(x)                                       -- ∧ -제거, 2
4  │  │ H(x) → A(x)                                -- ∀ -제거, 1
5  │  │ T(y, x)                                    -- ∧ -제거, 2
6  │  │ A(x)                                       -- → -제거, 3, 4
7  │  │ A(x) ∧ T(y, x)                             -- ∧ -도입, 5, 6
8  │ (H(x) ∧ T(y, x)) → (A(x) ∧ T(y, x))           -- → -도입, 2~7
9  │ ∀y [(H(x) ∧ T(y, x)) → (A(x) ∧ T(y, x))]      -- ∀ -도입, 8
10 │ ∀x∀y [(H(x) ∧ T(y, x)) → (A(x) ∧ T(y, x))]    -- ∀ -도입, 9
```

위 증명은 결론 논리식이 보편양화사가 두 번 적용된 논리식이다. 따라서 ∀-도입 규칙을 두 번 적용하여 결론 논리식을 얻을 수 있도록

$$(H(x) \land T(y, x)) \to (A(x) \land T(y, x)) \text{ -- (*)}$$

를 도출해야 한다. 이 논리식은 조건문으로 만일 조건문의 전건을 가정하고 후건을 도출할 수 있다면 →-도입 규칙을 적용하여 논리식 (*)를 얻을 수 있다. 2줄~7줄은 이를 수행하는 보조연역이고 1줄은 보조연역을 위해 필요한 조건을 전제로부터 얻은 결과이다.

예 3.3-3. (논리식 논증의 증명)
다음을 증명하려 한다.

$$\exists x\, T(x),\ \forall x\, (T(x) \to P(x)) \vdash \exists y\, (T(y) \land P(y))$$

이 증명은 다음과 같이 수행될 수 있다.

```
1  │ ∃x T(x)                    -- 전제 1
2  │ ∀x (T(x) → P(x))           -- 전제 2
   │
3  │ │ T(a)                     -- 전제 3
4  │ │ T(a) → P(a)              -- ∀-제거, 2
5  │ │ P(a)                     -- →-제거, 3, 4
6  │ │ T(a) ∧ P(a)              -- ∧-도입, 3, 5
7  │ │ ∃y (T(y) ∧ P(y))         -- ∃-도입, 6
8  │ ∃y (T(y) ∧ P(y))           -- ∃-제거, 1, 3~7
```

위 예의 증명과 다르게 전제 1로부터 ∃-제거 규칙을 적용해 3줄에서 T(a)를 전제로 하는 보조연역을 시작하는 대신 T(a)를 바로 도출하는 것은 ∃-제거 규칙의 올바른 적용이 아니다. 왜냐하면 ∃-제거 규칙은 T(a)를 전제로 하는 보조연역을 통해서 증명을 하도록 하고 있기 때문이다.

예 3.3-4. (논증의 증명)
다음 논증의 타당성을 보이려고 한다.

어떤 수보다도 더 큰 수가 존재한다.	-- 전제 1
어떤 수도 그보다 더 큰 수가 있다.	-- 결론

이 자연어 논증을 논리식 논증으로 바꾸기 위해 술어 기호를 다음과 같이 정의한다:

P(x, y): x > y

이 정의를 이용하여 위의 자연어 논증을 번역하면 다음의 논리식 논증을 얻는다.

∃x∀y P(x, y)	-- 전제 1
∀y∃x P(x, y)	-- 결론

이제 이 논리식 논증을 다음과 같이 증명할 수 있다.

```
1  │ ∃x∀y P(x, y)                    -- 전제 1
2  │  │ ∀y P(x, y)                   -- 전제 2
3  │  │ P(x, y)                      -- ∀-제거, 2
4  │  │ ∃x P(x, y)                   -- ∃-도입, 3
5  │  │ ∀y∃x P(x, y)                 -- ∀-도입, 4
6  │ ∀y∃x P(x, y)                    -- ∃-제거, 2~5
```

예 3.3-4의 증명은 다음과 같이 구축되었다. 먼저 1줄에 전제를 적고 마지막 열에 결론을 적는다. 위 논증의 전제는 하나이고 그것은 존재양화 논리식이다. 따라서 1줄로부터 나아갈 수 있는 유일한 방법은 존재양화사를 먼저 제거하고 거기서 더 나아가기 위해서 ∃-제거 규칙을 적용하는 것이다. ∃-제거 규칙에 따르면 이 규칙을 적용하기 위해서는, "∃x P(x) ⊢ C" 대신에 "P(x) ⊢ C"를 증명하는 것으로 충분하다. 따라서 2줄부터 5줄까지로 구성된 것과 같은 하위 증명이 필요하다. 이 예에서 ∃-제거 규칙이 요구하는 것과 같이 결론이 x를 자유롭게 갖고 있지 않는다는 것을 주목하자. 따라서 하위 증명에서 결론을 증명하는데 성공하면, ∃-제거 규칙을 타당하게 적용할 수 있다. 이 하위 증명을 어떻게 얻을 것인가? 다시 전제가 보편양화되어 있기 때문에, ∀-제거 규칙을 먼저 적용하고 나서, 결론의 가장 안쪽의 양화사가 존재양화사이므로, 어느 시점에서는 ∃-도입 규칙을 사용해야 한다. 그러면 ∀-도입 규칙을 적용함으로써 하위 증명은 완결된다. 따라서 2줄에 먼저 ∀-제거 규칙을 적용하자. 이제 3줄의 P(x, y)를 얻고 이 술어에서 y는 임의의 개체이다. 3줄에 ∃-도입 규칙을 적용하자. 그러면 4줄에 ∀-도입 규칙을 적용함으로써 하위 증명이 완결되는데, y가 임의의 개체를 나타내는 변수이므로 이 규칙의 적용은 타당하다. 따라서 하위 증명이 완료되었고 전체 증명도 완료되었다.

앞서 제IV부 2장 2.2절에서 ∃x∀y P(x, y)와 ∀y∃x P(x, y)는 동치가 아니라고 하였다. 이 두 논리식은 하나가 다른 하나를 함의하는 관계에 있다. 즉,

(논증 A)

$\exists x \forall y \ P(x, y)$ -- 전제 1
―――――――――――――――
$\forall y \exists x \ P(x, y)$ -- 결론

는 예 3.3-4 의 증명에서 보았듯이 타당한 논증이지만,

(논증 B)

$\forall y \exists x \ P(x, y)$ -- 전제 1
―――――――――――――――
$\exists x \forall y \ P(x, y)$ -- 결론

는 타당하지 않다. 논증 B 의 부당성은 제IV부 3 장 예제 3.2.2-2 에서 보였다.

예 3.3-5. (논증의 증명)

다음 논증의 타당성을 보이려고 한다.

> 금은 무겁다.
> 금 이외에는 어떤 것도 그의 입을 다물게 하지 못한다.
> 가벼운 것은 어떤 것도 그의 입을 다물게 하지 못한다.

이 자연어 논증을 논리식 논증으로 바꾸기 위해 술어 기호를 다음과 같이 정의한다:

$G(x)$: "x 는 금이다."
$S(x)$: "x 는 그의 입을 다물게 할 것이다."
$H(x)$: "x 는 무겁다."

이 정의를 이용하여 위의 자연어 논증을 번역하면 다음의 논리식 논증을 얻는다.

$\forall x \ (G(x) \to H(x))$ -- 전제 1
$\forall x \ (\neg G(x) \to \neg S(x))$ -- 전제 2
――――――――――――――――
$\forall x \ (\neg H(x) \to \neg S(x))$ -- 결론

위 논증의 결론은 "무거운 것만이 그의 입을 다물게 한다."로 해석되고, 따라서 논리식 논증에서는 "무겁지 않은 것은 그의 입을 다물게 하지 못한다."로 번역되었다.

이제 이 논리식 논증을 다음과 같이 증명할 수 있다.

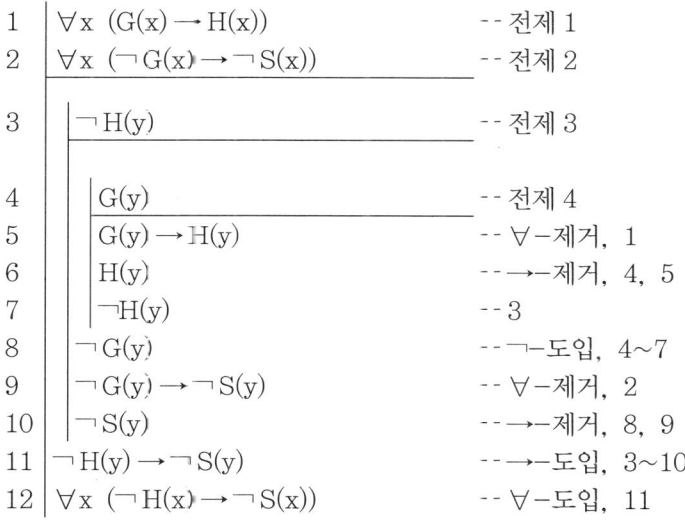

예 3.3-5 는 일상적으로 일어나는 단순한 추론이 일련의 여러 단계의 정형적 추론 규칙을 담고 있을 수 있음을 보인다. 증명하고자 하는 것이 보편양화된 조건문이기 때문에 먼저 조건문을 증명한다. 따라서 12 줄에서처럼 새로운 변수 y를 사용한다. 조건문을 증명하기 위하여, 전건을 가정하고 후건을 도출하는 시도를 한다. ¬S(y)를 직접 도출할 수 없기 때문에 먼저 ¬G(y)를 도출한다. 왜냐하면 이 경우 2 줄에 ∀-제거를 적용하고 그 결과에 →-제거를 적용하면 ¬S(y)를 얻을 수 있기 때문이다. ¬G(y)를 도출하기 위해서는 G(y)를 가정하고 모순을 도출한다.

제 2 장과 3 장에서 소개된 자연연역의 논증의 증명 방법은 지금까지 소개된 예에서처럼 논증의 전제들로부터 결론을 도출하는 논증의 직접 증명[111]에만 적용할 수 있는 것은 아니다. 예를 들어, 귀류법[112]에 의한 논증

---

[111] 제 I 부 5 장 참조.

의 증명에도 활용할 수 있다. 또 다른 적용 방법으로, 하나의 전제로부터 모순을 도출하여, 그 전제가 "충족될 수 없는 명제 또는 논리식임"을 보이는 데에도 활용할 수 있다.

---

112 제Ⅰ부 5장 참조.

연습문제

논리의 정형화

1. 다음의 명제가 참인지 거짓인지 말하시오.

   "왼쪽 괄호의 개수가 오른쪽 괄호의 개수보다 많은 어떤 명제 논리 혹은 술어 논리의 표현도 wff 가 아니다."

2. 다음 중 술어 논리의 wff 가 아닌 것은 어느 것인가?
   - (가) $((P \lor Q) \to R)$
   - (나) $(\exists x)\ (P(f(x), x) \land Q)$
   - (다) $(\exists x)\ P(f(x), x) \land Q)$
   - (라) $(\exists x)\ P(f(x), x) \land Q$

명제 논리에서의 논증의 증명

1. 자연연역을 사용하여 다음 논증을 증명하시오.

   (a)
   $$P$$
   $$P \to R$$
   $$\underline{Q \to \neg R}$$
   $$\neg Q$$

   (b)
   $$\neg P \to Q$$
   $$Q \to R$$
   $$\underline{\neg P \lor R}$$
   $$R$$

   (c)
   $$P \lor Q$$
   $$\underline{P \to R}$$
   $$R \lor Q$$

   (d)
   $$P \to Q$$
   $$\underline{P \lor \neg R}$$
   $$(\neg P \to R) \to Q$$

2. $A \leftrightarrow B$는 $A \to B$와 $B \to A$가 모두 T인 경우에 T이고 오직 그렇지 않은 경우에는 F이다. $\to$에 관련된 증명을 이용하여 $\leftrightarrow$에 관련된 증명을 할 수 있도록 자연연역의 추론 규칙에 $\leftrightarrow$의 추론 규칙을 추가하려고 한다. $\leftrightarrow$를 위한 추론 규칙을 정의하시오.

술어 논리에서의 논증의 증명

1. 다음 중 정형적 증명을 구축하는 좋은 접근방법이 아닌 것은?
   - (가) 결론의 주 연산자나 양화사를 전체적인 증명 계획을 수립하는 단서로 사용한다.
   - (나) 필요하면 정방향-역방향 전략을 사용한다.
   - (다) 결론이 연언문이면, 각 연언지를 먼저 증명하고 연언지들에 ∧-도입 규칙을 적용한다.
   - (라) 결론이 선언문이고 각 선언지가 쉽게 증명되지 않으면, 귀류법을 시도한다.
   - (마) 증명을 정방향으로 진행하기 위해 가장 적합한 논리식을 찾기 위해 이미 도출된 논리식들로부터 가능한 한 많은 논리식들을 도출한다.

2. 자연연역의 추론 규칙들 중 제거해도 자연연역이 여전히 완전성을 갖는 추론 규칙이 존재하는가?

3. 다음의 논리식 논증을 자연연역을 사용하여 증명하시오.

   (a) $$\dfrac{\forall x\ (P(x) \wedge Q(x))}{\forall x\ P(x) \wedge \forall y\ Q(y)}$$

   (b) $$\dfrac{\exists x\ (F(x) \wedge G(x))}{\neg \forall x\ (F(x) \rightarrow \neg G(x))}$$

   (c) $$\dfrac{\exists x \exists y\ F(x, y) \vee \forall x \forall y\ G(y, x)}{\exists x \exists y\ (F(x, y) \vee G(x, y))}$$

4. 다음과 같이 술어 기호를 정의하자:

   > $Q(x)$: "x는 미인이다."
   > $A(x)$: "x는 매력적이다."
   > $G(x)$: "x는 무섭다."

다음 문제들에 답하시오.

(a) 다음 문장들을 논리식으로 번역하시오.

> "미인은 매력적이지 않다."
> "매력적이고 무서운 사람들이 있다."
> "미인은 무섭다."

(b) 다음의 자연어 논증을 논리식 논증으로 옮기시오.

> 미인은 매력적이다.
> 매력적이고 무서운 사람은 없다.
> ─────────────────
> 미인은 결코 무섭지 않다.

(c) (b)의 논증은 타당한가 타당하지 않은가?
(d) (b)의 논증이 타당하다면 자연연역을 사용하여 논증을 증명하시오. 만일 (b)의 논증이 타당하지 않으면, 그 이유를 설명하시오.

제VI부 진리나무[113]

"생각할 수 있는 어떠한 사건에 의해서도 반박될 수 없는 이론은 과학적인 이론이 아니다. 반박할 수 없음은 (흔히 사람들이 생각하듯) 이론의 덕목이 아니라 이론의 악이다."[114]

칼 포퍼[115] (*Conjectures and Refutations*, 1962)

제III부와 제IV부에서는 각각 명제 논리 언어와 술어 논리 언어를 소개하고, 더불어 각 언어에 적용가능한 논증의 증명과 반박의 기본적인 방법을 소개하였다. 제VI부에서는 제III부와 제IV부에서 소개된 기본적인 방법들 외에 사용될 수 있는 도구로서 *진리나무*(Truth Tree)[116]를 이용한 논증의 증명과 반박 방법을 소개한다.

---

113 이 장의 내용의 많은 부분은 [Leblanc 93]에서 가져왔다. Leblanc에 따르면 진리나무 방법은 [Jeffrey 67]에서 처음 소개되었다([Leblanc 93]p.46).
114 Karl Popper, *Conjectures and Refutations*, Basic Books, 1962. p.36
115 Karl Popper(1902~1994)
116 Leblanc은 진리나무를 *일관성나무*(Consistency Tree)라고 부른다. 제VI부에서 논증의 증명 또는 반박의 문맥 속에서 진리나무 구축을 소개하지만, 진리나무의 다른 이름이 나타내는 것처럼 하나 이상의 전제들이 모순적인지 아닌지를 판단하는데 쓸 수 있다.

제 1 장   명제 논리에서의 논증의 증명과 반박

술어 논리의 진리나무 구축은 다소 복잡하기 때문에, 먼저 제 1 장에서 명제 논리를 위한 진리나무 구축 절차를 소개하고 이를 명제 논리의 논증의 증명과 반박에 적용한 뒤, 제 2 장에서 이 진리나무 구축 절차를 술어 논리를 위한 진리나무 구축 절차로 확장한 뒤 이를 술어 논리 논증의 증명과 반박에 적용한다.

이 장의 제 1.1 절과 1.2 절에서 각각 명제 논리의 진리나무 구축 규칙과 진리나무 구축 절차를 설명한 뒤, 제 1.3 절에서는 이를 명제 논리의 논증의 증명과 반박에 적용한다.

1.1 진리나무 구축 규칙

진리나무 구축은 진리표를 압축적으로 구축하는 방법으로 볼 수 있다. 모순 혹은 무모순이 자명하게 드러날 때까지 논리식들을 분해하고 술어 논리의 경우에는 추가적으로 변수들을 사례화함으로써, 진리값 분석을 모든 경우에 대해 수행하지 않고도 결과를 알 수 있다.

표 1.1-1 은 진리나무 구축에 사용되는 명제 논리 규칙들이다. 표 1.1-1 에서 A 와 B 는 임의의 명제함수 논리식을 나타낸다. 진리나무는 위에서 아래로 구축되며, 진리나무 구축에 적용되는 규칙은 각 규칙의 상단에 나오는 논리식이 하단에 나오는 논리식들로 대체되거나 두 개의 가지로 나뉘어 각 가지의 하단에 나오는 논리식으로 확장된다. 각 규칙은 하나의 연결사를 제거하며 그 과정에 논리식을 논리식의 구성식 또는 구성식의 부정으로 단순화 시켜, 최종적으로는 더이상 분해되지 않는 단순 명제나 단순 명제의 부정에 도달하도록 한다. 규칙이 적용되는 논리식 우측에 있는 "✓" 표시를 하면 이는 "해당 논리식이 이어지는 진리나무 구축에 더 이상 필요가 없고 새로 도입된 논리식 또는 논리식들이 있는 것으로 충분하다."는 것을 나타낸다.

표 1.1-1. 명제 논리를 의한 진리나무 구축 규칙들[117]

∧-규칙	∨-규칙	→-규칙	↔-규칙
$A \wedge B$ ✓ A B	$A \vee B$ ✓ ╱╲ A　B	$A \rightarrow B$ ✓ ╱╲ $\neg A$　B	$A \leftrightarrow B$ ✓ ╱╲ A　$\neg A$ B　$\neg B$
¬∧-규칙	¬∨-규칙	¬→-규칙	¬↔-규칙
$\neg(A \wedge B)$ ✓ ╱╲ $\neg A$　$\neg B$	$\neg(A \vee B)$ ✓ $\neg A$ $\neg B$	$\neg(A \rightarrow B)$ ✓ A $\neg B$	$\neg(A \leftrightarrow B)$ ✓ ╱╲ A　$\neg A$ $\neg B$　B
¬¬-규칙 $\neg\neg A$ ✓ A			

✓ : 이 표시가 있는 논리식은 진리나무 구축에 더 이상 필요가 없다.

　　표 1.1-1 의 ∧-규칙은 다음과 같이 해석할 수 있다. $A \wedge B$가 참이면 A도 참이고 B도 참이다. 따라서 $A \wedge B$는 진리나무 구축에 더 이상 필요 없고 A와 B가 남아 있는 것으로 충분하다.

　　∨-규칙은 다음과 같이 해석할 수 있다. $A \vee B$가 참이면 A가 참이거나 B가 참이다. 따라서 각 경우에 해당되는 가지에 A와 B를 각각 두면 $A \vee B$는 더 이상 진리나무 구축에 필요하지 않다.

　　¬-규칙을 제외한 표 1.1-1 의 나머지 규칙들도 그 규칙에 의해 분해되는 논리식에 맞게 앞에서 설명한 두 해석들 중 하나와 유사하게 해석된다.

　　¬-규칙은 $\neg\neg A$와 A가 동치이기 때문에, A를 남기면 $\neg\neg A$는 진리나무 구축에 더 이상 필요하지 않다는 것을 말한다.

---

117 [Leblanc 91]p.53 Table Ⅳ

1.2 진리나무 구축 절차

명제 논리를 위한 진리나무 구축 절차가 그림 1.2-1에 나와 있다. 진리나무를 이용하여 논증을 증명하거나 반박하고자 할 때에는 논증의 결론을 부정한 뒤 이를 새로운 추가적인 전제로 하는 전제들의 집합으로부터 진리나무를 구축하여 모순을 도출한다. 이러한 증명 방법은 기본적으로 제Ⅲ부 3장 3.2.3절에서 소개된 귀류법의 증명방식이다.

진리나무의 구축은 앞에서 말한 전제들의 집합에 표 1.1-1의 규칙들을 적용해 감으로써 이루어진다. 이 과정에 진리나무에 "×" 표시를 할 수 있는데, 이는 "이 표시가 있는 가지에서 모순이 발견되어 더 이상 가지를 확장할 필요가 없다."는 것을 나타낸다. 모순은 두 개의 논리식 A와 $\neg A$가 동일한 진리나무의 동일한 경로에 모두 있을 때 발생한다. 모순이 발생하면 모순을 발생시킨 논리식 밑에 × 표시를 하고 그 밑에 (× 표시가 없는) 다른 논리식이 등장한 줄번호를 적는다. × 표시가 있는 가지에 대해서는 *(가지가) 닫혔다*고 말한다. 닫히지 않은 가지에 대해서는 *(가지가) 열렸다*고 말한다. 모든 가지가 닫혔을 때에는 *나무가 닫혔다*고 말한다. 열린 가지가 하나라도 있는 경우에는 *나무가 열렸다*고 말한다. 제2장 표 2.1-1의 술어 논리를 위한 진리나무 구축 규칙들을 포함한 경우에도 표시 방법은 동일하다.

이 절차를 따라 진리나무를 구축하는 과정에 진리나무는 아래 두 가지 중 하나의 상태에 놓인다.

[**유형 A**] 나무가 닫혀 있다. (따라서 논증은 타당하다.)
[**유형 B**] 절차가 멈췄다. 열린 가지가 있고 그 가지에 절차가 더 이상 적용되지 않는다. (따라서 논증은 부당하다.)

진리나무 구축 절차가 진행되며 절차가 유형 A의 경우와 같이 종료되면 논증의 타당함이 드러난 것이다. 또 절차가 유형 B의 경우와 같이 종료되면 논증의 부당함이 드러난 것이다.

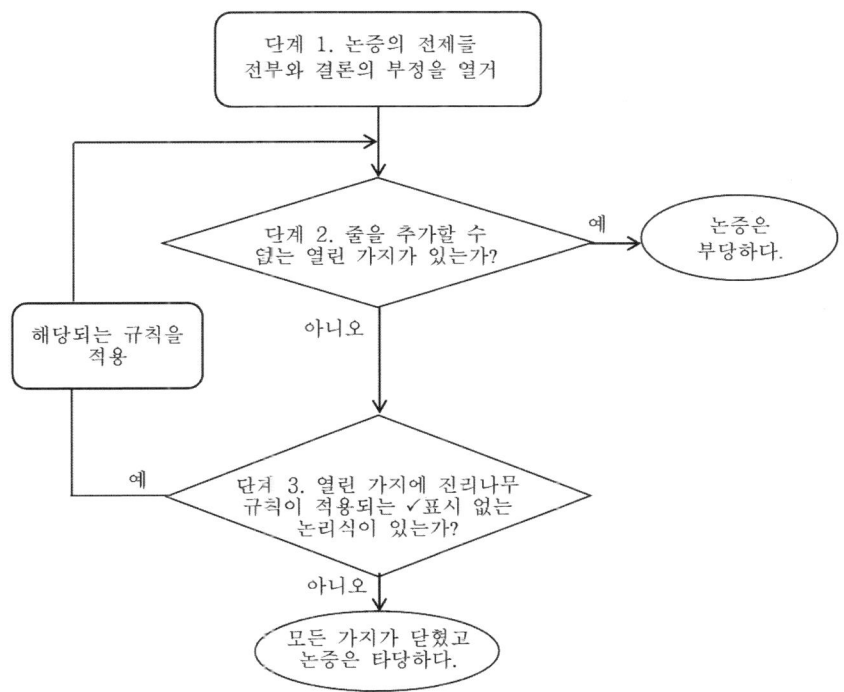

그림 1.2-1. 명제 논리를 위한 진리나무 구축 절차[118]

1.3 논증의 증명과 반박

명제 논리의 논증의 경우에는 진리나무 구축 과정에 진리나무의 모든 가지가 닫힘으로써 모순이 도출되면 논증의 타당함이 증명된 것이고, 진리나무의 구축이 종료되었는데 열린 가지가 있으면 논증의 부당함이 증명된 것이다.

다음은 진리나무를 구축하여 논증이 타당함을 보이는 예이다.

---

118 이 절차는 [Leblanc 93]p.184 에 나오는 The Routine 을 응용하였다.

예 1.3-1. (논증의 증명 [유형 A])

날씨가 좋으면 야외에 사람이 많다.   -- 전제 1
야외에 사람이 많지 않거나 자전거 타는 사람이 많다.   -- 전제 2
야외에서 자전거 타는 사람이 많지 않으면 날씨가 좋지 않다. -- 결론 1

위 자연어 논증을 논리식 논증으로 바꾸기 위해 다음과 같이 명제 기호를 정의한다.

P: 날씨가 좋다.
Q: 야외에 사람이 많다.
R: 야외에서 자전거를 타는 사람이 많다.

이를 이용하여 위의 자연어 논증을 논리식 논증으로 번역하면 그 결과는 다음과 같다.

$$P \to Q \quad \text{-- 전제 1}$$
$$\neg Q \vee R \quad \text{-- 전제 2}$$
$$\overline{\neg R \to \neg P} \quad \text{-- 결론 1}$$

이 논리식 논증으로부터 구축한 진리나무는 다음과 같다.

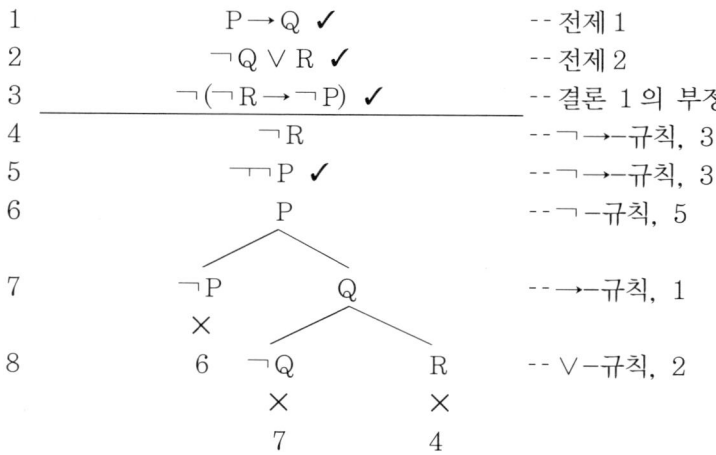

이 진리나무는 닫혀 있다. 따라서 위의 논리식 논증은 타당하다.

다음은 진리나무를 구축하여 논증이 부당함을 보이는 예이다.

예 1.3-2. (논증의 반박 [유형 B])

날씨가 좋으면서 야외에 사람이 많지 않은 경우는 없다.　--전제 1
야외에 사람이 많으면 야외에서 자전거 타는 사람이 많다.　--전제 2
야외에서 자전거 타는 사람이 많지 않거나 날씨가 좋다.　--결론 2

위 자연어 논증을 논리식 논증으로 바꾸기 위해 다음과 같이 명제 기호를 정의한다.

P: 날씨가 좋다.
Q: 야외에 사람이 많다.
R: 야외에서 자전거를 타는 사람이 많다.

이를 이용하여 위의 자연어 논증을 논리식 논증으로 번역하면 그 결과는 다음과 같다.

$$\begin{array}{ll} \neg(P \wedge \neg Q) & \text{--전제 1} \\ Q \rightarrow R & \text{--전제 2} \\ \hline \neg R \vee P & \text{--결론 2} \end{array}$$

이 논리식 논증으로부터 구축한 진리나무는 다음과 같다.

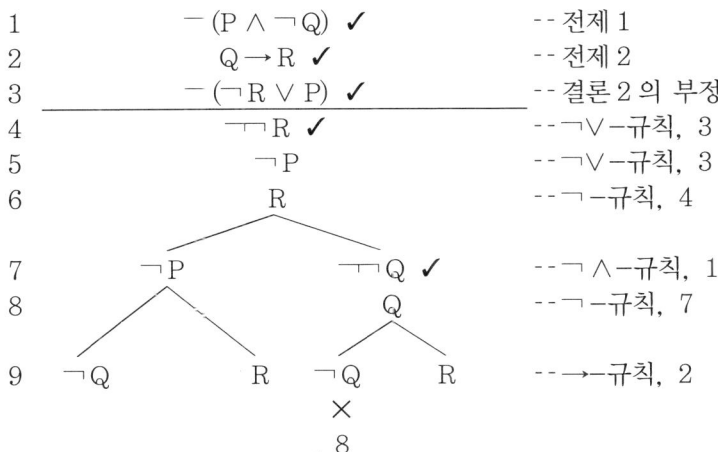

이 진리나무에는 열린 가지가 있지만 진리나무 구축은 더이상 진행되지 않는다. 따라서 위 논리식 논증은 부당하다.

예 1.3-2 의 논증의 전제 1, 전제 2 는 예 1.3-1 의 논증의 전제 1, 전제 2 와 각각 동등하다. 이 두 논증은 결론이 다른데 결론 2 는 결론 1 의 역이다. 이 예의 두 개의 전제들로부터 "날씨가 좋으면 야외에서 자전거 타는 사람이 많다."라고 결론 내릴 수 있지만, "자전거 타는 사람이 많으면 날씨가 좋다."라고 결론 내릴 수는 없다는 것을 알 수 있다. 그 이유는 자전거 타는 사람들이 많은 이유가, 야외에 사람이 많아서 일수도 있고 또 다른 이유일 수도 있기 때문이다. 날씨가 좋지 않아도 예를 들어 행사로 인해 사람이 많을 수 있다. 예 1.3-2 의 진리나무에서 맨 왼쪽의 가지들로 이루어진 경로(<$\neg\neg$R, $\neg$P, R, $\neg$P, $\neg$Q>)가 이런 경우를 보여준다.

제 2 장 술어 논리에서의 논증의 증명과 반박

이 장의 제 2.1 절과 2.2 절에서는 각각 술어 논리의 진리나무 구축 규칙과 진리나무 구축 절차를 설명한다. 이어 제 2.3 절에서는 이를 술어 논리의 논증에 적용한다.

2.1 진리나무 구축 규칙

술어 논리를 위한 진리나무 구축 규칙들은 제 1 장 표 1.1-1 의 규칙들과 아래 표 2.1-1 의 규칙들로 구성된다.

표 2.1-1. 술어 논리를 위한 추가적인 진리나무 구축 규칙들[119]

∀-규칙	¬∃-규칙	∃-규칙	¬∀-규칙
∀x A	¬∃x A	∃x A ✓	¬∀x A ✓
$A(t)$	¬$A(t)$	$A(c)$	¬$A(c)$

제약사항 1) $A(t)$는 $A(x)$의 자유 변수 x 에 t 를 대입한 결과이다.
제약사항 2) t 는 $A(x)$의 x 에 대입하여 자유로운(즉, 대입에 의해 결합되지 않는) 항이다.
제약사항 3) $A(c)$는 $A(x)$의 자유 변수 x 에 c 를 대입한 결과로, c 는 $A(c)$ 또는 ¬$A(c)$가 들어가는 모든 가지에 새로운 상수 또는 새로운 변수이다.
주석 1) ✓ : 이 표시가 있는 논리식은 진리나무 구축에 더 이상 필요가 없다.

---

[119] 이 규칙들은 [Leblanc 91]p.176 Table X 에서 가져왔다. 원래의 규칙은 "t 가 항일 때 $A(t)$"로 되어 있으나 표 2.1-1 에서는 이를 "c 가 상수 또는 변수일때 $A(c)$"로 변경하였다. 왜냐하면 t 가 어떤 항이면, x 가 아닌 새로운 변수나 또는 새로운 이름에 해당하는 상수 이상의 의미를 t 가 가질 수 있는데 그러면 타당하지 않은 규칙이 된다. 예를 들어 ∃x (y=3×x)("y 는 어떤 수의 세 곱이다.")로부터 y=3×z("세 곱이 y 인 수를 z 라고 하자.")를 도출하거나 y=3×c("세 곱이 y 인 수를 c 로 부르기로 하자.")를 도출해도 좋으나, t=5 를 대입하여 y=3×5("y 는 3×5 이다.")를 드출하도록 해서는 안 된다. ∃-규칙과 ¬∀-규칙은 제Ⅳ부 3 장 3.1.3 절 표 3.1.3-1 의 →∀ 규칙 그리고 ∃→ 규칙과 같은 형식으로 제시될 수 있으나, 이 책에서는 규칙을 간단히 하기 위해 표 2.1-1 과 같이 두었다.

∀-규칙에 따르면 논리식 A 에 변수 x 대신 t 를 대입하여 가지에 추가할 수 있다. 그러나 논리식 "∀x A"는 제거하면 안되는데, 그 이유는 이후에도 x 에 다른 항을 대입한 다른 논리식이 필요할 수 있기 때문이다.

¬∃-규칙에 따르면 가지에 ¬A(t)을 추가할 수 있는데, 이는 ¬∃x A 가 ∀x ¬A 와 동등하여 ∀-규칙과 같은 경우에 해당되기 때문이다. 또 ∀-규칙과 마찬가지로 x 에 다른 항을 대입한 다른 논리식이 필요할 수 있기 때문이다.

∃-규칙에 따르면 A(c)를 가지에 추가할 수 있다. "A(c)와 ¬A(c)가 들어가는 모든 가지에서 c 는 새로운 항이다."라는 제약사항은 ∃x A 에 A 를 충족시키는 x 가 존재한다는 것을 뜻하는데 그 이상의 의미를 c 가 가지지 않도록 한다. 또 존재하는 것을 c 로 나타냈기 때문에 ∃x A 는 진리나무 구축에 더 이상 필요하지 않다. 다음 부당한 논리식 논증의 증명을 시도해 보자.

$$\frac{\exists x\ T(a,\ x)}{T(a,\ a)} \quad \text{-- 전제} \atop \text{-- 결론}$$

다음은 1 줄과 2 줄에는 문제가 없으나 3 줄에서 ∃-규칙을 잘못 적용한 증명 시도이다.

```
1      ∃x T(a, x) ✓         -- 전제
2      ¬T(a, a)              -- 결론의 부정
3       T(a, a)              -- ∃-규칙, 1 (잘못된 적용)
          ×
```

a 는 ∃x T(a, x)에 이미 들어 있는 상수이므로, ∃-규칙에 따르면 이로부터 새로운 상수 b 를 써서 T(a, b)를 도출하는 것은 가능하지만 T(a, a)를 도출할 수 없다. 왜냐하면 ∃x T(a, x)의 의미는 단지 T(a, x)를 참으로 만드는 x 가 존재한다는 것이므로, 그런 x 가 a 라고 단정할 수 없기 때문이다.

¬∀-규칙에 따르면 ¬A(c)를 가지에 추가할 수 있는데, 이는 ¬∀x A 가 ∃x ¬A 와 동등하기 때문에 ∃-규칙과 같은 경우이기 때문이다. ∃

—규칙에서와 마찬가지로 c 는 새로운 항이어야 하고 $\neg \forall x\, A$ 는 진리나무 구축에 더 이상 필요하지 않다.

2.2 진리나무 구축 절차

술어 논리를 위한 진리나무 구축 절차는 그림 2.2-1 과 같다. 단계 1 과 3 은 그림 1.2-1 의 명제 논리를 위한 진리나무 구축 절차와 동일하고, 단계 2, 4, 5 는 명제 논리의 단계 2 가 술어 논리를 위하여 일반화된 단계이다.
    이 절차를 따라 진리나무를 구축하는 과정에 진리나무의 상태는 아래 네 개 중 하나가 된다.

[유형 A] 나무가 닫혀 있다. (따라서 논증은 타당하다.)
[유형 B] 절차가 멈췄다. 열린 가지가 있고 그 가지에 더 이상 절차가 적용되지 않는다. (따라서 논증은 부당하다.)
[유형 C] 절차가 멈췄다. 열린 가지가 있고 절차가 적용되지만 새로운 열을 추가하는 것은 의미가 없다. (따라서 논증은 부당하다.)
[유형 D] 절차가 멈추지 않고, 열을 계속 추가해야 한다. (따라서 논증이 타당한지 부당한지 말할 수 없다.)

    유형 A 와 유형 B 는 명제 논리의 경우와 동일한 유형들이다. 진리나무 구축이 진행되며, 유형 A 의 경우와 같이 절차가 종료되고 논증의 타당함이 드러나거나, 유형 B 의 경우와 같이 절차가 종료되고 논증의 부당함이 드러날 수 있다. 그렇지 않은 경우에는 유형 C 에서처럼 절차가 계속 적용될 수 있지만 같은 패턴이 반복되어 논증이 부당하다고 결론 내릴 수 있거나, 유형 D 와 같이 절차가 종료되지 않고 계속되어 논증이 타당한지 부당한지 결론 내릴 수 없다.
    술어 논리의 논증을 위한 진리나무 구축도 명제 논리의 논증에서와 마찬가지로 진리나무의 모든 가지가 닫힘으로써 모순이 도출되면 논증의 타당함이 증명된 것이고, 모순이 도출되지 않은 경우는 논증의 타당함이 증명되지 않은 것이다. 명제 논리의 경우에는 진리나무의 구축 절차가 항상 종료되어 항상 논증의 타당함 혹은 부당함이 결정된다. 그러나 술어 논리의 경우에는, 논증이 타당한 경우에는 진리나무의 구축 절차가 항상 종료되지만, 논증이 부당한 경우에는 진리나무의 구축 절차가 종료될 수도 있고 종료되지 않을 수도 있다. 모든 가지가 닫히지 않고 진리나무 구축 절차가 종료되는 경우에는 논증이 부당함이 증명된 것이지만, 종료되지 않는 경우에는 논증의 부당함이 증명되었다고 말할 수 없다.

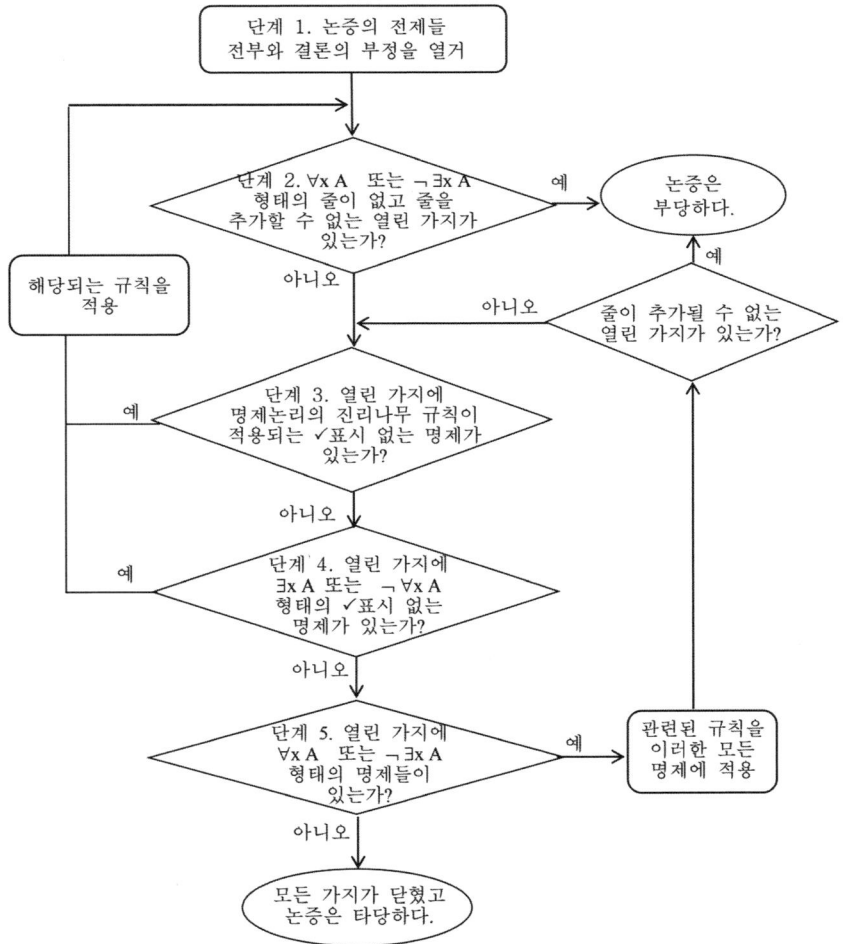

그림 2.2-1. 술어 논리를 위한 진리나무 구축 절차[120]

---

[120] 이 절차는 [Leblanc 91]p.184 The Routine 을 응용하였다.

2.3 논증의 증명과 반박

이 절에서는 술어 논리의 논증에 제 2.2 절의 진리나무 구축 절차를 적용하여 나올 수 있는 다양한 적용 결과의 예를 본다.

다음은 진리나무를 구축한 결과가 유형 A 가 되어 논증이 타당함을 보이는 예이다.

예 2.3-1. (논증의 증명[유형 A])
다음 자연어 논증을 고려하자.

천재도 사람이다	-- 전제 1
사람은 잘못된 판단을 할 수 있다.	-- 전제 2
홍길동은 천재이다.	-- 전제 3
모든 천재가 항상 올바른 판단만을 하는 것은 아니다.	-- 결론

이 자연어 논증을 논리식 논증으로 바꾸기 위해 다음과 같이 상수와 술어 기호를 정의한다.

a: 홍길동
$G(x)$: x 는 천재이다.
$M(x)$: x 는 사람이다.
$F(x)$: x 는 잘못된 판단을 할 수 있다.

이 정의를 이용하여 위의 자연어 논증을 논리식 논증으로 번역하면 그 결과는 다음과 같다.

$\forall x \ (G(x) \rightarrow M(x))$	-- 전제 1
$\forall x \ (M(x) \rightarrow F(x))$	-- 전제 2
$G(a)$	-- 전제 3
$\neg \forall x \ (G(x) \rightarrow \neg F(x))$	-- 결론

이 논리식 논증으로부터 구축한 진리나무는 다음과 같다.

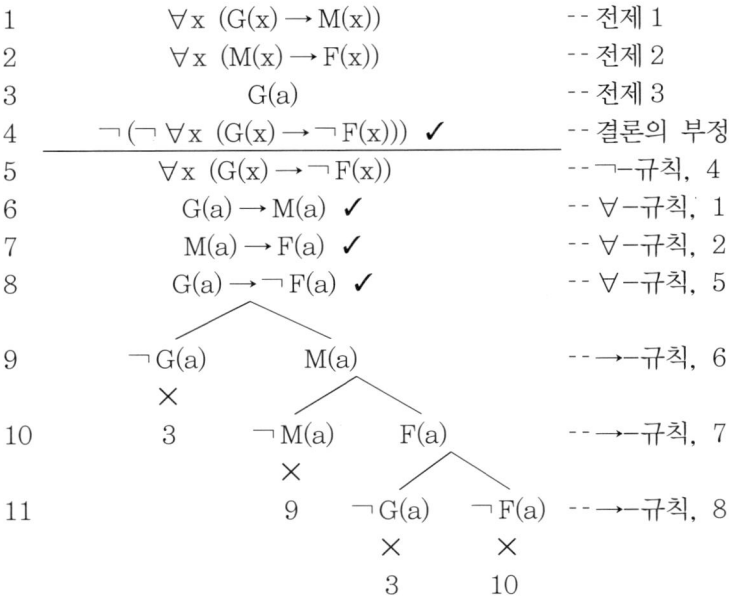

이 진리나무는 닫혀 있다. 따라서 위 논리식 논증은 타당하다.

다음은 진리나무를 구축한 결과가 유형 B 가 되어 논증이 부당함을 보이는 예이다.

예 2.3-2. (논증 반박의 성공 예 [유형 B])
다음 자연어 논증을 고려하자.

바이올린 연주자가 있거나 혹은 바이올린을 잘 연주하는 -- 전제
누구에게나 함께 공연하고 싶어하는 성악가가 있다.
바이올린 연주자이며 성악가가 함께 공연하고 싶어하는 -- 결론
사람은 없다.

이 자연어 논증을 논리식 논증으로 바꾸기 위해 다음과 같이 술어 기호를 정의한다.

a: 바이올린
A(x, y): x는 y의 연주자이다.
S(x, y): x를 y가 잘 연주한다.
D(x): x는 성악가이다.
R(x, y): y는 x와 함께 공연하고 싶어한다.

이 정의를 이용하여 위의 자연어 논증을 논리식 논증으로 번역하면 그 결과는 다음과 같다.

$$\frac{\exists x\ A(x,a) \lor \forall x\ (S(a,x) \rightarrow \exists y\ (D(y) \land R(x,y)))}{\neg \exists x\ (A(x,a) \land \exists y\ (D(y) \land R(x,y)))}$$ -- 전제
-- 결론

이 논리식 논증으로부터 구축한 진리나무는 다음과 같다.

```
1        ∃x A(x,a) ∨ ∀x (S(a, x)→∃y (D(y)∧R(x, y))) ✓    --전제
2        ¬(¬ ∃x(A(x, a) ∧ ∃y(D(y) ∧ R(x, y)))) ✓         --결론의 부정
3        ∃x (A(x, a) ∧ ∃y (D(y) ∧ R(x, y))) ✓            --¬-규칙, 2

4        ∃x A(x, a) ✓              ∀x(S(a, x)→∃y(D(y)∧R(x, y)))   --∨-규칙, 1
5        A(b,a)∧∃y(D(y)∧R(b, y)) ✓   A(b, a)∧∃y(D(y)∧R(b, y)) ✓    --∃-규칙, 3
6        A(b, a)                                                    --∧-규칙, 5
7        ∃y (D(y) ∧ R(b, y)) ✓
8                                    A(b, a)                        --∧-규칙, 5
9                                    ∃y (D(y) ∧ R(b, y))
10       A(c, a)                                                    --∃-규칙, 4
11       D(d)∧R(b, d) ✓                                              --∃-규칙, 7
12       D(d)                                                        --∧-규칙, 11
13       R(b, d)
```

이 진리나무의 왼쪽 가지는 열려 있지만 진리나무 구축은 더 이상 진행되지 않는다. 따라서 위 논리식 논증은 부당하다.

다음은 진리나무를 구축한 결과가 유형 C가 되어 논증이 부당함을 보이는 예이다.

예 2.3-3. (논증 반박의 성공 예[유형 C])

다음 자연어 논증을 고려하자.

천재도 사람이다.	-- 전제 1
사람은 잘못된 판단을 할 수 있다.	-- 전제 2
모든 천재가 항상 올바른 판단만을 하는 것은 아니다.	-- 결론

이 자연어 논증을 논리식 논증으로 바꾸기 위해 다음과 같이 술어 기호를 정의한다.

G(x): x 는 천재이다.
M(x): x 는 사람이다.
F(x): x 는 잘못된 판단을 할 수 있다.

이 정의를 이용하여 위의 자연어 논증을 논리식 논증으로 번역하면 그 결과는 다음과 같다.

∀x (G(x) → M(x))	-- 전제 1
∀x (M(x) → F(x))	-- 전제 2
¬∀x (G(x) → ¬F(x))	-- 결론

이 논리식 논증으로부터 구축한 진리나무는 다음과 같다.

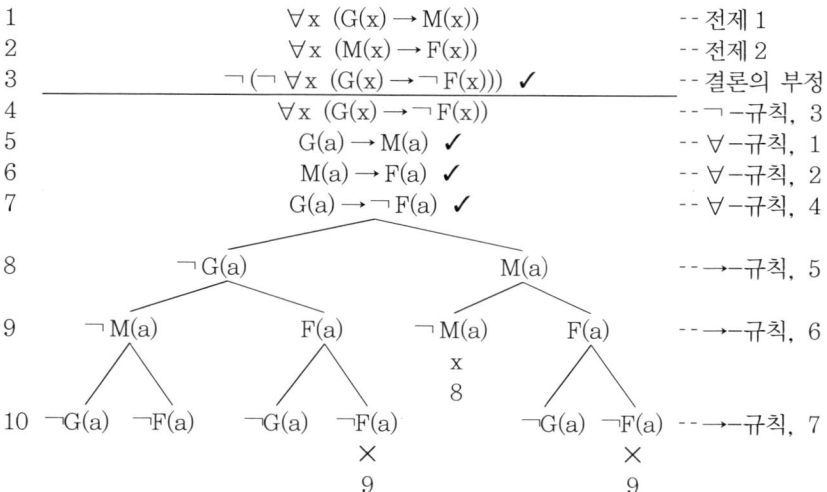

열린 가지가 있고 절차가 적용되지만 새로운 열을 추가하는 것은 의미가 없다. 따라서 논증은 부당하다.

위의 논증에서 $G(x)$가 항상 거짓이면 즉 천재가 존재하지 않으면, $G(x) \rightarrow \neg F(x)$는 항상 참이 되어 $\forall x \, (G(x) \rightarrow \neg F(x))$도 항상 참이 되고 논증의 결론은 거짓이 된다. 따라서 위의 논증은 부당하다. $G(x)$를 참으로 만드는 x가 하나라도 존재할 경우에는 그러한 x에 대해 전제 1과 전제 2에 의해 $F(x)$도 참이 되고 이는 $\forall x \, (G(x) \rightarrow \neg F(x))$와 모순되어 논증의 결론이 따르게 되는데, 앞서 보았던 예 2.3-1이 그런 경우이다.

다음은 진리나무를 구축한 결과가 유형 D가 되는 예이다.

예 2.3-4. (논증 반박의 실패 예 [유형 D])
다음 자연어 논증을 그려하자.

어느 자연수도 그보다 더 큰 자연수가 있다.	-- 전제
어느 자연수보다도 큰 자연수가 있다.	-- 결론

이 자연어 논증을 논리식 논증으로 바꾸기 위해 다음과 같이 술어 기호를 정의한다.

$G(x, y)$: x는 자연수 y보다 큰 자연수이다.

이 정의를 이용하여 위의 자연어 논증을 논리식 논증으로 번역하면 그 결과는 다음과 같다.

$\forall y \exists x \, G(x, y)$	-- 전제
$\exists x \forall y \, G(x, y)$	-- 결론

아래 진리나무는 위 논리식 논증에 대한 반박 시도이다.

1	$\forall y \exists x\ (x, y)$	-- 전제
2	$\neg(\exists x \forall y\ G(x, y))$	-- 결론의 부정
3	$\exists x\ G(x, a)$ ✓	-- $\forall$-규칙, 1
4	$\neg \forall y\ G(a, y)$ ✓	-- $\neg\exists$-규칙, 2
5	$G(b, a)$	-- $\exists$-규칙, 3
6	$\neg G(a, c)$	-- $\neg\forall$-규칙, 4
7	$\exists x\ G(x, b)$ ✓	-- $\forall$-규칙, 1
8	$\exists x\ G(x, c)$ ✓	-- $\forall$-규칙, 1
9	$\neg \forall y\ G(b, y)$ ✓	-- $\neg\exists$-규칙, 2
10	$\neg \forall y\ G(c, y)$ ✓	-- $\neg\exists$-규칙, 2
11	$G(d, b)$	-- $\exists$-규칙, 7
12	$G(e, c)$	-- $\exists$-규칙, 8
13	$\neg G(b, f)$	-- $\neg\forall$-규칙, 9
14	$\neg G(c, g)$	-- $\neg\forall$-규칙, 10

예 2.3-4 의 진리나무 구축에 따르면, 1 줄과 2 줄을 d, e, f, g 로 $\forall$-제거를 해야 하지만, 이 시점에 무한 루프에 들어가는 것을 발견하고 진리나무 구축은 멈춘다. 이로써 전제들의 무모순성 즉 논증의 부당성을 엄밀히 보인 것은 아니지만, 우리는 진리나무 구축 절차가 멈추지 않을 거라는 것을 안다. 만일 논증의 부당성을 엄밀히 보이고자 한다면 제Ⅳ부 3 장 3.2.2 절에서와 같이 논증의 전제들이 참이고 결론이 거짓인 모델을 구축하여 제시하면 된다. 그러나 무한 루프로 들어갈지를 항상 정확히 말해 줄 수 있는 알고리즘은 존재하지 않기 때문에, 타당한 논증의 경우 항상 타당성을 증명할 수 있지만 부당한 논증의 경우에는 논증의 부당성을 항상 증명할 수 있다고 보장할 수 없다.

연습문제

명제 논리에서의 논증의 증명과 반박

1. 진리나무 방법을 사용하여 다음 논리식 논증들을 증명하시오.

    (a)
    $$P$$
    $$P \rightarrow R$$
    $$Q \rightarrow \neg R$$
    $$\overline{\neg Q}$$

    (b)
    $$\neg P \rightarrow Q$$
    $$Q \rightarrow R$$
    $$\neg P \vee R$$
    $$\overline{R}$$

    (c)
    $$P \vee Q$$
    $$P \rightarrow R$$
    $$\overline{R \vee Q}$$

    (d)
    $$P \rightarrow Q$$
    $$P \vee \neg R$$
    $$\overline{(\neg P \rightarrow R) \rightarrow Q}$$

술어 논리에서의 논증의 증명과 반박

1. 다음의 논리식 논증들이 타당함을 진리나무를 구축하여 증명하시오.
   (a) $\forall x\ (P(x) \wedge Q(x)) \vdash \forall x\ P(x) \wedge \forall y\ Q(y)$
   (b) $$\dfrac{\exists x\ (F(x) \wedge G(x))}{\neg\, \forall x\ (F(x) \rightarrow \neg G(x))}$$
   (c) $\exists x\ T(x),\ \forall x\ (T(x) \rightarrow P(x)) \vdash \exists y\ (T(y) \wedge P(y))$
   (d) $$\dfrac{\exists x \exists y\ F(x,y) \vee \forall x \forall y\ G(y,x)}{\exists x \exists y\ (F(x,y) \vee G(x,y))}$$
   (e) $$\dfrac{\forall x\ (Q(x) \rightarrow \neg\neg A(x))}{\neg\, \exists x\ (A(x) \wedge G(x))}$$
   $$\overline{\forall x\ (Q(x) \rightarrow \neg G(x))}$$

제Ⅶ부 맺는말

"… , 시간 여행은 가능하지만 사람이 과거의 자신을 죽일 수 없는 방식으로 가능하다. 경험에 앞서는 것이 크게 무시되는 경향이 있다. [그러나] 논리는 매우 강력하다."121

—쿠르트 괴델122

이제 제Ⅰ부에서부터 제Ⅵ부까지 걸친 연역 논리학의 여정을 모두 마쳤다. 끝으로 제Ⅶ부에서는 연역 논리학의 한계를 알아보고 이 책에서 공부한 연역 논리학 너머에 무엇이 있는지 살펴본다.

논증의 증명 관점: 술어 논리 추론 체계의 건전성과 완전성

자연연역 및 이와 동등한 술어 논리의 추론 체계는 *건전*(sound)하고 *완전*(complete)하다. 즉, 그런 추론 체계로부터 증명된 논증은 타당하다는 의미에서 건전하고, 어떠한 타당한 논증도 그 추론 체계로부터의 증명이 존재한다는 의미에서 완전하다. 논의를 구체화하기 위하여 대상 추론 체계를 자연연역($\mathcal{ND}$)으로 고정하고 전제들의 집합을 Σ, 결론을 φ라고 하면, 이러한 사실들을 다음과 같이 건전성 정리와 완전성 정리로 요약된다.

> **건전성 정리(Soundness Theorem).**
> $\Sigma \vdash_{\mathcal{ND}} \varphi$ 이면, $\Sigma \vDash \varphi$ 이다.

---

121 Rudy Rucker, *Infinity and the Mind*, Bantam New Age Books, 1982, p.181.
122 Kurt Gödel(1906~1978)

이 정리에서 "$\Sigma \vdash_{ND} \varphi$"는 논증의 전제들 Σ로부터 ND의 추론 규칙들만을 사용한 논증의 결론 φ의 증명이 존재한다는 것을 말한다. 따라서 건전성 정리는 그런 증명이 있으면 그 논증은 타당하다는 것을 말한다. 다시 말해서, 건전성 정리는 ND의 각 추론 규칙이 제Ⅲ부와 제Ⅳ부에서 증명된 바와 같이 타당하기 때문에[123], 주어진 전제들이 참이면 이들 추론 규칙들만을 반복적으로 적용하여 도달한 결론은 참이라는 것이다.

건전성 정리의 역이 완전성 정리이다.

완전성 정리(Completeness Theorem, 괴델 1929, 1930).
$\Sigma \vDash \varphi$이면, $\Sigma \vdash_{ND} \varphi$이다.

완전성 정리에 따르면 어떤 타당한 논증의 경우에도 그 논증의 전제들로부터 ND의 추론 체계를 적용한 결론의 증명이 존재한다. 그러나 그런 증명이 존재한다고 항상 쉽게 발견할 수 있는 것은 아니다.

건전성이 없는 추론체계는 부당한 추론을 허용하기 때문에 쓸모가 없다. 완전성은 건전성만큼 정형 추론 체계에 필수적인 성질은 아니다. 그러나 자연연역에 들어 있는 추론 규칙들이 어떤 타당한 논증의 증명을 위해서도 부족하지 않다는 것을 뜻하기 때문에 완전성은 매우 바람직한 자연연역의 속성이다.

현대 논리학[124]의 창시자가 고틀로프 프레게라면 현대 논리학을 완성한 사람은 쿠르트 괴델이다. 그 이유는 그가 자연연역과 같은 정형화된 술어 논리 체계가 완전하다는 것을 완전성 정리로 증명하였기 때문만은 아니다. 괴델은 나아가 술어 논리의 추론 규칙들에 초보적인 산수의 추론 규칙들을 우리의 추론 체계로 포함시키는 순간 술어 논리가 가졌던 완전성은 사라진다는 것을 증명했다. 여기서 말하는 *산수*(Arithmetic)는 자연수를 논의 영역으로 하여 "더하기(+)와 곱하기(×)" 연산에 관한 초보적인 공리들로 이루어진 연산 체계이다. 술어논리와 산수의 정형화된 공리와 추론 규칙들을 $ND+A$로 나타내기로 하면, $ND+A$로부터 모든 참인 산수 명제가 증명될 수 있어야 $ND+A$는 완전하다고 말할 수 있다.

---

[123] 명제함수 추론 규칙들의 경우 진리표를 사용하여 그 규칙들의 타당성을 확인할 수 있다.
[124] 제Ⅲ부 서두 각주에서 말한 이유로 정확히 말하면 "현대 연역 논리학"이라고 해야 한다.

> **불완전성 정리(Incompleteness Theorem, 괴델 1931).**
> $\mathcal{ND}+\mathcal{A}$ 로부터 증명될 수 없는 참인 산수 명제가 존재한다.

이 정리의 증명은 $\mathcal{ND}+\mathcal{A}$ 의 공리와 추론 규칙들을 사용하여 "이 명제는 $\mathcal{ND}+\mathcal{A}$ 로부터 증명될 수 없다."는 의미를 가진 산수 명제를 구축하여 이루어진다. 그런 명제의 구축을 위해서는 기발한 아이디어가 필요하지만 일단 구축이 되면, 그 명제는 $\mathcal{ND}+\mathcal{A}$ 로부터 증명될 수 없다. 왜냐하면 만일 증명된다면 그것은 거짓이 $\mathcal{ND}+\mathcal{A}$ 로부터 증명된 것인데 $\mathcal{ND}+\mathcal{A}$ 는 건전하기 때문에 거짓이 증명될 수는 없기 때문이다. 따라서 이 명제는 $\mathcal{ND}+\mathcal{A}$ 로부터 증명될 수 없고, 증명될 수 없는 참인 산수 명제가 존재하므로 $\mathcal{ND}+\mathcal{A}$ 는 불완전하다고 결론 내려야 한다.

논증의 반박 관점: 명제 논리의 결정성과 술어 논리의 비결정성

제Ⅲ부, 제Ⅴ부, 제Ⅵ부에서 소개한 명제 논리의 논증의 증명과 반박 절차들은 *결정성*(decidability)이 있다. 결정성이라는 것은 정해진 절차를 따라서 수행함으로써 긍정적인 답이나 부정적인 답이 나오는 절차적 성질을 말한다. 예를 들어, 명제 논리의 경우 진리표의 방법이나 진리나무의 방법은 논증이 타당한지 부당한지에 대해 긍정적이거나 부정적인 답을 항상 해준다. 반면에 제Ⅳ부, 제Ⅴ부, 제Ⅵ부에서 다룬 술어 논리의 논증의 증명과 반박 절차는 결정성이 없다. 술어 논리의 증명의 경우 술어 논리의 완전성으로 인해 타당한 논증의 경우에는 자연연역과 같은 추론 체계를 적용한 증명이 존재한다. 예를 들어 모든 증명을 짧은 것부터 긴 순서로 차례로 생성하는 컴퓨터 프로그램을 만들어 해당 증명을 찾을 수 있다. 그러나 부당한 논증의 경우에는 이 방법을 쓸 수 없다. 이 경우, 논증의 반례가 되는 모델을 구축할 때 유한 모델이 있으면 작은 모델부터 큰 모델을 차례로 생성하여 그런 모델을 찾을 수 있지만, 논증을 반박하는 모델로 오직 무한 모델만 존재한다면 그런 모델을 구축할 수 있다는 보장이 없다. 진리나무 구축 절차를 사용할 경우에도 마찬가지로, 논증이 타당한 경우에는 진리나무의 구축 과정에 모순이 발견되면 진리나무 구축이 종료되지만 논증이 부당한 경우에는 진리나무 구축이 종료되지 않을 수 있다.

연역 논리학의 활용

이 책을 통하여 연역 논리학의 기초를 공부한 독자는 이를 바탕으로 연역 논리학을 더 깊이 공부하거나 그 지식을 여러 방향으로 확장할 수 있다. 전자를 위해서는 참고문헌에 나온 책들을 공부하는 것이 좋은 출발점이 될 수 있다. 후자를 위해서는, 연역 논리학의 귀납적 활용으로 확률적 사고, 퍼지 논리 등을, 연역 논리학의 연역적 활용으로 시제 논리(Temporal Logic) 들을, 연역 논리학의 연역적 및 귀납적 활용으로 비판적 사고, 실용 논리학, 도덕적 사고를 위한 논리 등을 공부할 수 있다.

연습문제

1. 다음 중 옳지 않은 것은 어느 것인가?
   (가) 정형체계는 므순적일 수 있다.
   (나) 모순적인 정형체계는 모델을 가지지 못한다.
   (다) 모순이 없는 정형체계는 하나 이상의 모델을 가진다.
   (라) 무모순적이고 완전한 정형체계는 모델을 가진다.
   (마) 무모순적이고 불완전한 정형체계는 모델을 가지지 못한다.

연습문제 풀이

제 I 부 서론

1. (a) 논증이 아니다.
   (b) 논증이다.

2. (a) 연역 논증이다. (전건 긍정의 논증이다.)
   (b) 비연역 논증이다.

3. (가)

제 II 부 고전 논리학

1. (a) 철수는 일하러 갈 때는 철수가 스웨터를 입는 때가 아니다.
   오늘 아침은 철수가 스웨터를 입고 있던 때이다.
   오늘 아침은 철수는 일하러 가지 않는 때이다.

   (b) 오늘 아침   일할 때

   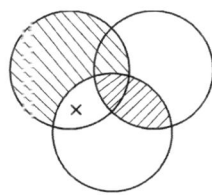

   스웨터를 입을 때

   이 논증은 타당하다. 왜냐하면 벤다이어 그램에서 오늘 아침이 ×로 표시되어 있는데 ×는 일할 때가 아니기 때문이다.

2. (a) 많은 돈이 걸려 있는 모든 상황은 경쟁이 심한 상황들이다.
   이 상황은 많은 돈이 걸려 있는 상황이다.
   이 상황은 경쟁이 심한 상황이다.

   (b) 이 상황   경쟁이 심한 상황

   돈이 걸려 있는 상황

   이 논증은 타당하다. 왜냐하면 벤다이어그램에서 이 상황이 ×로 표시되어 있는데 ×가 경쟁이 심한 상황에 속해 있기 때문이다.

3. (a) 객관적인 사람은 잘못을 저지를 가능성이 없다.
   잘못을 저지를 가능성이 있는 모든 사람들은 사실을 무시하는 사람들이다.
   사실을 무시하는 사람들은 객관적인 사람들이 아니다.

   (b)
   사실을 무시하는 사람들   객관적인 사람들

   잘못을 저지를 가능성이 있는 사람들

   이 논증은 타당하지 않다. 왜냐하면 벤다이어그램에 따르면 사실을 무시하는 사람들 중에도 객관적인 사람들이 있을 수 있기 때문이다.

제III부 명제 논리학

문법

1. (a) $H \rightarrow (\neg R \vee T)$
   (b) $(H \wedge R) \rightarrow T$

2. (a) $Q \rightarrow P$
   (b) $Q \wedge P$
   (c) $\neg Q \vee \neg P$
   (d) $Q \leftrightarrow P$

   [풀이] (c)는 제2장 2.2절에서 논의하는 "포함적 선언"을 가정한 답이다. 문제의 "…이거나 …"를 "배타적 선언"으로 해석하면 $(\neg Q \wedge P) \vee (Q \wedge \neg P)$으로 번역할 수 있다.

3. (a) $\neg R \rightarrow \neg (F \vee Q)$
   (b) 광수가 광주에 살면, 광수는 한국에 살지만 서울에 살지 않는다.

4. (a) 만일 논리학이 재미있으면, 철수가 집중할 경우에만 합격할 것이다.
   (b) 만일 철수가 집중하는 한 합격할 것이라면, 논리학은 재미있다.
   (c) 만일 책이 읽기 쉬우면, 논리학이 재미있는 한 철수가 집중하지 않는 경우에만 합격하지 못할 것이다.

의미론

1. (다른 풀이도 가능하다. 예를 들어 모든 열이 거짓인 진리표를 구축할 수 있다.) 먼저 다음과 같이 명제 기호를 정의한다.

   T: 영희가 이산수학을 수강한다.
   G: 영희가 졸업한다.
   Q: 직업을 얻기 쉽다.
   R: 이 책을 읽는다.

위의 명제 기호들을 사용하여 문제의 문장들을 논리식으로 옮기면, 다음과 같이 된다.

(a) $\neg T \to \neg G$ (b) $\neg G \to \neg Q$
(c) $R \to Q$ (d) $\neg T \wedge R$

이 네 개의 명제들이 무모순적이라고 가정하자. 그러면 (d)에 의해 $\neg T$는 참이어야 한다. 따라서 (a)로부터 $\to$의 진리표에 의해 $\neg T$가 참일 때 $\neg G$는 참이고, (b)로부터 $\to$의 진리표에 의해 $\neg G$는 참이므로 $\neg Q$가 참이다. 또한 (d)에 의해 R이 참이어야 한다. 따라서 (c)로부터 다시 $\to$의 진리표에 의해 R이 참이므로 Q는 참이다. 즉, $\neg Q$와 Q가 모두 참이고, 위의 네 개의 명제들이 무모순적이라는 가정을 잘못되었다. 따라서 위의 명제들의 집합은 모순적이다.

2. (a) 1) $P \vee (P \wedge Q)$

P	Q	$P \wedge Q$	$P \vee (P \wedge Q)$
T	T	T	T
T	F	F	T
F	T	F	F
F	F	F	F

     2) $\neg P \vee (P \wedge (Q \to P))$

P	Q	$Q \to P$	$P \wedge (Q \to P)$	$\neg P$	$\neg P \vee (P \wedge (Q \to P))$
T	T	T	T	F	T
T	F	T	T	F	T
F	T	F	F	T	T
F	F	T	F	T	T

     3) $(P \to Q) \to (\neg P \wedge Q)$

P	Q	$P \to Q$	$\neg P$	$\neg P \wedge Q$	$(P \to Q) \to (\neg P \wedge Q)$
T	T	T	F	F	F
T	F	F	F	F	T
F	T	T	T	T	T
F	F	T	T	F	F

4) $P \wedge (P \vee Q)$

P	Q	$P \vee Q$	$P \wedge (P \vee Q)$
T	T	T	T
T	F	T	T
F	T	T	F
F	F	F	F

5) $\neg P \wedge (P \vee (Q \rightarrow P))$

P	Q	$Q \rightarrow P$	$P \vee (Q \rightarrow P)$	$\neg P$	$\neg P \wedge (P \vee Q \rightarrow P))$
T	T	T	T	F	F
T	F	T	T	F	F
F	T	F	F	T	F
F	F	T	T	T	T

6) $(P \rightarrow Q) \rightarrow (\neg P \vee Q)$

P	Q	$P \rightarrow Q$	$\neg P$	$\neg P \vee Q$	$(P \rightarrow Q) \rightarrow (\neg P \vee Q)$
T	T	T	F	T	T
T	F	F	F	F	T
F	T	T	T	T	T
F	F	T	T	T	T

(b) 타당한 논리식

$\neg P \vee (P \wedge (Q \rightarrow P))$
$(P \rightarrow Q) \rightarrow (\neg P \vee Q)$

부분진 논리식

$P \vee (P \wedge Q)$
$(P \rightarrow Q) \rightarrow (\neg P \wedge Q)$
$P \wedge (P \vee Q)$
$\neg P \wedge (P \vee (Q \rightarrow P))$

모순 논리식
없음.

3. 진리표에서 항상 T로 평가되는 명제는 타당한 논리식이다. 따라서, 주어진 문장은 타당한 논리식이다.

P	Q	P∧Q	¬P∧¬Q	(P∧Q)∨(¬P∧¬Q)	P↔Q	((P∧Q)∨(¬P∧¬Q)) → (P↔Q)
T	T	T	F	T	T	T
T	F	F	F	F	F	T
F	T	F	F	F	F	T
F	F	F	T	T	T	T

4. 진리표가 다음과 같이 항상 거짓이 아니기 때문에 모순이 아니다.

P	¬P	P→¬P
T	F	F
F	T	T

5. (a) 거짓, (b) 참, (c) 참

6. x/2가 짝수가 되기 위해서는 x가 8로 나누어지는 것으로 충분하다. (다른 답도 가능하다.)

7. (a) 예

P	Q	R	¬Q	¬Q∨R	P→(¬Q∨R)	¬(P→(¬Q∨R))
T	T	T	F	T	T	F
T	T	F	F	F	F	T
T	F	T	T	T	T	F
T	F	F	T	T	T	F
F	T	T	F	T	T	F
F	T	F	F	F	T	F
F	F	T	T	T	T	F
F	F	F	T	T	T	F

(b) P: T, Q: T, R: F

8. (a)

P	Q	Q→P	¬P	Q∧¬P	¬(Q∧¬P)
T	T	T	F	F	T
T	F	T	F	F	T
F	T	F	T	T	F
F	F	T	T	F	T

(b)

P	Q	R	P→R	Q→R	P∨Q	(P→R)∧(Q→R)	(P∨Q)→R
T	T	T	T	T	T	T	T
T	T	F	F	F	T	F	F
T	F	T	T	T	T	T	T
T	F	F	F	T	T	F	F
F	T	T	T	T	T	T	T
F	T	F	T	F	T	F	F
F	F	T	T	T	F	T	T
F	F	F	T	T	F	T	T

(c)

P	Q	¬Q	P∨Q	P∧Q	¬(P∧Q)	(P∨R)∧¬(P∧Q)	P↔¬Q
T	T	F	T	T	F	F	F
T	F	T	T	F	T	T	T
F	T	F	T	F	T	T	T
F	F	T	F	F	T	F	F

9. (a)

P	Q	P→Q	¬(P→Q)	P∨Q	¬(P∨Q)	S
T	T	T	F	T	F	F
T	F	F	T	T	F	T
F	T	T	F	T	F	F
F	F	T	F	F	T	T

(b) 명제 ¬Q는 S와 논리적으로 동치이다.

10. (a) 동치가 아니다.
    (b) P가 거짓이고, Q가 참이고, R이 거짓이라고 하자. 그러면 (P→Q)→R는 거짓이다. 왜냐하면 전제 P→Q가 참이고 결론 R이 거짓이기 때문이다. 다른 한편, P→(Q→R)은 이 경우 참인데 그 이유는 전제 P가 거짓이기 때문이다. 따라서 (P→Q)→R와 P→(Q→R)은 동치가 아니다.

11. (라)

12. (a)

P	¬P	P↓P
T	F	F
F	T	T

(b)

P	Q	P∨Q	P↓Q	(P↓Q)↓(P↓Q)
T	T	T	F	T
T	F	T	F	T
F	T	T	F	T
F	F	F	T	F

(c)

P	Q	P∧Q	P↓P	Q↓Q	(P↓P)↓(Q↓Q)
T	T	T	F	F	T
T	F	F	F	T	F
F	T	F	T	F	F
F	F	F	T	T	F

13. 진리표 방법을 사용하거나 또는 동치 법칙을 사용할 수 있다. 진리표를 사용한 풀이는 다음과 같다.

(a)

P	Q	P∧Q	¬(P∧Q)	P↑Q
T	T	T	F	F
T	F	F	T	T
F	T	F	T	T
F	F	F	T	T

(b)

P	P ↑ P	¬P
T	F	F
F	T	T

(c)

P	Q	P↑Q	(P↑Q)↑(P↑Q)	P ∧ Q
T	T	F	T	T
T	F	T	F	F
F	T	T	F	F
F	F	T	F	F

(d)

P	Q	P↑P	Q↑Q	(P↑P)↑(Q↑Q)	P ∨ Q
T	T	F	F	T	T
T	F	F	T	T	T
F	T	T	F	T	T
F	F	T	T	F	F

(e)

P	Q	Q↑Q	P↑(Q↑Q)	P → Q
T	T	F	T	T
T	F	T	F	F
F	T	F	T	T
F	F	T	T	T

명제 논리에서의 논증의 증명과 반박

1. (a) $(I \wedge S) \to (G \wedge P)$ -- (S1)

   $((S \wedge \neg I) \to A) \wedge (A \to P)$ -- (S2)

   $I \to S$ -- (S3)

   P -- (S4)

   (b) 타당하지 않다.

   (c) $I \equiv F,\ S \equiv F,\ G \equiv T,\ P \equiv F,\ A \equiv F$
   또는
   $I \equiv F,\ S \equiv F,\ G \equiv F,\ P \equiv F,\ A \equiv F$
   인 경우에 S1, S2, S3가 T이지만 S4는 F이다.

2. (a) 타당하다.

1	A ∧ B	-- 전제 1
2	A → C	-- 전제 2
3	A	-- ∧-제거, 1
4	C	-- →-제거, 2, 3
5	B	-- ∧-제거, 1
6	C ∧ B	-- ∧-도입, 4, 5

   (b) 타당하지 않다. A가 F이고, C가 T이고 B가 F이면, A→B와 A→C는 T이지만 C→B는 F이다.

제Ⅳ부 술어 논리학

문법

1. (a) ∃y (N(x) → y > 2) ∧ ∀x (N(x) → x +1 > x)
               결합   결합   결합
   x 와 y 의 모든 발생이 "결합"이다.

   (b) x = 2 * y
      자유   자유
   x 와 y 의 모든 발생이 "자유"이다.

   (c) ∃y (N(y) → y > 2) ∧ ∀x (N(x) → x > y)
                결합   결합 자유
   x 의 모든 발생이 "결합"이다. y 의 가장 왼쪽의 발생은 "결합"이지만 가장 오른쪽의 발생은 "자유"이다.

   (d) ∀x (N(x) → ∃y (N(y) → y > x) ∧ x = 2 * y)
                       결합 결합 결합   자유
   x 의 모든 발생이 "결합"이다. y 의 가장 왼쪽의 발생은 "결합"이지만 가장 오른쪽의 발생은 "자유"이다.

2. (a) 모든 펭귄들은 위험하다.
   (b) 어떤 펭귄들은 위험하다.
   (c) 어떤 펭귄도 위험하지 않다.
   (d) 어떤 펭귄들은 위험하지 않다.

3. (a) $\forall x \ (L(x) \to F(x))$
   (b) $\exists x \ (L(x) \land F(x))$

4. (a) $\forall x \ [\neg P(x) \to \exists y \ (P(y) \land Q(y, x))]$
   (b) $\exists x \ [\neg P(x) \land \forall y \ (P(y) \to \neg Q(y, x))]$
   (c) 어떤 소수 y 도 나누지 못하는 비(非)소수 x 가 존재한다.

5. (a) $\exists x \ [(x \in T \land P(x)) \land \forall y \ ((y \in T \land P(y)) \to x = y)]$
   (b) $\exists x \exists y \ [(x \in T \land y \in T) \land P(x) \land P(y) \land x \neq y]$

6. (a) $\forall x \ (C(M, x) \to C(H, x))$
   (b) $\exists x \ (C(x, M)) \to C(H, M)$
   (c) $\forall x \ (C(x, H) \to C(x, M))$
   (d) $\forall x \exists y \ (C(x, y) \land \neg C(y, M))$

7. (a) P(x)가 실수의 논의 영역에서 "x 는 유리수이다."를 나타낸다고 하면, 다음은 문제의 명제를 번역한 논리식이다.
   $\forall x \forall y \ ((P(x) \land \neg P(y)) \to \neg P(x+y))$
   (b) 위의 명제의 부정은
   $\exists x \exists y \ (P(x) \land \neg P(y) \land P(x+y))$
   의 논리식이고, 그 자연어 번역은
   "x+y 가 유리수인 유리수 x 와 무리수 y 가 존재한다."이다.

8. (a) $\forall x \exists y \ (N(x) \to P(x, y))$
   (b) $\exists x \forall y \ (N(x) \land \neg P(x, y))$
   (c) 모든 정수 y 에 대하여 xy ≠ 1 인 0 이 아닌 정수 x 가 존재한다.
   (d) 명제 (b)는 참이다. 예를 들어 x = 2 이면 (b)는 참이다.

9. 가장 단순한 논리식은 $\forall c \exists s \forall x \, ((I(x) \land F(x, c)) \leftrightarrow x = s)$이다.

10. (a) T 이다. 왜냐하면 각 x 에 대하여 y=0 을 선택할 수 있기 때문이다.
    (b) T 이다. 왜냐하면 y=0 를 선택할 수 있기 때문이다.
    (c) F 이다. 왜냐하면 $\exists x \, Q(x, 2)$가 거짓이기 때문이다.

11. (a) F (예를 들어 x=0.5), (b) T, (c) F, (d) T, (e) F

12. (a) F, (b) T, (c) F, (d) T, (e) F, (f) T

13. $\forall x \forall z \exists y \, T(x, y, z)$
    $\forall x \exists y \exists z \, (y \neq z \land \forall w (P(w, x) \leftrightarrow (w = y \lor w = z)))$

14. (a) T, (b) F, (c) T

15. (a) $\forall x \forall y \, ((G(x, y) \land G(y, z)) \rightarrow G(x, z))$
    (b) $\forall x \forall y \, ((\neg G(x, y) \land \neg G(y, x)) \rightarrow E(x, y))$
    (c) $\forall x \forall y \, (G(x, y) \rightarrow \exists z \, (G(0, z) \land G(xz, yz)))$
    (d) $\exists x \forall y \forall z \, E(xy, xz)$

16. (a) $\forall x \exists y \, P(y, x)$ (즉, $\forall x \exists y \, (y > x)$)
    (b) $\exists x \forall y \, \neg P(y, x)$ (즉, $\exists x \forall y \, \neg (y > x)$로 이는 $\exists x \forall y \, (y \leq x)$와 같다.)
    (c) 모든 수보다 크거나 같은 수가 존재한다.

17. (a) $\exists x \, P(x)$
    (b) $\forall x \, (P(x) \rightarrow \neg Q(x))$
    (c) $\exists x \, (P(x) \land \neg Q(x))$

의미론

1. (a) 타당하다.
   (b) 타당하다.

2. (a) P(x): "x 는 짝수이다."
   Q(x): "x 는 홀수이다."
   논의 영역: 모든 자연수의 집합이라고 하자. 그러면 ∃x (P(x)∧Q(x))는 거짓이다. 왜냐하면 동시에 홀수이며 짝수인 자연수는 없기 때문이다. 그러나, ∃x P(x) ∧ ∃x Q(x)는 참이다. 왜냐하면 짝수도 존재하고 홀수도 존재하기 때문이다. 따라서 이 두 논리식은 동치가 아니다.

   (b) (a)에서와 동일한 해석을 적용하면 ∃x (P(x) ∨ Q(x))는 참이다. 왜냐하면 짝수이거나 홀수인 수가 존재하기 때문이다. (실제로 모든 자연수가 이를 충족시킨다.) 또한 ∃x P(x) ∨ ∃x Q(x)도 참이다. 왜냐하면 짝수도 존재하고 홀수도 존재하기 때문이다.

3. (a) 어떤 증권중개인도 그보다 더 돈을 벌지 못하는 증권중개인이 있다.
   (b) 모든 다른 증권중개인들보다도 돈을 더 많이 버는 증권중개인이 있다.
   (c) 명제 (a)는 참일 수 없다. 왜냐하면 증권중개인의 수는 유한하고 따라서 돈을 제일 적게 버는 증권중개인이 반드시 있기 때문이다.

4. (a) ∃x (E(x) ∧ G(x))
   (b) ∀x (E(x) → G(x))
   (c) ∀x ((A(x) ∧ G(x)) → E(x))
   (d) ∀x (A(x) ∧ G(x) → ¬E(x)) 또는 ¬∃x (A(x) ∧ G(x) ∧ E(x))
   또는 ∀x ¬(A(x) ∧ G(x) ∧ E(x))
   (e) ∃x (E(x)∧G(x)∧∀y (E(y)∧G(y) → y=x)∧N(x, James))
   또는 ∃x (E(x)∧G(x)∧∀y (E(y)∧G(y) → y=x∧N(y, James)))

술어 논리에서의 논증의 증명과 반박

1. (a) $S1 = \neg \exists x \, (R(x) \wedge B(x))$
    $\equiv \forall x \, \neg (R(x) \wedge B(x))$ -- 존재양화사의 부정
    $\equiv \forall x \, (\neg R(x) \vee \neg B(x))$ -- 드모건법칙
    $\equiv \forall x \, (R(x) \rightarrow \neg B(x))$ -- 함의법칙
    $= S2$

   (b) 둔각을 가진 직각 삼각형은 없다.
   (c) 어떤 직각 삼각형도 둔각을 갖지 않는다.

2. 위의 자연어 논증을 논리식 논증으로 바꾸기 위해 다음과 같이 술어 기호를 정의한다.
    P(x): x 는 세상에 있는 것이다.
    Q(x): x 는 돈으로 살 수 있다.
   이 정의를 이용하여 위의 자연어 논증을 번역하면 다음의 논리식 논증을 얻는다.

   $$\frac{\neg \forall x \, (P(x) \rightarrow Q(x))}{\exists x \, (P(x) \wedge \neg Q(x))}$$

   위의 논리식 논증은 다음과 같이 증명된다.
    $\neg \forall x \, (P(x) \rightarrow Q(x)) \equiv \exists x \, \neg (P(x) \rightarrow Q(x))$ -- 보편부정법칙
    $\equiv \exists x \, \neg (\neg P(x) \vee Q(x))$ -- 함의법칙
    $\equiv \exists x \, (\neg \neg P(x) \wedge \neg Q(x))$ -- 드모건법칙
    $\equiv \exists x \, (P(x) \wedge \neg Q(x))$ -- 이중부정법칙

3. (다)이다. 논의 영역이 {1,2}이므로 다음의 명제들에 대한 해석이 필요하다.
    P(1,1), P(1,2), P(2,1), P(2,2), Q(1,1), Q(1,2), Q(2,1), Q(2,2) 이 8개의 명제들이 각각 **T** 또는 **F** 이다. 따라서 전부 $2^8 = 256$ 개의 상이한 해석이 가능하다. 다음은 이들 중 하나의 해석을 보여준다.
    $P(1, 1) \equiv$ **T**, $P(1, 2) \equiv$ **T**, $P(2, 1) \equiv$ **F**, $P(2, 2) \equiv$ **F**
    $Q(1, 1) \equiv$ **T**, $Q(1, 2) \equiv$ **F**, $Q(2, 1) \equiv$ **T**, $Q(2, 2) \equiv$ **F**

4. (a) T
   (b) F
   논의 영역이 0과 1로 이루어져 있다고 하고
   P(x)가 "x=0"를, Q(x)가 "x=1"를 나타낸다고 하면 (b)는 F가 된다.

5. (a) 아니오.
   (b) U={a, b}라고 하고 F와 G를 다음과 같이 정의하자.
   $F(a) \equiv T \quad F(b) \equiv F$
   $G(a) \equiv F \quad G(b) \equiv T$
   그러면 x=b 일 때 $F(a) \leftrightarrow G(x)$는 T이지만 $\exists x\ (F(x) \leftrightarrow G(x))$는 F이다. (다른 모델의 구축도 가능하다. 예를 들어
   $F(a) \equiv F \quad F(b) \equiv T$
   $G(a) \equiv T \quad G(b) \equiv F$
   이 경우 위 논증의 전제는 참이지만 결론은 거짓이 된다.)

6. 논의 영역을 {1,2}라고 하고, P와 Q를 다음과 같이 정의하자.
   P(1): T   P(2): F
   Q(1): F   Q(2): T
   그러면 $\forall x\ (P(x) \lor Q(x))$는 T이지만 $\forall x\ F(x)$와 $\forall x\ Q(x)$는 F이다.

7. (a) (F1) 모든 원소가 어떤 원소와 P의 관계를 갖고 있다.
       (F2) 어떤 원소는 모든 원소와 P의 관계를 갖는다.
   (b) 타당하다.

1	$\exists x \forall y\ P(x, y)$	-- 전제 1
2	$\quad \forall y\ P(w, y)$	-- 전제 2
3	$\quad P(w, z)$	-- $\forall$-제거, 2, z는 임의적이다.
4	$\quad \exists x\ P(x, z)$	-- $\exists$-도입, 3
5	$\quad \forall y \exists x\ P(x, y)$	-- $\forall$-도입, 4, z는 임의적이다.
6	$\forall y \exists x\ P(x, y)$	-- $\exists$-제거, 2~5, $\forall y \exists x\ P(x, y)$는 x를 자유롭게 포함하지 않는다.

$$\exists x\ (P(x) \wedge Q(x)) \vdash (\exists x\ P(x) \wedge \exists x\ Q(x)) \quad \text{-- (1)}$$

은 타당하지만, 이 증명의 세 번째 단계인

$$\neg \exists x(\neg P(x) \wedge \neg Q(x)) \vdash \neg(\exists x \neg P(x) \wedge \exists x \neg Q(x)) \text{-- (2)}$$

은 다음과 같은 이유로 타당하지 않다. 논의 영역을 $\{1, 2\}$로 하고

$$P(1) \equiv \mathsf{T},\ P(2) \equiv \mathsf{F}$$
$$Q(1) \equiv \mathsf{F},\ Q(2) \equiv \mathsf{T}$$

라고 하자. 그러면

$$\exists x\ (\neg P(x) \wedge \neg Q(x)) \equiv \mathsf{F}$$

이어서

$$\neg \exists x\ (\neg P(x) \wedge \neg Q(x)) \equiv \mathsf{T}$$

이지만,

$$\exists x\ \neg P(x) \equiv \mathsf{T},\ \exists x\ \neg Q(x) \equiv \mathsf{T}$$

이어서

$$\neg(\exists x\ \neg P(x) \wedge \exists x\ \neg Q(x)) \equiv \mathsf{F}$$

이고, 따라서 (2)는 타당하지 않다.
반면 (1)의 경우

$$\exists x\ (P(x) \wedge Q(x)) \equiv \mathsf{F}$$

이므로 이 모델은 (1)의 논증의 반례가 되지 않는다.

9. (a) 반례를 제시하기 위해서는 위의 논리식이 F가 되는 P와 Q의 해석을 찾아야 한다. 즉, $\exists x\ (P(x) \rightarrow Q(x))$는 T이고 $\exists x\ P(x) \rightarrow \exists x\ Q(x)$는 F인 해석을 찾아야 한다. $\exists x\ P(x) \rightarrow \exists x\ Q(x)$가 F가 되려면, $\exists x\ P(x)$는 T이고 $\exists x\ Q(x)$는 F가 되어야 한다. 논의 영역이 $\{1, 2\}$이라고 하자. $\exists x\ Q(x)$가 F이어야 하므로 Q=$\{\ \}$이라고 (즉, $Q(1) \equiv Q(2) \equiv \mathsf{F}$라고) 하자. P의 해석의 경우, P=$\{1\}$이면 (즉, $P(1) \equiv \mathsf{T},\ P(2) \equiv \mathsf{F}$이면) $\exists x\ P(x)$는 T이고 또한 $\exists x\ (P(x) \rightarrow Q(x))$도 T가 되어 위의 식의 반례가 된다.
   (b) 아니오.
   (c) 만일 반례가 존재한다면, 위의 (a)에서와 같은 이유로, $\exists x\ Q(x)$는 F가 되어야 하고 따라서 Q(1)은 F이어야 한다. 그러면 $\exists x\ (P(x) \rightarrow Q(x))$이 T가 되도록 $P(1) \equiv \mathsf{F}$이어야 한다. 그러나 이 경우 $\exists x\ P(x)$도 F가 된다.

10. (a) 이 논증은 다음과 같이 번역된다.

$$\forall x \ (L(x) \rightarrow F(x))$$
$$\underline{\exists x \ (L(x) \land \neg D(x))}$$
$$\exists x \ (D(x) \land \neg F(x))$$

(b) 이 논증은 타당하지 않다. 이를 증명하기 위하여 벤다이어그램을 사용하자. 아래 벤다이어그램에서 D를 포함하는 원은 "마시는 주체들" 전부를 나타내고, 점이 찍힌 원은 모든 사자들의 집합, 바깥은 큰 원은 모든 무서운 것들의 집합을 나타낸다. 첫 번째 전제가 말하는 L과 F 사이의 관계는 F원에 포함된 L원으로 표현된다. 두 번째 전제는 L원의 내부에 ×로 표시된다. ×는 두 번째 전제를 충족시키는 원소를 나타낸다. 결론이 참이 되기 위해서는, F원의 경계 밖에 D원 안에 ×가 있어야 한다. 그러나 전제들은 그런 원소의 존재를 함의하지 않는다.

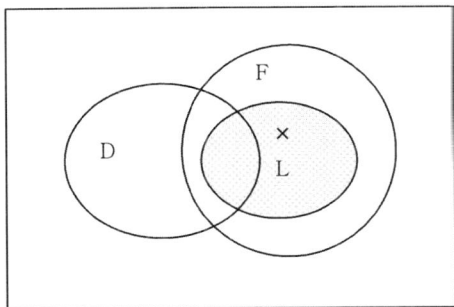

반례는 다음과 같다. L={Leo}, D={ }, F={Leo}라고 하자. 그러면 첫 번째 전제는 참이다. 왜냐하면 유일한 ×, 즉 Leo가 L(Leo) → F(Leo)를 참으로 만들지만 또한 L(Leo) ∧ ¬D(Leo)를 참으로 만들기 때문이다. 그러나, D(Leo)는 거짓이고 ¬F(Leo)는 거짓이다. 따라서 결론은 거짓이다. 이것은 전제들을 참으로 만들지만 결론을 거짓으로 만드는 예로, 이러한 예가 있기 때문에 위의 논증은 타당하지 않다.

제Ⅴ부 자연연역

논리의 정형화

1. 참이다.

2. (다)

명제 논리에서의 논증의 증명

1. (a)
   1. P   -- 전제 1
   2. P→R   -- 전제 2
   3. Q→¬R   -- 전제 3
   4. R   -- →-제거 1, 2
   5. Q   -- 전제 4
   6. ¬R   -- →-제거 3, 5
   7. R   -- 4
   8. ¬Q   -- ¬-도입, 5~7, 6, 7

   (b)
   1. ¬P→Q   -- 전제 1
   2. Q→R   -- 전제 2
   3. ¬P∨R   -- 전제 3
   4. ¬P   -- 전제 4
   5. Q   -- →-제거, 1, 4
   6. R   -- →-제거, 2, 5
   7. R   -- 전제 5
   8. R   -- 7
   9. R   -- ∨-제거, 3, 4~6, 7~8

(c)
1. P ∨ Q   -- 전제 1
2. P → R   -- 전제 2
3.   P   -- 전제 3
4.   R   -- →-제거, 2, 3
5.   R ∨ Q   -- ∨-도입, 4

6.   Q   -- 전제 4
7.   R ∨ Q   -- ∨-도입, 6
8. R ∨ Q   -- ∨-제거, 1, 3~5, 6~7

(d)
1. P → Q   -- 전제 1
2. P ∨ ¬R   -- 전제 2
3.   ¬P → R   -- 전제 3(Q의 증명을 위해 "경우에 따른 증명"을 사용)

4.   P   -- 전제 4
5.   Q   -- →-제거, 1, 4

6.   ¬R   -- 전제 5

7.   ¬¬Q   -- 전제 6 (귀류법에 의한 ¬¬P의 증명)
8.   ¬R   -- 6
9.   R   -- →-제거, 3, 7
10.   ¬¬P   -- ¬-도입, 7-9, 8, 9
11.   P   -- ¬-제거, 10
12.   Q   -- →-제거, 1, 11
13. Q   -- ∨-제거, 2, 4~5, 6~12
14. (¬P → R) → Q   -- →-도입, 3~13

2.

↔-도입 규칙	↔-제거 규칙	
$\dfrac{A \to B,\ B \to A}{A \leftrightarrow B}$	$\dfrac{A \leftrightarrow B}{A \to B}$	$\dfrac{A \leftrightarrow B}{B \to A}$

술어 논리에서의 논증의 증명

1. (마)

2. 존재한다. 예를 들어 →-도입 규칙과 →-제거 규칙은 불필요하다. 왜냐하면 $A \rightarrow B$는 $\neg A \vee B$와 동치이기 때문이다. 또한 두 개의 양화사를 위한 추론 규칙들 중 하나의 양화사를 위한 추론 규칙들을 제거해도 자연연역은 완전하다. 왜냐하면 $\forall x\, P(x)$과 $\neg \exists y\, \neg P(y)$는 동치이기 때문이다.

3. (a)

	1	$\forall x\, (P(x) \wedge Q(x))$	-- 전제
	2	$P(a) \wedge Q(a)$	-- $\forall$-제거, 1
	3	$P(a)$	-- $\wedge$-제거, 2
	4	$Q(a)$	-- $\wedge$-제거, 2
	5	$\forall x\, P(x)$	-- $\forall$-도입, 3
	6	$\forall y\, Q(y)$	-- $\forall$-도입, 4
	7	$\forall x\, P(x) \wedge \forall y\, Q(y)$	-- $\wedge$-도입, 5, 6

(b)

	1	$\exists x\, (F(x) \wedge G(x))$	-- 전제 1
	2	$F(a) \wedge G(a)$	-- $\exists$-제거, 1
	3	$\forall x\, (F(x) \rightarrow \neg G(x))$	-- 전제 2
	4	$F(a) \rightarrow \neg G(a)$	-- $\forall$-제거, 3
	5	$F(a)$	-- $\wedge$-제거, 2
	6	$\neg G(a)$	-- →-제거, 4, 5
	7	$G(a)$	-- $\wedge$-제거, 2
	8	$\neg \forall x\, (F(x) \rightarrow \neg G(x))$	-- $\neg$-도입, 3~7, 6, 7

(c)
1	$\exists x \exists y\ F(x, y) \lor \forall x \forall y\ G(y, x)$	-- 전제 1	
2	$\quad \exists x \exists y\ F(x, y)$	-- 전제 2	
3	$\quad\quad \exists y\ F(a, y)$	-- 전제 3	
4	$\quad\quad\quad F(a, b)$	-- 전제 4	
5	$\quad\quad\quad F(a, b) \lor G(a, b)$	-- ∨-도입, 4	
6	$\quad\quad\quad \exists y\ (F(a, y) \lor G(a, y))$	-- ∃-도입, 5	
7	$\quad\quad\quad \exists x \exists y\ (F(x, y) \lor G(x, y))$	-- ∃-도입, 6	
8	$\quad\quad \exists x \exists y\ (F(x, y) \lor G(x, y))$	-- ∃-제거, 4~7	
9	$\quad \exists x \exists y\ (F(x, y) \lor G(x, y))$	-- ∃-제거, 3~8	
10	$\quad \forall x \forall y\ G(y, x)$	-- 전제 5	
11	$\quad \forall y\ G(y, a)$	-- ∀-제거, 10	
12	$\quad G(b, a)$	-- ∀-제거, 11	
13	$\quad F(b, a) \lor G(b, a)$	-- ∨-도입, 12	
14	$\quad \exists y\ (F(b, y) \lor G(b, y))$	-- ∃-도입, 13	
15	$\quad \exists x \exists y\ (F(x, y) \lor G(x, y))$	-- ∃-도입, 14	
16	$\exists x \exists y\ (F(x, y) \lor G(x, y))$	-- ∨-제거, 2~9, 10~15	

4. (a) $\forall x\ (Q(x) \rightarrow \neg A(x))$
$\exists x\ (A(x) \land G(x))$
$\forall x\ (Q(x) \rightarrow G(x))$

(b) $\quad\quad \forall x\ (Q(x) \rightarrow A(x))$
$\quad\quad \underline{\neg \exists x\ (A(x) \land G(x))}$
$\quad\quad \forall x\ (Q(x) \rightarrow \neg G(x))$

(c) 타당하다.

(d)
```
1   ∀x (Q(x) → A(x))           -- 전제 1
2   ¬∃x (A(x) ∧ G(x))           -- 전제 2
3   Q(a) → A(a)                 -- ∀-제거, 1
4    │ Q(a)                     -- 전제 3
5    │  │ G(a)                  -- 전제 4
6    │  │ A(a)                  -- →-제거, 3, 5
7    │  │ A(a) ∧ G(a)           -- ∧-도입, 5, 6
8    │  │ ∃x (A(x) ∧ G(x))      -- ∃-도입, 7
9    │  │ ¬∃x (A(x) ∧ G(x))     -- 2
10   │ ¬G(a)                    -- ¬-도입, 5~9, 8, 9
11  Q(a) → ¬G(a)                -- →-도입, 4~10
12  ∀x (Q(x) → ¬G(x))           -- ∀-도입, 11
```

제Ⅵ부 진리나무

명제 논리에서의 논증의 증명과 반박

1. (a)

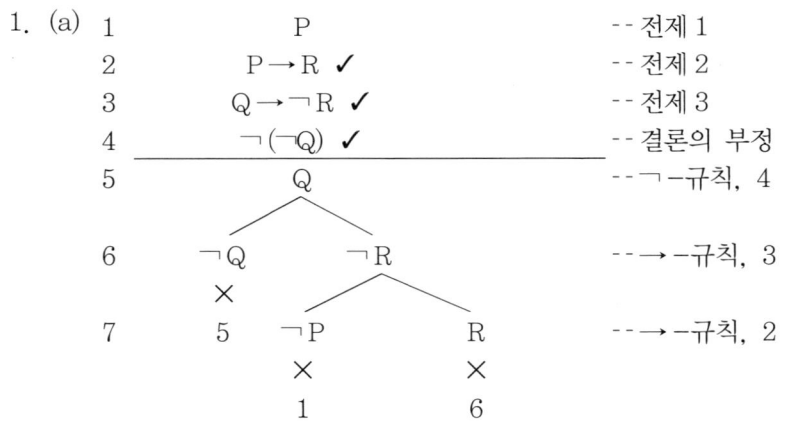

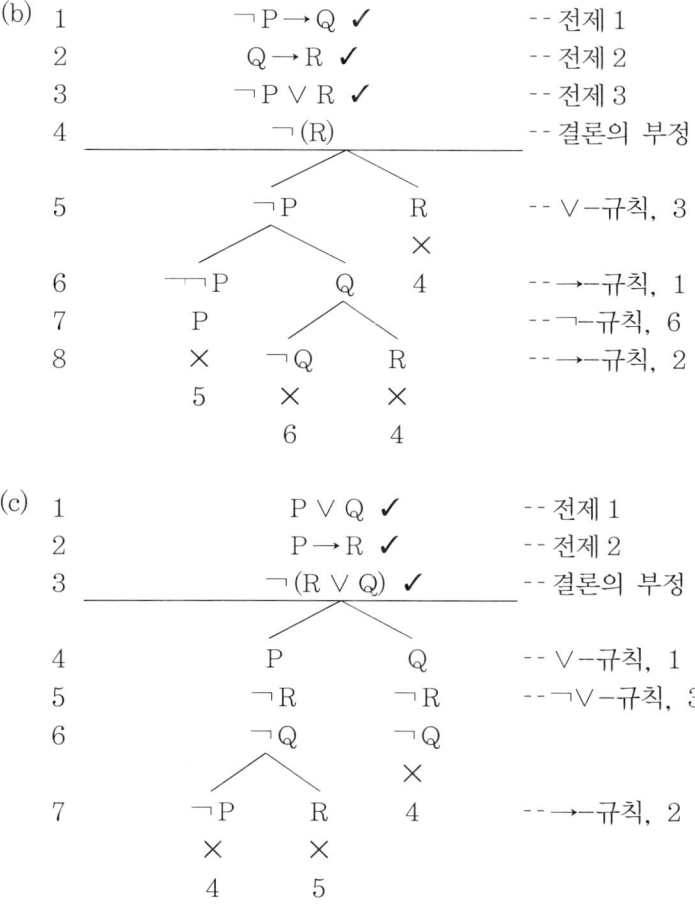

(d)
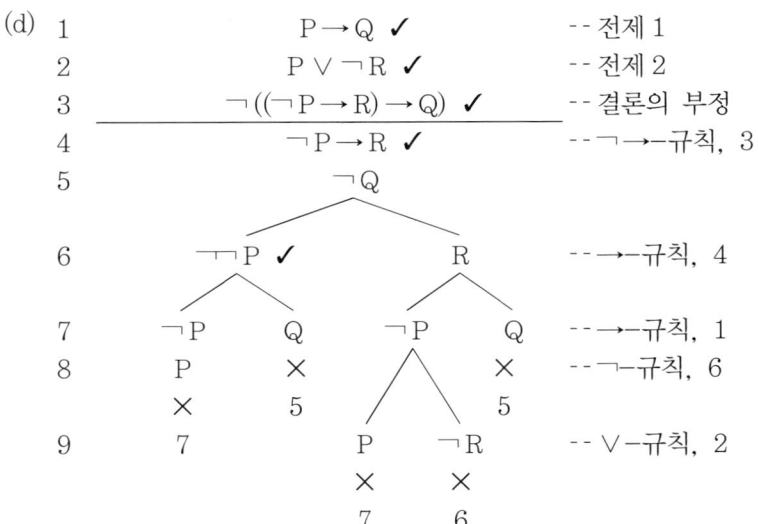

술어 논리에서의 논증의 증명과 반박

1. (a)
1		$\forall x\ (P(x) \wedge Q(x))$		-- 전제 1
2		$\neg(\ \forall x\ P(X) \wedge \forall y\ Q(y))$ ✓		-- 결론의 부정
3	$\neg \forall x\ P(X)$ ✓		$\neg \forall y\ Q(y)$ ✓	-- $\neg \wedge$-규칙, 2
4	$\neg P(a)$		$\neg Q(b)$	-- $\neg \forall$-규칙, 3
5	$P(a) \wedge Q(a)$ ✓		$P(b) \wedge Q(b)$ ✓	-- $\forall$-규칙, 1
6	$P(a)$		$P(b)$	-- $\wedge$-규칙, 5
7	$Q(a)$		$Q(b)$	
	×		×	
	4,6		4,6	

236

(b) 1 $\exists x \ (F(x) \wedge G(x))$ ✓   -- 전제 1
   2    $\neg (\neg \forall x \ (F(x) \rightarrow \neg G(x)))$ ✓   -- 결론의 부정
   3      $\forall x \ (F(x) \rightarrow \neg G(x))$ -- ¬-규칙, 2
   4       $F(a) \wedge G(a)$ ✓   -- ∃-규칙, 1
   5        $F(a)$ -- ∧-규칙, 4
   6        $G(a)$
   7       $F(a) \rightarrow \neg G(a)$ ✓   -- ∀-규칙, 3

   8    $\neg F(a)$ $\neg G(a)$ -- →-규칙, 7
      ×   ×
      5   6

(c) 1 $\exists x \ T(x)$ ✓   -- 전제 1
   2      $\forall x \ (T(x) \rightarrow P(x))$ -- 전제 2
   3     $\neg (\exists y \ (T(y) \wedge P(y)))$ -- 결론의 부정
   4        $T(a)$ -- ∃-규칙, 1
   5      $T(a) \rightarrow P(a)$ ✓   -- ∀-규칙, 2

   6    $\neg T(a)$ $P(a)$ -- →-규칙, 5
   7   × $\neg (T(a) \wedge P(a))$ ✓   -- ¬∃-규칙, 3
     4
   8       $\neg T(a)$ $\neg P(a)$ -- ¬∧-규칙, 7
         ×   ×
         4   6

(d) 1 　　　　　∃x∃y F(x, y)∨∀x∀y G(y, x) ✓　　-- 전제 1
　　2 　　　　　¬(∃x∃y (F(x, y)∨G(x, y)))　　-- 결론의 부정

　　3 　　∃x∃y F(x, y) ✓　　　　∀x∀y G(y, x)　　-- ∨-규칙, 1
　　4 　　∃y F(a, y) ✓　　　　　　│　　　　　　　-- ∃-규칙, 3
　　5 　　　F(a, b)　　　　　　　　│　　　　　　　-- ∃-규칙, 4
　　6 　¬∃y(F(a, y)∨G(a, y)) ✓　¬∃y (F(a, y)∨G(a, y)) ✓　-- ¬∃-규칙, 2
　　7 　¬(F(a, b)∨G(a, b)) ✓　　¬(F(a, b)∨G(a, b)) ✓　-- ¬∃-규칙, 6
　　8 　　　¬F(a, b)　　　　　　　¬F(a, b)　　　　-- ¬∨-규칙, 7
　　9 　　　¬G(a, b)　　　　　　　¬G(a, b)
　　10 　　　　×　　　　　　　　∀y G(y, b)　　　-- ∀-규칙, 3
　　11 　　　5, 8　　　　　　　　　G(a, b)　　　　-- ∀-규칙, 10
　　　　　　　　　　　　　　　　　　×
　　　　　　　　　　　　　　　　　　9

(e) 1 　　　∀x (Q(x)→¬¬A(x))　　　　-- 전제 1
　　2 　　　¬∃x (A(x)∧G(x))　　　　-- 전제 2
　　3 　　　¬(∀x (Q(x)→¬G(x))) ✓　-- 결론의 부정
　　4 　　　¬(Q(a)→¬G(a)) ✓　　　-- ¬∀-규칙, 3
　　5 　　　　Q(a)　　　　　　　　　-- ¬→-규칙, 4
　　6 　　　¬(¬G(a)) ✓
　　7 　　　　G(a)　　　　　　　　　-- ¬-규칙, 6
　　8 　　　Q(a)→¬¬A(a) ✓　　　　-- ∀-규칙, 1

　　9 　¬Q(a)　　　　¬¬A(a) ✓　　-- →-규칙, 8
　　10 　　×　　　　　　A(a)　　　　-- ¬-규칙, 9
　　11 　　5　　　　¬(A(a)∧G(a)) ✓　-- ¬∃-규칙, 2
　　12 　　　　　¬A(a)　　¬G(a)　　-- ¬∧-규칙, 11
　　　　　　　　　×　　　　×
　　　　　　　　　10　　　　7

제Ⅶ장 맺는 말

1. (마)

참고문헌

[Copi 19] Copi, I. M., Cohen, C., Rodych, V, *Introduction to Logic*, 15th Ed. (1st Ed. published in 1953), Prentice Hall, 2019.

[Mendelson 15] E. Mendelson, *Introduction to Mathematical Logic*, 6th Ed., CRC Press, 2015.

[Smullyan 14] R. Smullyan, *Beginner's Guide to Mathematical Logic*, Dover, 2014.

[Jeffrey 06] R. Jeffrey, *Formal Logic: Its Scope and Limits*, 4th Ed. (1st Ed. published in 1967), Hackett Pub Co Inc, 2006.

[Enderton 01] H. B. Enderton, *A Mathematical Introduction to Logic*, 2nd Ed. (1st Ed. published in 1971), HarCourt/Academic Press, 2001.

[Leblanc 93] H. Leblanc, W. A. Wisdom, *Deductive Logic*, 3rd Ed., 1993(1st Ed. published in 1972), Allyn and Bacon.

[Salmon 84] Wesley C. Salmon, *Logic*, 3rd Ed. (1st Ed. published in 1963), Prentice-Hall Inc., 1984.

[Quine 82] W. W. Quine, *Methods of Logic*, 4th Ed. (1st Ed. published in 1950), 1982, Harvard University Press, 1982.

[Quine 80] W. W. Quine, *Elementary Logic*, Revised Ed. (1st Ed. published in 1941), Harvard University Press, 1980.

[Kalish 80] D. Kalish, R. Montague, G. Mar, *Logic: Techniques of Formal Reasoning*, 2nd Ed. (1st Ed. published in 1964), Harcourt Brace Javanovich,1980.

[Quine 79] W. W. Quine, *Mathematical Logic*, Revised Ed. (1st Ed. published in 1940), 1982, Harvard University Press, 1979.

[Heijenoort 70] J. Van Heijenoort (Ed.), *Frege and Gödel: Two Fundamental Texts in Mathematical Logic*, Harvard, 1970.

[Smullyan 68] R. Smullyan, *First-Order Logic*, Dover, 1968.

[Kleene 67] S. C. Kleene, *Mathematical Logic*, Dover, 1967.

[Kleene 52] S. C. Kleene, *Introduction to Metamathematics*, North Holland, 1952.

[이병덕 19] 이병덕, *코어 논리학*, 성균관대학교출판부, 2019.
[손병홍 08] 손병홍, 논리학 - *명제논리와 술어논리*, 장서원, 2008.
[김희정 08] 김희정, 박은진, *비판적 사고를 위한 논리*, 개정판, 아카넷, 2008.
[여훈근 97] 여훈근, *기호 논리학*, 민영사, 1997.

용어 정의[125]

※ 아래의 용어 정의는 용어의 기본 개념을 전달하는 데 그 목적이 있다. 각 용어의 정확한 정의는 본문 안에 관련 논의가 있는 부분에 나온다.

(추론 체계의) 건전성(soundness (of an inference system))
모순되지 않은 전제들로부터 모순된 결론의 도출을 허용하지 않는 추론 체계의 속성.

(논증의) 건전성(soundness (of an argument))[126]
모든 전제들이 참인 타당한 연역 논증.

결정성(decidability)
정해진 절차를 따라 수행함으로써 긍정적인 답 또는 부정적인 답이 나오는 절차의 성질.

귀납 논증(inductive argument)
연역 논증과 더불어 논증의 두 가지 유형의 하나로, 전제들이 결론에 대한 확실성을 주지 않고 어느 정도의 개연성만을 주는 논증 형태.

귀류법(proof by contradiction)
증명하고자 하는 명제의 부정을 가정한 뒤 모순을 도출하여 그 명제을 증명하는 방법.

(논증의) 결론(conclusion (of an argument))
논증의 전제들로부터 궁극적으로 따른다고 여겨지는 명제.

논리(logic)
올바른 추론과 올바르지 않은 추론을 구별해 주는 방법과 원리.

논리 체계(logical system)
논리식을 표현하는 언어와 그 언어로 표현된 논리식에 적용하는 추론 규칙들.

(명제 논리) 논리식((Propositional Logic) formula)
명제 논리의 기호를 사용하여 나타낸 문장에 해당되는 표현.

(술어 논리) 논리식((Predicate Logic) formula)
술어 논리의 기호를 사용하여 나타낸 문장에 해당되는 표현.

논리학(logic)
논리 또는 논리 체계에 관한 논의나 지식.

논의 영역(domain, domain of discourse)
(특정한 상황에서) 논의의 대상이 되는 개체들의 집합.

---

125 용어 정의는 [Copi 19]를 많이 참조하였다.
126 논증의 건전성은 새로운 지식을 쌓아 가는 데는 중요하다. 그러나 논증의 건전성은 전제들로부터 결론이 논리적으로 따르는 지를 판단하기 위한 학문인 연역 논리학의 중요한 관심사는 아니다. 반면 추론체계가 건전성이 없으면 모순이 도출되어 쓸모 없는 것이 된다.

논증(argument)
참으로 가정되는 명제들의 집합 즉 전제들로부터 어떤 새로운 명제가 결론으로 따른다는 주장 혹은 그 주장의 기술.

대상 언어(object language)
논의의 대상이 되는 언어.

대입(substitution)
논리식에서 같은 자유변수가 등장하는 모든 곳을 어떤 항으로 대체하는 논리식의 변경.

대체(replacement)
항 동일성 혹은 논리식 동치의 좌변(또는 우변)과 일치하는 구성 요소를 그 동일성 혹은 동치의 우변(또는 좌변)으로 바꾸는 (일회적인) 항 또는 논리식의 변경.

단순 명제(simple proposition)
다른 명제를 구성 요소로 갖지 않은 명제.

동일성(identify)
좌변과 우변이 동일함을 나타내는 술어로 "=" 기호로 표시.

메타 언어(meta language)
주어진 (대상) 언어에 대하여 논의할 때 사용하는 언어.

명제(proposition)
참이나 거짓의 진리값을 갖는 선언문.

모델(model)
추상 논의 영역을 구체화한 논의 영역.

모순성(inconsistency)
논리식 집합의 논리식들 전체가 전부 참이 될 수는 없는 성질.

모호성(vagueness)
어떤 표현이 무엇을 나타내는지 명확하지 않은 표현의 속성.

문장(sentence)
주어와(혹은 주어들과) 그 주어(주어들)에 대한 서술로 이루어진 생각의 표현 단위.

부당성(invalidity)
전제가 모두 참이어도 결론이 반드시 참이 아닌 논증의 속성.

분자식(molecule)
복합 명제 또는 복합 술어 논리식.

(논증의) 반박(refutation (of an argument))
논증의 전제들이 모두 참일 때 결론이 거짓일수 있음을 보이는 증명.

변수(variable)
항이 들어갈 자리를 나타내는 기호.

보조 연역(subsidiary deduction)
주 연역을 수행하는데 필요한 논리식을 결론으로 도출하는 연역.

삼단논법(syllogism)
두 개의 전제들로부터 하나의 결론을 추론하는 논증.

상수(constant)
특정 개체를 나타내는 기호.

서술(description)
일련의 문장들. (서술에는 논증이 들어 있을 수도 있고 없을 수도 있다.)

술어(predicate)
주어와 더불어 문장을 구성하는 두 요소 중 하나로, 주어가 나타내는 어떤 대상에 대한 서술.

알고리즘(algorithm)
단계를 하나씩 따라가면 기대하는 결과가 나오는 단지들로 이루어진 절차.

애매성(ambiguity)
하나의 표현이 두 가지 이상의 해석을 갖는 표현의 속성.

양화 변수(quantified variable)
양화사에 나오는 변수.

양화사(quantifier)
양화사 기호와 변수의 결합으로 모든 개체들에 대하여 서술하거나 어떤 서술을 충족시키는 개체가 존재함을 나타내는 표현.

연역(deduction)
전제들에 추론 규칙을 적용하여 새로운 논리식을 도출하는 과정 또는 일련의 행위.

연역 논증(deductive argument)
귀납 논증과 더불어 논증의 두 가지 유형 중 하나로, 전제들로부터 타당한 추론 규칙의 적용에 의해 결론이 도출된 논증.

(추론 체계의) 완전성(completeness (of an inference system))
모든 타당한 논증이 그 안의 추론 규칙들을 이용하여 증명될 수 있는 추론 체계의 속성.

원자식(atom)
단순 명제 또는 단순 술어.

재명명된 양화 논리식(alphabetic variant)
주어진 논리식의 양화사를 의미가 바뀌지 않게 다른 변수로 바꾼 결과인 논리식.

전건긍정(Modus Ponens)
"P이면 Q이다."와 "P이다."라는 형식의 전제들로부터 "Q이다."라는 결론을 도출하게 하는 추론 규칙.

전제(premise)
논증에서 추론의 출발점으로 가정한 명제.

정형 논리 체계(formal logical system)
정형화된 논리 체계.

정형적 증명(formal proof)
그 안의 각 논리식이 논증의 전제이거나 이미 도출된 명제들에 추론 규칙을 적용하여 얻어진 논리식이고, 마지막 논리식이 논증의 결론인 일련의 논리식들.

정형적 추론 규칙(formal inference rule)
정형적으로 정의되어 문법에 맞게 적용해야 하는 추론 규칙.

주어(subject)
술어와 더불어 문장을 구성하는 두 요소들 중 하나로, 문장의 술어가 서술하는 대상.

(논증의) 증명(proof (of an argument))
논증의 전제들이 모두 참이면 결론이 거짓일 수 없음을 보이는 일련의 논리식들.

진리표(truth table)
합성 명제의 진리값을 그 구성 명제들이 취할 수 있는 모든 가능한 진리값의 조합의 경우에 대하여 보여주는 표.

추론(inference)
주어진 명제들로부터 새로운 명제에 도달하는 과정.

추론 규칙(inference rule)
타당한 추론을 하게 해주는 규칙.

추론 체계(inference system)
(적용할 수 있는) 추론 규칙들의 집합.

추상 논의 영역(abstract domain of discourse)
논의 영역의 개체들이 그들의 관계에 의해서만 알려진 논의 영역.

타당성(validity)
모든 전제가 참일 경우 결론이 반드시 참이 되는 연역 논증의 속성.

후건부정(*Modus Tollens*)
"P이면 Q이다."와 "Q가 아니다."라는 형식의 전제들로부터 "P가 아니다."라는 결론을 도출하는 추론 규칙.

우리말 용어의 영어 번역

가설	hypothesis
가정	assumption
거짓	falsity
건전성	soundness
격	mood
결론	conclusion
결정성	decidability
결합적	associative
경우에 따른 증명	proof by cases
관용구	idiom, pattern
교집합	set intersection
교환적	commutative
구성식	subformula
귀류법	proof by contradiction
규정적	prescriptive
기술적	descriptive
기호	symbol
논리 연결사	logical connective
논리식	formula
논리식 논증	formal argument, symbolic argument
논의 세계	universe of discourse
논의 영역	domain, domain of discourse
논증	argument
단순화하다	simplify
단항	unary
대상 언어	object language
대우	contrapositive, contraposition
대입	substitution
대체	replacement
동일성	identity
동치	equivalence
등장	occurrence
메타 언어	meta language
명제	proposition
명제 기호	propositional symbol, propositional letter

모순	contradiction
모순 논리식	contradictory formula
모순성	inconsistency
모순적	contradictory, inconsistent
모호성	vagueness
무모순성	soundness, consistency
무항	nullary
문법	syntax, grammar
문법적으로 올바른 논리식	well-formed formula
문자	letter
문장	sentence
문장	sentence
반례	counterexample
반박	refutation
배타적	exclusive
범위	scope
변수	variable
보조 연역	subsidiary deduction
보편양화사	universal quantifier
부당성	invalidity
부당한	invalid
부분진 논리식	contingent formula
분자식	molecule
비형식적	informal
삼단논법	syllogism
삼항	ternary
상수	constant
서술	description
선언	or
선언문	disjunction
선언지	disjunct
술어	predicate
시제 논리	temporal logic
식	figure
애매성	ambiguity
양화사	quantifier
여집합	set complement
역	converse
역방향 전략	backward strategy
연결사	logical connective

연언	and
연언문	conjunction
연언지	conjunct
연역	deduction
연역 논증	deductive argument
연역 정리	deduction theorem
열	line
오류	fallacy
올바른	correct
완전성	completeness
외연	extension
원소	element, member
원자식	atom
의미론	semantics
이항	binary
인과	causal
일관된	consistent
일련	sequence
자기지칭적	self-referential
자리표시자	placeholder
재명명	renaming
재명명된 양화 논리식	alphabetic variant
전건(前件)	antecedent
전건긍정	Modus Ponens
전이적	transitive
전제	premise
정리	theorem
정방향 전략	forward strategy
정언 명제	categorical proposition
정언적 삼단논법	categorical syllogism
존재양화사	existential quantifier
주어	subject
증명	proof
증명열	proof sequence
진리값	truth value
진리표	truth table
진리나무	truth tree
집합	class, category
차집합	set difference
참	truth

체계	system
추리	reasoning
추론	inference
추론 규칙	inference rule
추론 체계	inference system
충족가능성	satisfiability
충족불가능성	unsatisfiability
타당성	validity
타당한 논리식	valid formula
파생 추론 규칙	derived inference rule
평서문	declarative sentence
포함적	inclusive
하위 증명	subproof
합집합	set union
항	term
항진명제	tautology
형식적	formal
형태	schema
후건(後件)	consequent
후건부정	Modus Tollens

영어 용어의 우리말 번역

alphabetic variant	재명명된 양화 논리식
ambiguity	애매성
antecedent	전건
argument	논증
associative	결합적
assumption	가정
atom	원자식
backward strategy	역방향 전략
binary	이항
categorical proposition	정언 명제
categorical syllogism	정언적 삼단논법
category	집합
causal	인과
class	집합
commutative	교환적
completeness	완전성
conclusion	결론
conjunct	연언지
conjunction	연언문
connective	(논리) 연결사
consequent	후건
consistency	무모순성
constant	상수
contingent formula	부분진 논리식
contradiction	모순
contradictory formula	모순 논리식
contraposition	대우
contrapositive	대우
correct	올바른
counterexample	반례
decidability	결정성
declarative sentence	평서문
deduction	연역
deductive argument	연역 논증
deduction theorem	연역 정리

derived inference rule	파생 추론 규칙
description	서술
descriptive	기술적
disjunct	선언지
disjunction	선언문
domain	논의 영역
domain of discourse	논의 영역
element	원소
equivalence	동치
exclusive	배타적
existential quantifier	존재양화사
extension	외연
fallacy	오류
falsity	거짓
figure	식
formal	형식적
formal argument	논리식 논증
formula	논리식
forward strategy	정방향 전략
grammar	문법
hypothesis	가설
identity	동일성
idiom	관용구
inclusive	포함적
inconsistency	모순성
inconsistent	모순적
inference	추론
inference rule	추론 규칙
inference system	추론 체계
informal	비형식적
invalid	부당한
invalidity	부당성
letter	문자
line	열
logical connective	(논리) 연결사
member	원소
meta language	메타 언어
Modus Ponens	전건긍정
Modus Tollens	후건부정
molecule	분자식

mood	격
n-ary	n-항
nullary	무항
object language	대상 언어
occurrence	등장
or	선언
pattern	관용구
predicate	술어
placeholder	자리표시자
premise	전제
prescriptive	규정적
proof	증명
proof by cases	경우에 따른 증명
proof by contradiction	귀류법
proof sequence	증명열
proposition	명제
propositional letter	명제 기호
propositional symbol	명제 기호
quantifier	양화사
reasoning	추리
refutation	반박
renaming	재명명
replacement	대체
satisfiability	충족가능성
schema	형태
scope	범위
self-referential	자기지칭적
semantics	의미론
sentence	문장
sequence	일련
set complement	여집합
set difference	차집합
set intersection	교집합
set union	합집합
simplify	단순화하다
soundness	건전성
subformula	구성식
subject	주어
subproof	하위 증명
syllogism	삼단논법

subsidiary deduction	보조 연역
substitution	대입
symbol	기호
symbolic argument	논리식 논증
syntax	문법
system	체계
tautology	항진명제
temporal logic	시제 논리
term	항
ternary	삼항
theorem	정리
transitive	전이적
truth	참
truth value	진리값
truth table	진리표
truth tree	진리나무
unary	단항
universal quantifier	보편양화사
unsatisfiability	충족불가능성
universe of discourse	논의 세계
vagueness	모호성
variable	변수
valid formula	타당한 논리식
validity	타당성
well-formed formula	문법적으로 올바른 논리식

기호 정의

논리 언어는 명제 논리 언어와 술어 논리 언어와 같이 논리식을 표현하는 데 사용되는 기호 언어를 말하고, 메타 언어는 논리 언어의 논리식들에 대하여 논의하는데 사용하는 자연어와 기호가 혼합된 언어를 말한다.

논리 언어 기호	
T	제Ⅲ부 2장 2.1절(정의)
F	
∧	제Ⅲ부 1장 1.2절(정의)
∨	
¬	
→	
↔	
∀	제Ⅳ부 1장 1.2절(정의)
∃	

메타 언어 기호	
⊨	제Ⅰ부 3장 3.1절(정의, 타당한 명제), 4장(정의, 타당한 논증); 제Ⅶ부
≡	제Ⅲ부 2장 2.5절(정의), 3장 3.2.1절; 제Ⅳ부 3장 3.1.4절
!≡	제Ⅲ부 2장 2.5절(정의)
⊢	제Ⅲ부 3장 3.2.2절(정의)
⊢$_{ND}$	제Ⅴ부 1장 1.3절(정의); 제Ⅶ부

부록 A. 타당한 논리식과 추론 규칙들

명제 논리
명제 논리의 타당한 논리식 형태들

AS01a	$\vDash A \to (B \to A)$		
AS01b	$\vDash (A \to B) \to \{(A \to (B \to C)) \to (A \to C)\}$		
AS03	$\vDash A \to (B \to (A \wedge B))$	AS04a	$\vDash A \wedge B \to A$
		AS04b	$\vDash A \wedge B \to B$
AS05a	$\vDash A \to A \vee B$	AS06	$\vDash (A \to C) \to$
AS05b	$\vDash B \to A \vee B$		$\{(B \to C) \to (A \vee B \to C)\}$
AS07	$\vDash (A \to B) \to$ $\{(A \to \neg B) \to \neg A\}$	AS08a	$\vDash \neg\neg A \to A$
		AS08b	$\vDash A \to \neg\neg A$

명제 논리의 추론 규칙

1. MP1(전건긍정)
$\dfrac{A,\ A \to B}{B}$

명제 논리의 파생 추론 규칙들

2. MT1(후건부정)	
$\dfrac{A \to B,\ \neg B}{\neg A}$	
3. II1(함의-도입)	4. IV1(함의-타당)
$\dfrac{A}{B \to A}$	$\vDash A \to V$ (V는 타당한 논리식이다.)
5. MP1′(조건적 전건긍정)	
$\dfrac{A \to B,\ A \to (B \to C)}{A \to C}$	
6. TR1(전이)	7. TR1′(조건적 전이)
$\dfrac{A \to B,\ B \to C}{A \to C}$	$\dfrac{D \to (A \to B),\ D \to (B \to C)}{D \to (A \to C)}$

8. IC1(함의-연언)	9. CI1(연언-함의)
$\dfrac{A \to (B \to C)}{(A \land B) \to C}$	$\dfrac{(A \land B) \to C}{A \to (B \to C)}$
10. CA1(연언-출현)	11. CE1(연언-제거)
$\dfrac{A,\ B}{A \land B}$	$\dfrac{A \land B}{A}$ \quad $\dfrac{A \land B}{B}$
12. DA1(선언 출현)	
$\dfrac{A}{A \lor B}$ \quad $\dfrac{E}{A \lor B}$	
13. CP1(대우)	14. PC1(귀류법)
$\dfrac{A \to B}{\neg B \to \neg A}$	$\dfrac{A \to B,\ A \to \neg B}{\neg A}$

명제 논리의 동치 법칙들

	동치 법칙	이름
1	$A \land \mathsf{T} \equiv A \qquad A \land \mathsf{F} \equiv \mathsf{F}$ $A \lor \mathsf{T} \equiv \mathsf{T} \qquad A \lor \mathsf{F} \equiv A$	항등법칙(identity laws)
2	$A \land \neg A \equiv \mathsf{F} \qquad A \lor \neg A \equiv \mathsf{T}$	부정법칙(negation laws)
3	$A \land A \equiv A \qquad A \lor A \equiv A$	멱등법칙(idempotent laws)
4	$\neg\neg A \equiv A$	이중부정법칙(double negation law)
5	$A \land (A \lor B) \equiv A \qquad A \lor (A \land B) \equiv A$	흡수법칙(absorption laws)
6	$A \to B \equiv \neg A \lor B$	함의법칙(implication law)
7	$A \leftrightarrow B \equiv (A \to B) \land (B \to A)$	쌍조건문의 정의
8	$\neg(A \land B) \equiv \neg A \lor \neg B$ $\neg(A \lor B) \equiv \neg A \land \neg B$	드모건법칙(De Morgan's laws)
9	$A \land B \equiv B \land A \qquad A \lor B \equiv B \lor A$	교환법칙(commutativity laws)
10	$A \land (B \land C) \equiv (A \land B) \land C$ $A \lor (B \lor C) \equiv (A \lor B) \lor C$	결합법칙(associativity laws)
11	$A \land (B \lor C) \equiv (A \land B) \lor (A \land C)$ $A \lor (B \land C) \equiv (A \lor B) \land (A \lor C)$	($\land$의 $\lor$에 대한) 분배법칙 (distributivity of $\land$ over $\lor$) ($\lor$의 $\land$에 대한) 분배법칙 (distributivity of $\lor$ over $\land$)

술어 논리

술어 논리의 추론 규칙

1. MP2
$A, A \to B$
B

술어 논리의 파생 추론 규칙

명제 논리의 파생 추론 규칙 2.MT1~14.PC1 가 술어 논리의 파생 추론 규칙 2.MT2~14.PC2 가 된다.

양화사를 도입하고 제거하는 추론 규칙들

→∀규칙	∀→규칙
$\models C \to A(x)$	$\models \forall x\ A(x) \to A(r)$
$\models C \to \forall x\ A(x)$	
→∃규칙	∃→규칙
$\models A(r) \to \exists x\ A(x)$	$\models A(x) \to C$
	$\models \exists x\ A(x) \to C$

제약사항 1) A(r)은 A 의 자유 변수 x 에 항 r 을 대입한 결과이다.
제약사항 2) 항 r 은 A(x)의 x 에 대입하여 자유롭다(즉, 대입에 의해 결합되지 않는다).
제약사항 3) C 는 x 를 자유롭게 포함하지 않는 임의의 논리식이다.

술어 논리의 동치 법칙들

	동치 법칙	이름
1	$\forall x \forall y\ A(x, y) \equiv \forall y \forall x\ A(x, y)$	보편양화사의 교환법칙
2	$\exists x \exists y\ A(x, y) \equiv \exists y \exists x\ A(x, y)$	존재양화사의 교환법칙
3	$\forall x\ (A(x) \land B(x)) \equiv \forall x\ A(x) \land \forall x\ B(x)$	(∀의 ∧에 대한) 분배법칙 (distributivity of ∀ over ∧)
4	$\exists x\ (A(x) \lor B(x)) \equiv \exists x\ A(x) \lor \exists x\ B(x)$	(∃의 ∨에 대한) 분배법칙 (distributivity of ∃ over ∨)
5	$\neg \forall x\ A(x) \equiv \exists x\ \neg A(x)$	보편부정법칙(∀ negation law)
6	$\neg \exists x\ A(x) \equiv \forall x\ \neg A(x)$	존재부정법칙(∃ negation law)

자연연역

자연연역의 명제 논리를 위한 추론 규칙들

1. ∧-도입 규칙	2. ∧-제거 규칙	
$\dfrac{A,\ B}{A \wedge B}$	$\dfrac{A \wedge B}{A}$	$\dfrac{A \wedge B}{B}$
3. ∨-도입 규칙	4. ∨-제거 규칙	
$\dfrac{A}{A \vee B} \quad \dfrac{B}{A \vee B}$	$\dfrac{\Sigma,\ A \vdash C \quad \Sigma,\ B \vdash C}{\Sigma,\ A \vee B \vdash C}$	
5. →-도입 규칙	6. →-제거 규칙	
$\dfrac{\Sigma,\ A \vdash B}{\Sigma \vdash A \to B}$	$\dfrac{A,\ A \to B}{B}$	
7. ¬-도입 규칙	8. ¬-제거 규칙	
$\dfrac{\Sigma,\ A \vdash B,\ \neg B}{\Sigma \vdash \neg A}$	$\dfrac{\neg \neg A}{A}$	

자연연역의 술어 논리를 위한 추론 규칙

∀-도입 규칙	∀-제거 규칙
$\dfrac{\Sigma \vdash A(x)}{\Sigma \vdash \forall x\ A(x)}$	$\dfrac{\forall x\ A(x)}{A(r)}$
∃-도입 규칙	∃-제거 규칙
$\dfrac{A(r)}{\exists x\ A(x)}$	$\dfrac{\Sigma,\ A(x) \vdash C}{\Sigma,\ \exists x\ A(x) \vdash C}$

제약사항 1) $A(r)$은 A의 자유 변수 x에 항 r을 대입한 결과이다.
제약사항 2) 항 r은 $A(x)$의 x에 대입하여 자유롭다(즉, 대입에 의해 결합되지 않는다).
제약사항 3) C는 x를 자유롭게 포함하지 않는 임의의 논리식이다.

부록 B. 추론 규칙 증명의 전개 구조

증명 대상		설명	증명 방법
명제 논리			
⊨ A		명제 논리 논리식 A가 타당하다.	진리표 분석
MP1		명제 논리의 전건긍정 추론 규칙	진리표 분석
파생 추론 규칙	MT1	후건부정	MP1
	II1/IV1	함의-도입/함의-타당	MP1
	MP1´	조건적 전건긍정	MP1
	TR1/TR1´	전이/조건적 전이	IV1+MP1´/IV1+MP1´
	IC1/CI1	함의-연언/연언-함의	IV1+MP1´/IV1+TR1´
	CA1/CE1	연언-출현/연언-제거	MP1/MP1
	DA1	선언-출현	MP1/MP1
	CP1/PC1	대우/귀류법	II1 + MP1´/MP1
⊢ A		명제 논리 논리식 A가 증명된다.	명제 논리의 모든 추론 규칙들
술어 논리			
MP2		술어 논리의 전건긍정	MP1의 술어 논리로의 확장
파생 추론 규칙		명제 논리의 파생 추론 규칙들의 술어 논리에의 적용	파생 추론 규칙들의 술어 논리로의 확장
∀→, →∀, ∃→, →∃		술어 논리의 새로운 추론 규칙들	진리값 분석 + 대입규칙
⊢ A		술어 논리 논리식 A가 증명된다.	술어 논리의 모든 추론 규칙들
자연연역의 명제 논리			
→-제거		명제 논리의 전건 긍정	명제논리의 MP1
→-도입		명제 논리의 연역 정리	→-제거
∧-도입, ∧-제거, ∨-도입, ∨-제거, ¬-도입, ¬-제거		그 외의 자연연역 명제 논리의 추론 규칙들	→-제거+ →-도입
⊢$_{ND}$ A		명제 논리 논리식 A가 자연연역으로 증명된다.	자연연역 명제 논리의 모든 추론 규칙들

증명 대상	설명	증명 방법
자연연역의 술어 논리		
→-제거	술어 논리의 전건 긍정	술어 논리의 MP2
→-도입	술어 논리의 연역 정리	→-제거
∀-도입, ∀-제거, ∃-도입, ∃-제거	자연연역 술어 논리의 추론 규칙들	→-제거+→-도입+∀→, →∀, ∃→, →∃
∧-도입, ∧-제거, ∨-도입, ∨-제거, ¬-도입, ¬-제거	그 외의 자연연역 술어 논리 추론 규칙들	각 규칙을 술어 논리의 추론 규칙으로 확장
⊢$_{ND}$ A	술어 논리 논리식 A가 자연연역으로 증명된다.	자연연역 술어 논리의 모든 추론 규칙들

주석 1) 제Ⅲ부 3장 표 3.2.1-1에 나오는 타당한 논리식 형태로부터 얻은 타당한 논리식은 모든 증명에 사용될 수 있다.

주석 2) MP1은 명제논리의 정형적 증명을 위한 유일한 추론 규칙이고, 다른 추론 규칙들은 파생 추론 규칙들이다.

찾아보기

ㄱ	
개체	제 I 부 1 장
관용구	제 IV 부 1 장 1.6 절
거짓	제 I 부 2 장; 제 III 부 2 장 2.1 절
(추론 체계의) 건전성	제 VII 부
(논증의) 건전성	제 I 부 4 장; 제 VII 부
건전한 논증	제 I 부 4 장
결정성	제 VII 부
결합 변수	제 IV 부 1 장 1.4 절
경우에 따른 증명	제 V 부 2 장 2.1 절
고전 논리학	제 II 부
(자유 변수가) 고정적	제 V 부 3 장 3.1 절
구성식	제 III 부 2 장 2.3 절; 제 VI 부 1 장 1.1 절
귀류법	제 I 부 5 장; 제 III 부 3 장 3.2.3 절; 제 V 부 2 장 2.1 절, 3 장 3.3 절; 제 VI 부 1 장 1.2 절

ㄴ	
논리 언어	제 III 부 1 장 1.2 절, 3 장 3.2.1 절; 제 V 부 서두
논리 연결사	제 III 부 1 장 1.2 절
논리 체계	제 III 부 서두, 3 장 3.2 절; 제 IV 부 서두, 1 장 1.2 절; 제 V 부 1 장 서두
논리식	제 I 부 4 장
(명제 논리의) 논리식	제 III 부 1 장 1.2 절; 제 V 부 1 장 1.1 절
(술어 논리의) 논리식	제 IV 부 1 장 1.2 절; 제 V 부 1 장 1.1 절
논리식 논증	제 I 부 4 장
논리식 변수	제 III 부 1 장 1.2 절, 3 장 3.2.1 절; 제 IV 부 1 장 1.2 절, 1.5 절
논리학	제 I 부 서두; 제 III 부 서두
논의 영역	제 I 부 1 장; 제 IV 부 1 장 1.1 절, 3 장 3.2.1 절
논의 영역 최소 원소 개수 공리	제 IV 부 1 장 1.1 절
논의 세계	제 I 부 1 장, "논의 영역" 참조
(자연어) 논증	제 I 부 4 장
(논리식) 논증	제 I 부 4 장

ㄷ

단순 명제	제Ⅰ부 3장 3.1절; 제Ⅱ부 3장; 제Ⅲ부 2장 2.1절, 2.3절, 3장 3.1절; 제Ⅵ부 1장 1.1절
단항 연결사	제Ⅲ부 1장 1.2절
(가지가) 닫혔다	제Ⅵ부 1장 1.2절
(나무가) 닫혔다	제Ⅵ부 1장 1.2절
대상 언어	제Ⅲ부 2장 2.5절
(명제 논리에서의) 대입	제Ⅲ부 3장 3.2.1절
(술어 논리에서의) 대입	제Ⅳ부 1장 1.5절, 3장 3.1.1절, 3.1.3절; 제Ⅴ부 3장 3.1절, 3.2절; 제Ⅵ부 2장 2.1절
대체	제Ⅲ부 3장 3.2.1절; 제Ⅳ부 1장 1.5절; 제Ⅵ부 1장 1.1절
동치 법칙	제Ⅲ부 3장 3.2.1절; 제Ⅳ부 3장 3.1.1절, 3.1.4절
등장	제Ⅳ부 1장 1.4절, 1.5절; 제Ⅴ부 3장 3.1절; 제Ⅵ부 1장 1.2절

ㅁ

메타 언어	제Ⅲ부 2장 2.5절
명제	제Ⅰ부 3장
명제 기호	제Ⅲ부 1장 1.1절
명제 논리	제Ⅲ부
모델(의 개념)	제Ⅰ부 1장
(논증의 반박을 위한) 모델	제Ⅰ부 5장; 제Ⅳ부 3장 3.2절; 제Ⅵ부 2장 2.3절; 제Ⅶ부
모순	제Ⅰ부 3장 3.2절; 제Ⅲ부 2장 2.3절, 2.4절
모순 논리식	제Ⅲ부 2장 2.3절
모호성	제Ⅲ부 1장 1.5절
무한 모델	제Ⅳ부 3장 3.2.1절; 제Ⅵ부
문법적으로 올바른 논리식	제Ⅴ부 1장 1.1절
문장 연결사	제Ⅲ부 1장 1.2절

ㅂ

반례법	제Ⅱ부 4장
(논증의) 반박	제Ⅰ부 5장
변수	제Ⅳ부 1장 1.1절, 1.2절, 1.4절
보조 연역	제Ⅲ부 3장 3.2.2절; 제Ⅴ부 1장 1.2절, 3장 3.1절
복합 명제	제Ⅰ부 3장 3.1절; 제Ⅲ브 1장 1.2절
부분진 논리식	제Ⅲ부 2장 2.3절
비(非)고정적	제Ⅴ부 3장 3.1절

ㅅ	
삼단논법	제Ⅰ부 5장; 제Ⅱ부 3장, 4장; 제Ⅳ부 서두
상수	제Ⅳ부 1장 1.1절, 1.5절, 3장 3.1.3절, 3.2.1절
선언문	제Ⅲ부 1장 표 1.2-1, 3장 3.2.1절; 제Ⅳ부 2장 2.1절, 3장 3.1.4절
술어	제Ⅰ부 1장; 제Ⅱ부 3장; 제Ⅳ부 1장 1.1절
술어항	제Ⅱ부 3장, 4장
술어 논리	제Ⅳ부
ㅇ	
알고리즘	제Ⅳ부 3장 3.2.1절; 제Ⅵ부 2장 2.3절
애매성	제Ⅲ부 1장 1.2절, 1.3절, 1.5절; 제Ⅳ부 1장 1.2절
양화 변수	제Ⅳ부 1장 1.2절, 1.3절
양화사	제Ⅳ부 1장 1.2절, 1.3절, 2장 2.2절, 3장 3.1.3절
양화사의 범위	제Ⅳ부 1장 1.3절
연결사	제Ⅰ부 2장; 제Ⅲ부 1장 1.2절
연언문	제Ⅲ부 1장 표 1.2-1, 2장 2.4절, 3장 3.2.1절; 제Ⅳ부 2장 2.1절, 3장 3.1.4절
연역	제Ⅳ부 3장 3.2.2절
(명제 논리의) 연역 정리	제Ⅴ부 2장 2.1절, 2.2.2절
(술어 논리의) 연역 정리	제Ⅴ부 2장 2.1절, 3장 3.2.2절
(가지가) 열렸다	제Ⅵ부 1장 1.2절
(나무가) 열렸다	제Ⅵ부 1장 1.2절
열린 가지	제Ⅵ부 1장 1.2절, 1.3절, 2장 2.2절, 2.3절
(논증의) 오류	제Ⅰ부 서두, 3장 3.3절
완전성	제Ⅶ부
(명제 논리의) 원자식	제Ⅲ부 2장 2.3절, 3장 3.2.1절; 제Ⅴ부 1장 1.1절
원소	제Ⅰ부 3장 3.3절; 제Ⅱ부 1장(정의), 2장; 제Ⅳ부 1장 1.1절, 1.2절, 1.5절; 2장 2.1절, 2.3절, 3장 3.1.1절, 3.1.3절, 3.1.4절, 3.2.1절, 3.2.2절; 제Ⅴ부 3장 3.1절
(술어 논리의) 원자식	제Ⅳ부 1장 1.1절, 1.5절, 3장 3.1.3절; 제Ⅴ부 1장 1.1절
유한 모델	제Ⅳ부 3장 3.2.1절; 제Ⅶ부
의미론적 증명	제Ⅴ부 1장 1.2절
이차 술어 논리	제Ⅳ부 서론
일반적 해석	제Ⅳ부 2장 2.3절; 제Ⅴ부 3장 3.1절
일차 술어 논리	제Ⅳ부 서론

ㅈ	
자연연역	제Ⅳ부 3장 3.1.3절, 3.1.5절; 제Ⅴ부; 제Ⅶ부
결합 변수	제Ⅳ부 1장 1.4절
(변수의) 재명명	제Ⅳ부 1장 1.4절; 제Ⅴ부 3장 3.1절
재명명된 양화 논리식	제Ⅴ부 3장 3.1절
재귀적 정의	제Ⅲ부 1장 1.2절
정리	제Ⅲ부 3장 3.2.3절
전건긍정	제Ⅲ부 3장 3.2절; 제Ⅳ부 3장 3.1.2절, 3.1.5절; 제Ⅴ부 2장 2.1절, 2.3절
정형 논리 체계	제Ⅲ부 3장 3.2절; 제Ⅴ부 1장 서두
정형적 증명	제Ⅲ부 3장 3.2.3절; 제Ⅳ부 3장 3.1.2절; 제Ⅴ부 1장 1.2절
정형적 추론 규칙	제Ⅰ부 5장; 제Ⅲ부 3장 3.2.3절; 제Ⅳ부 3장 3.1.3절; 제Ⅴ부 1장 1.2절, 2장 2.2절, 3장 3.3절
조건적 해석	제Ⅳ부 2장 2.3절
주어	제Ⅰ부 1장; 제Ⅳ부 1장 2.1절
주어항	제Ⅱ부 3장, 4장
(논증의) 증명	제Ⅰ부 5장; 제Ⅲ부 3장 서두
증명열	제Ⅲ부 3장 3.2.2절
진리값	제Ⅲ부 2장 2.1절
진리나무	제Ⅵ부
집합	제Ⅱ부 1장

ㅊ	
참	제Ⅰ부 2장; 제Ⅲ부 2장 2.1절
추론	제Ⅰ부 4장
추론 규칙	제Ⅰ부 4장, 5장; 제Ⅲ부 3장 3.2절; 제Ⅳ부 서두, 3장 3.1절; 제Ⅴ부 2장 2.1절, 3장 3.1절
추론 체계	제Ⅲ부 1장 1.2절, 3장 3.2.2절, 3.2.3절; 제Ⅳ부 서두, 3장 3.1.5절; 제Ⅴ부 서두; 제Ⅴ부 1장 1.1절, 1.2절, 3장 3.1절; 제Ⅶ부
추상적 논의 영역	제Ⅰ부 1장
충족가능성	제Ⅲ부 2장 2.4절, 2.5절
충족불가능성	제Ⅲ부 2장 2.4절

ㅍ	
파생 추론 규칙	제Ⅲ부 3장 3.2.1절, 3.2.3절; 제Ⅳ부 3장 3.1.5절

ㅎ	
하위 증명	제Ⅲ부 3장 3.2.2절(정의); 제Ⅴ부 2장 2.1절, 2.3절, 3장 3.1절, 3.3절
항	제Ⅳ부 1장 1.5절
항진명제	제Ⅲ부 2장 2.3절
후건부정	제Ⅲ부 3장 3.2.3절

A~Z	
NAND	제Ⅲ부 1장 1.2절
ND	제Ⅴ부 서두; 제Ⅶ부
NOR	제Ⅲ부 1장 1.2절
Σ	제Ⅴ부 2장 2.1절, 3장 3.1절
wff	제Ⅴ부 1장 1.1절